落实核心素养的中学数学
教学设计及片段赏析

主　编　虞秀云

副主编　易桂生　谢立光

科学出版社

北　京

内 容 简 介

本书在深化课程改革背景下，从"理论的实践性解读"和"实践的理论性反思"两个角度，解读数学核心素养的内涵与特征，提出落实核心素养的相关建议．全书共四章，阐述了核心素养尤其是数学核心素养的概念和本质，根据教学设计的步骤阐述了落实核心素养的设计策略，结合不同课型的案例提出了不同课型培养数学核心素养的教学建议，并对落实核心素养的典型教学片段进行了赏析．

本书可供高等院校数学专业师范生、中学数学教研员阅读，也可作为广大一线中学数学教师、高等师范院校数学教学论方向教师的教学参考书．

图书在版编目（CIP）数据

落实核心素养的中学数学教学设计及片段赏析/虞秀云主编. —北京：科学出版社，2024.6
ISBN 978-7-03-077848-2

Ⅰ．①落…　Ⅱ．①虞…　Ⅲ．①中学数学课–教学设计　Ⅳ．①G633.602

中国国家版本馆 CIP 数据核字（2024）第 021548 号

责任编辑：胡海霞　张翠霞 / 责任校对：杨聪敏
责任印制：师艳茹 / 封面设计：无极书装

科学出版社 出版
北京东黄城根北街 16 号
邮政编码：100717
http://www.sciencep.com
北京富资园科技发展有限公司印刷
科学出版社发行　各地新华书店经销
*
2024 年 6 月第 一 版　开本：720×1000　B5
2024 年 6 月第一次印刷　印张：16
字数：322 000
定价：79.00 元
（如有印装质量问题，我社负责调换）

编　委　会

序 言

　　根据《江西省中长期教育改革和发展规划纲要（2010-2020 年）》《江西省教育事业发展"十三五"规划》和江西省委教育工委、江西省教育厅《关于加强"十三五"期间教育人才队伍建设的意见》有关文件精神，江西省从 2017 年开始组织实施"中小学名师培养计划"，旨在加强中小学名师队伍建设，打造一支基础教育领军人才队伍，引领全省中小学教师队伍专业化发展，推进基础教育质量稳步提升. 数学学科在全省范围内采取自下而上、逐级遴选、等额推荐的方式，选出了 80 名中小学数学名师培养对象，他们来自在各级各类中小学任教的在编在岗教师（含坚持一线教学的副职校领导、坚持一线教研指导的教研员）. 江西师范大学承担了江西省首届中小学数学名师的培养、培训工作，制定了具体的培养工作方案和管理办法. 数学名师研修项目的培训目标是把学员培养成师德境界高远、理论素养厚实、教学艺术精湛、教学主张鲜明、在省内外有较大影响的数学教学名师，为培育赣派数学教育名家奠定基础.

　　我们遵循教师专业发展和名师成长的规律，围绕培养目标，按照"整体规划、个性指导、训用一体"的原则，通过集中培训与岗位研修相结合、理论学习与实践锻炼相结合、导师指导与自主学习相结合、省内培养与省外研修相结合、线上交流与线下研讨相结合、个人成长与示范辐射相结合等方式，对名师培养对象进行了个性化、针对性的培养. 我们先后聘请了国内外知名教育专家、学者来开展集中专题培训，带领学员去江苏省南通市一些学校和名师工作室观摩学习，开阔眼界，拓宽思路. 通过为期两年的研修，我们取得了一系列水平较高的教学成果.

　　2020 年 5 月，教育部印发了《普通高中数学课程标准（2017 年版 2020 年修订）》. 此版数学课程标准根据数学学科的特点，凝练了数学六大核心素养，提出："数学学科核心素养是数学课程目标的集中体现，是具有数学基本特征的思维品质、关键能力以及情感、态度与价值观的综合体现，是在数学学习和应用的过程中逐步形成和发展的."基于这个背景，我们中学数学名师班的学员们将自己对核心素养的理解应用于教学实践，设计出中学数学落实核心素养的典型课例，并进行了汇报研讨，使之完善.

　　为了更好地引领中小学数学教师队伍专业化发展,推进数学基础教育课程改革,我们想到将中小学数学名师班的研修成果进行整理、凝练、拓展.本书由江西省首届中小学数学名师班导师虞秀云、易桂生和学员谢立光一起组织编写,本书的案例及教学片段均由江西省首届中小学数学名师班的中学数学教师们撰写.

　　本书在编写过程中得到了江西省教育厅和江西师范大学相关部门的大力支持,科学出版社的编辑为本书的出版付出了很多心血,江西师范大学数学与统计学院的吴文婕、教育学院的陈蕊等硕士研究生也为本书做了大量的文字整理工作,在此一并感谢!

　　由于作者水平有限,本书还存在不足之处,望广大读者批评指正!

虞秀云

2023 年 4 月于江西师范大学瑶湖校区

目　　录

第 1 章

关于数学核心素养

1.1 数学核心素养概述

1.1.1 核心素养的概念与本质

目前，核心素养的研究与发展受到了国际上的高度重视. 核心素养与时代的进步、社会的发展以及教育的改革都有着密切的联系. 在终身学习思想的指导下，1996 年，国际 21 世纪教育委员会向联合国教育、科学及文化组织（United Nations Educational, Scientific and Cultural Organization, UNESCO）提交的报告《教育——财富蕴藏其中》中，界定了 21 世纪社会公民必备的基本素质，即教育的四大支柱：学会认知；学会做事；学会共同生活；学会生存（联合国教科文组织，2014）.

经济合作与发展组织（Organization for Economic Co-operation and Development, OECD）在 1997 年启动了 "素养的界定与遴选：理论和概念基础"（Definition and Selection of Competencies: Theoretical and Conceptual Foundations, DeSeCo）项目，提出核心素养的指标体系. DeSeCo 项目团队明确了核心素养的内涵，表明核心素养覆盖于生活中的各个领域，并且能够促进个人的成功和社会的健全. 而后提出了三个层面的核心素养：能互动地使用工具、能在异质社会团体中互动、能自主地行动（张娜，2013）. 虽然三项核心素养各有自己的焦点内容，但它们是一种相互依存的关系，共同描绘出了核心素养的概念. DeSeCo 项目对核心素养的结构论证得到了来自多名学科专家的诠释. 最后是以评价的方式来落实核心素养. 在 DeSeCo 项目结束后，国际学生评估项目（Programme for International Student Assessment, PISA）依据 DeSeCo 项目的指标体系对阅读、数学及科学素养进行了界定.

欧盟核心素养从提出到最终确定，经历了漫长的过程. 欧盟首先认为核心素养是一个人所需的能力，即一个人在知识社会中生存、融入社会以及就业时所需的能力.《终身学习的核心素养：欧洲参照框架》对母语交流、外语交流、数学素养和科技素养、数学化素养等八项核心素养都进行了定义（裴新宁和刘新阳，2013）. 这八项核心素养都非常重要，没有主次之分.

当代著名心理学家、教育家、北京师范大学教授林崇德（2016）认为：核心素养是学生适应个人终身发展和社会发展应该具备的关键能力. 这种能力是学生在接受相应学段的教育时逐步形成的. 从本质上来说，核心素养所要研究的是"教育要培养什么样的人"这一根本的教育问题. 也就是说，核心素养的培养是为人的一生的发展服务的. 这是当前社会都在关注的一个热点话题. 对于教育工作者来说，这是一个十分有必要思考和面对的问题.

2014 年正式印发的《教育部关于全面深化课程改革落实立德树人根本任务的意见》把研制学生发展核心素养体系作为深化课程改革的重大举措. 教育部部长袁贵仁在 2015 年全国教育工作会议上的讲话中指出："加快研制发布中国学生发展核心素养体系." 2016 年 3 月，《中国学生发展核心素养（征求意见稿）》将学生应具备的、能够适应终身发展和社会发展需要的必备品格和关键能力等，综合概括为社会责任、国家认同、国际理解、人文底蕴、科学精神、审美情趣、身心健康、学会学习、实践创新等九大素养. 2016 年 9 月 13 日，北京师范大学林崇德教授在中国学生发展核心素养研究成果发布会上发表了研究报告《中国学生发展核心素养》，其总体框架包括文化基础（人文底蕴、科学精神）、自主发展（学会学习、健康生活）、社会参与（责任担当、实践创新）三个方面六大素养.

钟启泉（2016）在《基于核心素养的课程发展：挑战与课题》一文中将核心素养形象地比作课程发展的 DNA. 他认为学校改革的核心环节是课程改革，课程改革的核心环节是课堂改革，课堂改革的核心环节是教师专业发展.

1.1.2　数学核心素养的概念与本质

数学对个体发展的影响，很早就受到西方学者的重视，但是数学素养正式被提出并引起人们重视的导火索则是 1957 年 10 月苏联人造卫星的升空. 此举在西方发达国家中引起了震动，在对本国的教育体制进行了反思之后，欧美各国决定大力发展科学技术教育. 1959 年，英国针对 15～18 岁青少年的教育发表了《克劳瑟报告》（The Crowther Report: Fifteen to Eighteen）. 该报告提出了 numeracy 一词，意为 numerate 和 literacy 的综合，表示数学的读写能力，这被确认为最初数学素养的含义（黄友初，2014）.

进入 21 世纪后，经济合作与发展组织策划的每三年举行一次的 PISA 是一项对全球学生学习质量进行的全面的比较和研究．这个项目在数学素养的研究中具有很大的影响力．依据 2000~2015 年对数学素养的界定，PISA 认为：数学素养是一种十分重要的能力，是人们逻辑思维的载体，是理解社会和世界的通道（黄惠娟和王晞，2003）．这种能力能够通过数学提高人们的判断力，并且这种能力能够满足个人生活的需要．数学素养能够促进思考，促使人们关心社会．

在我国数学核心素养研究的初级阶段，对数学核心素养的讨论被看作是核心素养热潮在数学学科的延续．学生核心素养的培养，最终要落在学科素养的培养上．当时的研究没有对数学核心素养的构成及其内涵达成某种共识，但是有些成分被大家认为是数学核心素养的共同组成部分．章建跃和程海奎（2017）提出数学核心素养需超越数学知识技能，注重数学的整体性、思想的一致性、逻辑的连贯性和思维的系统性，体现"数学的方式"．马云鹏（2015）提到：数学核心素养实质上是一种综合性的能力，而这种综合性能力是数学学习者在学习数学或学习数学某一个领域时所形成的．他根据对数学核心素养的理解，提出数学核心素养具有综合性、阶段性和持久性的特征．马云鹏对数学核心素养的理解、对数学核心素养的特征的论述、对数学核心素养和相关概念之间的联系的解释，得到了许多人的一致认可．

郑毓信在"聚焦数学核心素养——第六届中国小学数学教育峰会"上提到，核心素养跟数学教育、数学具体的教学活动的关系就是"要在专业化的基础上实行新的整合和超越"．以数学为例，"既要帮助学生学会数学思维，又要跳出数学，立足日常思维，从更加一般的角度去认识各种数学思想方法及其普遍意义"，"通过数学思维，学生能够用抽象的方法去思维，能够持续地研究问题，想得更深入一点，学得更清晰一点．这才是数学的核心素养"（陈敏，2015）．

朱立明（2016）认为数学核心素养是素养的下位概念，可以理解为在数学学科中培养的基本素养．他用"数学核心素养=数学思考×（数学能力+数学知识）"这样的式子来表述数学核心素养，非常明确地表达出数学核心素养和数学思考、数学能力、数学知识、数学态度之间的关系．从这个表达式中可以清晰地看出数学核心素养和数学思考、数学态度等的关系．

史宁中（2017）认为设定数学核心素养的标准应该基于数学教育的终极目标，也就是一个人学习数学之后，即便这个人未来从事的工作和数学无关，也应当会用数学的眼光观察现实世界，会用数学的思维思考现实世界，会用数学的语言表达现实世界．

《普通高中数学课程标准（2017 年版 2020 年修订）》（简称新课标）中最终

确定了数学抽象、逻辑推理、数学建模、直观想象、数学运算、数据分析六个数学学科核心素养，并指出："这些数学学科核心素养既相对独立、又相互交融，是一个有机的整体."

综上所述，数学核心素养是近远、中西两者的融合统一，其先进性、深刻性正源自优秀的民族传统、现代科学以及当下的现实需要. 目前，我国数学教育正在形成一种开放的现代大教育体系，无论从哪种角度上讲，内含其中的都是一种以人为本且重能力、重创新、重素养的"生态和谐"精神. 可以肯定地说，核心素养应用于数学教学中，在目前无疑正当其时，正有大用！

1.2　中学数学核心素养的成分、结构

从构成要素的角度看，数学核心素养的六个方面之间既有联系又有区别，既各有侧重又形成体系. 首先体现了独特性，如数学抽象、逻辑推理及数学运算是由数学课程内容本身的特点决定的，它是培养人类理性思维的载体；其次体现了应用性，如数学建模与数据分析属于数学实践活动，它是以解决某一实际问题或数学问题为目标，从而引起学生数学思维的创新性内容；最后体现了分类性，即与数学模块内容相关，如直观想象以"图形与几何"为载体，数据分析与"统计与概率"领域密切相关，从而分类实现目标（华志远，2016）.

1.2.1　数学抽象

所谓抽象，通常是指从众多的事物中抽取出共同的、本质性的特征，而舍弃其非本质特征的思维过程. 要抽象就必须进行比较，没有比较就无法找到在本质上共同的部分. 共同特征是指那些能把一类事物与他类事物区分开来的特征，又称本质特征. 因此，抽取事物的共同特征就是抽取事物的本质特征，舍弃非本质的特征. 抽象的过程也是一个概括、分离和提纯的过程.

"数学在本质上研究的是抽象的东西"这个命题，从古至今，无论是数学家还是哲学家几乎都没有异议. 数学抽象是一种特殊性的抽象，其特殊性表现为，数学抽象是通过对数量关系与空间形式的抽象，得到数学研究对象的素养，主要包括：从数量与数量关系、图形与图形关系中抽象出数学概念及概念之间的关系，从事物的具体背景中抽象出一般性规律和结构，并用数学语言予以表征.

数学抽象是数学的基本思想，是形成理性思维的重要基础，反映了数学的本质特征，贯穿在数学产生、发展、应用的过程中. 数学抽象使得数学成为高度概

括、表达准确、结论一般、有序多级的系统. 数学抽象主要表现为：获得数学概念和规则，提出数学命题和模型，形成数学方法与思想，认识数学结构与体系.

在数学中，只有具备了一定的抽象能力，才可能从感性认识中获得事物（事件或实物）的本质特征，从而上升到理性认识. 这既是一个获取知识的过程，又是一个研究的过程，这个过程对所有学科的学习都是非常重要的. "通过高中数学课程的学习，学生能在情境中抽象出数学概念、命题、方法和体系，积累从具体到抽象的活动经验；养成在日常生活和实践中一般性思考问题的习惯，把握事物的本质，以简驭繁；运用数学抽象的思维方式思考并解决问题."（中华人民共和国教育部，2020）

1.2.2　逻辑推理

数学上的逻辑是指思维的规律和规则，是对思维过程的抽象. 推理属于思维的基本形式之一，是由一个或几个已知的判断（前提）推出新判断（结论）的过程. 推理是数学严谨性的基本保证，是人们在数学活动中进行交流的基本思维品质. 逻辑推理主要表现为：把握推理基本形式和规则，发现问题和提出命题，探索和表述论证过程，理解命题体系，有逻辑地表达与交流.

2003 年发布的《普通高中数学课程标准（实验）》（简称 2003 年版课程标准）把提高推理论证和抽象概括能力作为高中数学课程的目标之一. 有关数学的概念、命题、推理、证明等思维形式的内容，包括了数学领域逻辑思维的全部内容，实际上也就是推理论证和抽象概括的内容. 新课标指出，逻辑推理是指从一些事实和命题出发，依据规则推出其他命题的素养，主要包括两类：一类是从特殊到一般的推理，推理形式主要有归纳、类比；另一类是从一般到特殊的推理，推理形式主要有演绎.

新课标要求教师在高中起始阶段就要立足教材，加强对学生逻辑推理素养的训练，使学生：能够掌握逻辑推理的基本形式，学会有逻辑地思考问题；能够在比较复杂的情境中把握事物之间的关联，把握事物发展的脉络；形成重论据、有条理、合乎逻辑的思维品质和理性精神，增强交流能力.

1.2.3　数学建模

自 20 世纪八九十年代以来，中国大学、中学、小学的数学教育中逐渐引入数学建模的思想，搭建了数学与外部世界联系的桥梁，构成了数学应用的重要形式．因此，数学建模既是应用数学解决实际问题的基本手段，也是推动数学发展的动力．

2003 年版课程标准把数学建模列为课程内容之一，并提出了具体要求．新课标提出数学建模作为数学核心素养，要求把数学建模理念贯穿在整个高中数学教育的始终，把数学建模作为内容主线，安排了具体课时．这体现了中国基础教育阶段数学课程的发展．

数学建模主要表现为：发现和提出问题，建立和求解模型，检验和完善模型，分析和解决问题．在此过程中，学生要围绕实际问题查阅资料、收集信息、整理加工、分析论证、开展研究，从而改善学习方式，提高创新意识和实践能力．可见，数学建模的教学本身是一个不断探索、不断创新、不断完善和提高的过程．与传统的知识传授教学相比，数学建模教学突出培养学生能力的目标，因此组织教学的方式方法也有所不同，其指导思想是：以学生为中心，以实验为基础，以问题为主线，以微型探究、合作交流、分享成果为主流形式．通过高中教学课程的学习，学生能有意识地用数学语言表达现实世界，发现和提出问题，感悟数学与现实之间的关联；学会用数学模型解决实际问题，积累教学实践的经验；认识数学模型在科学、社会、工程技术诸多领域的作用，提升实践能力，增强创新意识和科学精神（刘丽和吴中林，2019）．

1.2.4 直观想象

直观想象是指借助几何直观和空间想象感知事物的形态与变化，利用空间形式特别是图形理解和解决数学问题的素养．主要包括：借助空间形式认识事物的位置关系、形态变化与运动规律；利用图形描述、分析数学问题；建立形与数的联系，构建教学问题的直观模型，探索解决问题的思路．直观想象是发现和提出问题、分析和解决问题的重要手段，是探索形成论证思路、进行数学推理、构建抽象结构的思维基础（周德明和王华民，2019）．

"对直观想象，可从分解与整合的角度探讨．首先，直观、想象是不同的思维方法或思维形式，需对它们的性质、功能、特点进行分开探讨；其次，考虑两者间的联系和关系，想象也可建立在直观基础之上，视为直观的延伸，二者结合为一个连续性的整体．'普通高中数学课程标准（实验）'将'直观感知'和'空间想象'是作为学习数学和运用数学解决问题需经历的思维过程、具体体现提出来的；6 条具体课程目标中的第 2 条，将空间想象要求为五大基本能力之一．"（方厚良和罗灿，2016）从这一比较，我们也可将"直观想象"这一数学核心素养视为"几何直观""空间想象"观念的发展和融合.

"直观想象主要表现为：建立形与数的联系，利用几何图形描述问题，借助几何直观理解问题，运用空间想象认识事物. 通过高中数学课程的学习，学生能提升数形结合的能力，发展几何直观和空间想象能力；增强运用几何直观和空间想象思考问题的意识；形成数学直观，在具体的情境中感悟事物的本质."（中华人民共和国教育部，2020）

1.2.5　数学运算

数学运算素养是指在明晰运算对象的基础上，依据运算法则解决数学问题的素养. 主要包括：理解运算对象，掌握运算法则，探究运算思路，选择运算方法，设计运算程序，求得运算结果等. 数学运算是解决数学问题的基本手段. 数学运算是演绎推理，是计算机解决问题的基础（陈万斌，2018）.

数学运算主要表现为理解运算对象，掌握运算法则，探究运算思路，求得运算结果. 运算能力并非一种单一的、孤立的数学能力，而是运算技能与逻辑思维等的有机整合. 在实施运算分析和解决问题的过程中，要力求做到善于分析运算条件，探究运算方向，选择运算方法，设计运算程序，使运算符合算理、合理简捷. 换言之，运算能力不仅是一种数学的操作能力，更是一种数学的思维能力. 正确、灵活、合理和简捷是运算能力的主要特征. 这里，运算正确是指运算方法和结果正确，灵活是指运算过程不拘泥于一种方法，合理是指运算符合算理、法则、公式或运算律等，简捷是指运算方便、简单明了. 所以，运算正确是基础，理解掌握运算技能是核心，形成运算能力是目的.

"通过高中数学课程的学习，学生能进一步发展数学运算能力；有效借助运算方法解决实际问题；通过运算促进数学思维发展，形成规范化思考问题的品质，养成一丝不苟、严谨求实的科学精神."（中华人民共和国教育部，2020）

1.2.6　数据分析

在大数据时代，人们无论在工作中还是在生活中，都受到大量数据信息的影响和冲击. 因此，数据处理和分析能力便自然而然地成了当代人的核心素养. 数学课程改革顺应了时代变化的需求，首次把"数据分析"列为数学的核心素养之一. 数据分析是指针对研究对象获取数据，运用数学方法对数据进行整理、分析和推断，形成关于研究对象知识的素养. 数据分析主要表现为：收集和整理数据，理解和处理数据，获得和解释结论，概括和形成知识．

为了增强应用性和时代感，新课标在高中的必修和选择性必修"概率与统计"模块中都增设了数据处理的内容．"通过高中数学课程的学习，学生能提升获取有价值信息并进行定量分析的意识和能力；适应数字化学习的需要，增强基于数据表达现实问题的意识，形成通过数据认识事物的思维品质；积累依托数据探索事物本质、关联和规律的活动经验．"（中华人民共和国教育部，2020）

第 2 章

落实核心素养的教学设计策略

新课标指出："高中数学课程以学生发展为本，落实立德树人根本任务，培育科学精神和创新意识，提升数学学科核心素养."落实立德树人的根本途径是提升学生核心素养，如何培养学生的数学核心素养成为一线教师必须思考的问题.本章将从领悟教材编写意图、确定教学目标、设计教学过程、转变教学方式、进行教学反思五个方面来谈核心素养的培养策略.

2.1　领悟教材编写意图

教材是教学的载体，是编者写给学习者的书信，教师必须真正理解教材编者的意图才能清楚把握如何上课以及为什么这样上课.通过领悟教材的编写意图，教师才能实现从"知其然"到"知其所以然"再到"何以知其所以然"的层次深入."知其然"的教师只能教给学生知识，而"知其所以然"与"何以知其所以然"的教师才能真正培养学生的核心素养.

教师如何理解教材编写意图呢? 笔者认为，领悟教材编写意图的过程包含：梳理教材体系；理解数学概念的本质；明确知识的生长点；挖掘内隐的数学思想.只有深入领悟教材的编写意图，才有助于教师创造性地使用教材.

2.1.1　梳理教材体系

对于具体的教学内容，教师应明确其所属模块在教材体系中是什么地位，它在模块内部又是什么地位，因为具体内容的教学实施为模块服务，模块为整体服务.教师以整体的视角去研读教材，才能更好地认识教学内容的价值，处理好局部与整体之间的关系.

2.1.2 理解数学概念的本质

理解某一个数学概念，不能简单地局限于概念的文字表述，应通过专业化解读，不仅理解概念的定义，还要明晰知识之间的内在联系，深入把握数学概念的本质. 不同的认知过程会形成不同的理解水平，若是只理解单纯的数学概念的定义，其认知过程主要是模仿、记忆、强化，只能达成"工具性理解"；若是突出数学知识之间的本质联系，其认知过程则重在经历、感知、体验，就会形成"关系性理解"（聂艳军，2014）.

2.1.3 明确知识的生长点

奥苏贝尔（Ausubel，1968）认为，有意义学习是指符号所代表的新知识与学习者认知结构中已有的适当概念建立非人为的和实质性联系的过程. 他还在此基础上提出了先行组织者策略，强调已有认知结构的重要性. 许多新概念的学习都需要以旧概念为落脚点. 在数学教学中，教师只有在充分理解数学知识本质的基础上，找准知识生长的关键点及延伸点，才能使新知识从学生的头脑中生长出来.

2.1.4 挖掘内隐的数学思想

基础知识和基本技能是教材编写的明线，而蕴藏在这些知识内容中的数学思想则是教材编写的暗线，是数学学科之魂. 抽象、推理和建模是数学学科的基本思想，由这三个基本思想又可派生出其他数学思想. 教师需要挖掘知识背后蕴含的思想，"授人以鱼"且"授人以渔".

下面以"无理数"（李树臣和孔凡瑞，2019）和"简单随机抽样"（陶煜瑾和王刚，2014）教学片段为例，具体展示领悟教材编写意图对学生核心素养培养的作用.

【案例 2-1】"无理数"教学片段

学生对无理数的概念普遍感到"生疏"，不容易理解和接受. 在引进无理数概念时，我们可创设下面的问题情境，激发学生兴趣，引发学生进行数学思考、探究等活动.

（1）如图 2.1 所示，作一个等腰直角三角形 ABC，使其腰长等于 1，则斜边 AB 的长=_____．

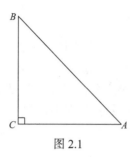

图 2.1

（2）你学过的整数有哪些？$\sqrt{2}$ 是整数吗？如果不是，请估计 $\sqrt{2}$ 可能在哪两个连续整数之间．请相互交流自己的看法．

（3）$\sqrt{2}$ 可能是整数 1 和 2 之间的某一个分数吗？

设计意图

在该课题之前，学生已经探索到勾股定理，并且运用勾股定理能求解直角三角形斜边的长度．上面的例子可以让学生感受到 $\sqrt{2}$ 是一个确实存在的数．

【案例 2-2】"简单随机抽样"教学片段

片段一：新课导入

一天，爸爸叫儿子去买一盒火柴．临出门前，爸爸嘱咐儿子要买能划燃的火柴．儿子拿着钱出门了．过了好一会儿，儿子才回到家．

爸爸："火柴能划燃吗？"

儿子："都能划燃．"

爸爸："你这么肯定？"

儿子递过一盒划过的火柴，兴奋地说："我每根都试过啦！"

爸爸："啊！……"

师：如果你是故事中的小孩，请问：你会一盒火柴全部试吗？为什么？

生 1：不需要，只需选几根试试即可，全部试过后火柴就没用了．

师：很好，这样也破坏了总体的功能．那么，总体在什么情况下需要进行抽样研究呢？

生2：当总体容量很大或检测过程具有一定的破坏性时，不直接去研究总体，而是通过从总体中抽取一个样本，根据样本的情况去估计总体的相应情况.

设计意图

教材的设计意图是要以实例让学生体会到进行抽样分析的必要性．但教学不是不折不扣地执行教材，而是创造性地用好教材．用教材不是唯教材至上，而应把教材看成一个可参考的蓝本，并在此基础上开发与创新．教材可以删减，也可以重组，这个情境的设计不仅能让学生了解抽样的必要性，也为下面课程的展开打下了基础.

片段二：抽样方法的修正

师：刚才的同学总结得太好了，但是，如果将50根火柴改为50个学生，抽取10个学生检查视力，我们还将50个学生放入箱中均匀搅拌吗？应该均匀搅拌什么？

生3：搅拌号码（激动地说）!

师：搅拌什么号码？你能具体总结一下步骤吗？

生3：（通过教师略加提示）

（1）将总体中的 N 个个体编号；

（2）将这 N 个号码写在形状、大小相同的号签上；

（3）将号签放入同一个箱子中，并搅拌均匀；

（4）从箱中每次抽出1个号签，连续抽取 k 次号签；

（5）将总体中与抽到的号签的编号一致的 k 个个体取出检验.

师：非常好！以后我们就将这种方法叫作"抽签法"，在制作号签时可以利用已有的号码制签，达到省时省力的效果.

设计意图

教材中通过对抽样方法的介绍，体现抽样应遵循"形成—修正—优化—再优化"的过程．在该节内容中教师巧妙地将火柴改为学生，达到了修正的需要，体现了对教材的深刻理解.

由上述案例我们可知，介绍一种新概念时，教师应该认真研读教材，还原概念产生、修正、发展的全过程，这样才能让学生更好地理解概念的本质，感受概念形成的过程．最终师生一起回归教材，与教材的编写者产生共鸣.

2.2 确定教学目标

教学目标是教学设计中最先考虑的要素，确定科学、合理、可操作化的教学目标是教师系统组织教学的出发点，也是教师理顺教学思路，进行最优化教学的落脚点. 伴随课程改革的日趋深入，我们开始从三维目标时代转向核心素养时代，制定基于数学核心素养导向的课堂教学目标，让数学核心素养在课堂教学实践中得到贯彻落实，显得尤为重要.

制定基于数学核心素养导向的课堂教学目标的关键，就是将《义务教育数学课程标准（2022 年版）》强调的课程目标、单元教学目标细化为课堂教学目标，将数学核心素养的培养和发展转化为课堂教学行为、手段，落实在学生身上. 为此，教师可从以下三个方面着手制定课堂教学目标.

（1）关注内容选取，叙写简约实效的教学目标. 教学内容的选取是成功叙写教学目标的关键. 想要以简驭繁叙写教学目标，就必须精准选取教学内容. 我们需要对课标和考纲进行揣摩，对教材和教参进行研析，抓住教学重点，摸清学习难点，特别要围绕主干知识开发课程资源，精心提炼教学立意，这样，教学内容的取舍才能做到简约而不简单.

（2）关注学习主体，叙写以人为本的教学目标. 尊重学生的主体地位是成功叙写教学目标的前提. 教学目标中怎样体现学生的主体地位？最常见的对策是采用恰当的句式表述，尤其重视行为动词的运用，以凸显教学目标的行为主体是学生而非教师，如避免使用"培养学生……"的句式，而要省略主语写成"（学生）能够……". 话语体系的转换当然有可取之处，但过度强调行为主体而忽视教师的主导性，可能会扭曲"学生为主体，教师为主导"的关系. 同时，也要明白仅仅依赖行为动词的表述革新是远远不够的，想要真正促进学生核心素养的发展，必须依靠切切实实的目标设计.

（3）关注评估反馈，叙写可教可测的教学目标. 核心素养的可教可测是教学目标成功实现的前提. 检测教学目标中核心素养达成的效果，需要教师理解数学学科核心素养的水平划分和质量描述，从不同角度采用不同方式对学生进行评价. 在叙写风格上，千万不能混淆教学目标与评价目标. 把评估反馈描述得既项目齐全又层级清晰，是评价目标的任务，评价目标一般以素养评价量表的形式出现在教师教学设计或学生随堂学案的末尾. 教学目标的可测性指的是通过评估教学重点难点的实施效果来检测学生核心素养的表现水平，所以只需融入评价策略而不必全面叙写细节.

综上所述，数学课堂教学目标的表述形式可为：一个目标包括一个动词和一个名词，动词描述预期的学习过程，即路径（通过什么、经历什么、体验什么、探索什么），而名词则给出了预期学生学习的结果，即用行为动词（了解、理解、掌握、能、会）表述结果（学生"四基"和"四能"产生的变化），终极目标是发展学生的某一个（或几个）核心素养.

需要注意，一个目标不能含有不同层次的结果. 例如，"理解、记忆基本不等式，并能灵活运用基本不等式求简单的最值问题"，其中"理解""记忆""灵活运用"是不同层次的结果，这样的目标应进一步分解，使一个目标只包含一个结果.

下面再以两位一线教师制定的"基本不等式"（郭允远，2019）教学目标为例，深度探讨核心素养导向下课堂教学目标的表述方式.

【案例 2-3】"基本不等式"教学目标

教师 A

知识与技能目标：了解基本不等式的几何背景和证明方法，理解基本不等式的几何意义，会利用基本不等式求解简单的最大（小）值问题.

过程与方法目标：了解基本不等式的形成与证明过程，初步认识分析法证明问题的思路，体会利用基本不等式求解最值的方法.

情感态度与价值观目标：通过实际背景抽象推导出基本不等式，又利用它解决实际生活中的问题，体现数学来源于生活又应用于生活；同时，培养学生分析问题、解决问题的能力，充分激发学生学习数学的兴趣和勇于探索的精神.

教师 B

知识与技能目标：会从不同角度探索基本不等式，会用基本不等式解决简单的最值问题.

过程与方法目标：经历基本不等式的推导过程，体会数形结合、分类讨论等数学思想，提升数学抽象、直观想象、逻辑推理等数学核心素养.

情感态度与价值观目标：培养学生主动探索、勇于发现的科学精神，并在探究的过程中，体会数学的严谨性，发现数学的实用性.

以上两位教师给出的课堂教学目标，都能对新课标中"基本不等式"单元的教学目标进行细化和具体化，对内容的理解比较准确. 但受"三维目标结构"模式的影响，导致出现共同的问题：目标分类中内容表述重复，表达不确切，"情感态度与价值观"形式化，对课堂教学活动的定向功能太弱. 再者，"三维目标"是 2003 年课程改革提出的课程目标, 也不能照搬为课堂教学目标.

　　基于上述思考, 笔者对"基本不等式"教学目标作如下表述: ①通过观察国际数学家大会的会标及赵爽弦图, 探究出其中蕴含的相等和不等的数值关系, 提炼得到基本不等式, 体会数学建模的过程, 并从会标和赵爽弦图的相关背景中感受数学的文化价值 (数学建模、直观想象); ②探索基本不等式的证明过程, 会用作差比较法、综合法、分析法证明基本不等式 (逻辑推理、数学运算); ③通过对基本不等式几何意义的探究, 体会数形结合的魅力 (直观想象、逻辑推理); ④学生能正确地运用基本不等式证明一些简单的不等式和求解简单的最值问题 (逻辑推理、数学运算).

2.3　设计教学过程

　　在教学设计中, 教师应在把握知识本质的基础上设计合理的教学活动, 使学生能在其中感悟到数学的基本思想, 培养数学思维. 首先, 教师应把具有逻辑联系的知识进行整体的建构, 使学生在脑海中形成知识的框架; 其次, 教师应通过情境展现出知识的必要性和合理性, 使学生知道知识来源于现实生活; 最后, 教师应通过问题串激发学生的求知欲, 使学生形成合作学习、自主学习的习惯. 为此, 教师可从以下三个方面出发进行教学过程设计.

2.3.1　把握整体性数学教学

　　高中数学教学中, 学生学习的碎片化情形不容忽视, 其有两种表现: 一是所掌握的数学知识碎片化; 二是解题思路、解题方法、对数学思想方法的理解等碎片化. 有效改变这一现状的教学策略是展开整体化教学, 结合具体的数学知识, 带领学生站在系统化的高度, 引导学生对数学知识形成整体认知. 学生生成整体化的学习思路与方法, 形成较强的学习能力, 有利于自身核心素养的落实.

　　在复习函数知识的实际教学中, 整体化教学的思路体现在: 将函数知识的分类呈现在学生面前, 从数学四基、四能、三会等方面对学生进行引导, 让学生对"集合的含义及其表示方法"有一个整体的把握, 与之相关的知识可以成为一个系统. 而这一思路可以进一步拓展到集合与函数的概念、基本初等函数、函数的应用等知识复习中, 从而让学生对函数知识有一个整体认识, 这也就避免了碎片化的学习状态. 这样的教学过程对于学生来说, 也是一个掌握学习方法、生成学习能力的过程.

2.3.2 创设真实合理的教学情境

核心素养是在特定情境中表现出来的知识、能力和态度，创设合适的情境有利于学生感悟、理解、形成和发展核心素养．"情境教学"本质要包含"情"与"境"两个方面：一方面，要以"情"为"经"，将学生学习的兴趣、情绪、情感体验、美感等方面摆放在教学应有的位置上；另一方面，要以"境"为"纬"，以学生的生活实际为基础，创设相应具体的教学情境，为教学的顺利进行开辟新的途径（栾庆芳和朱家生，2006）．

1. 呈现真实情境，激发学习兴趣

通过创设具体的生活情境，引发学生的认知冲突，激发学生的主观能动性，并提高学生的各项数学能力，引导学生不断地思考和尝试．下面以"函数的应用"（吴徕斌，2017）为例，谈谈教师如何通过真实情境来激发学生学习的兴趣．

【案例 2-4】"函数的应用"教学片段

教师：一些公司常常采用裁员的方法来应对经济危机，对于一个想要赚钱的公司而言，会从哪个角度来估算裁员人数呢？

学生：从公司自身的角度，当然希望通过这样的措施来让自己的利益最大化．

（教师发现学生已经对这个问题产生了兴趣，于是给出具体例题．）

问题 1：已知这家公司职工总人数为 n（$60<n<100$，且 n 为 10 的整数倍），每人每年可为公司创造利润 10 万元．据推算，在经营条件不变的前提下，若裁员人数不超过现有人数的 20%，则每裁员 1 人，留岗员工每人每年就能多创造利润 1000 元；若裁员人数超过现有人数的 20%，则每裁员 1 人，留岗员工每人每年就能多创造利润 2000 元．为保证公司的正常运转，留岗的员工数不得少于现有员工人数的 75%．为保障被裁员工的生活，公司要付给被裁员工每人每年 2 万元的生活费．问：为了获得最大的经济效益，该公司应裁员多少人？

问题 2：为了求该公司能获得的最大经济效益，我们可以从哪方面入手呢？

问题 3：经济效益要如何体现，也就是经济效益、被裁员工生活费以及员工创造利润三者之间存在着怎样的联系？

此情境与新知识有关，又贴近生活实际，既迎合了学生的认知需求，又有效激发了学生自主探究的主观能动性和积极性．

2. 引导学生合作学习，依据情境开展探究

由于学生的认识水平有限，思维面较为狭窄，教师应适当进行引导和提示，构建师生"学习共同体"，使学生更加了解探究的目标和大致的方向，提高探究问题的效率.

对于上述案例 2-4 中的问题 2 和问题 3，经过一番讨论，教师可要求学生用一个式子表示三者的关系，使学生在已有的思维基础上，对真实情境展开更深层次的探究.

2.3.3　设置合理的问题串

学习知识是一个创造和发现的过程，要求教师与学生、学生与学生之间共同针对某些问题进行探索，并在探索的过程中相互交流和质疑，了解彼此的想法."问题串"教学模式能很好地激发学生思维，让学生真正"动"起来.

"问题串"教学模式是指将一节课的教学内容按教学目标和学生的认知实际，提出若干基础性问题和核心问题，并据高中数学知识的逻辑关系，将这些问题排列成一个由浅入深、由易到难的问题串的教学方法（苗庆硕，2012）.

通过设置问题串，不断地提出问题，使学生陷入矛盾之中，再进行启发、引导，通过对话与交流，师生、生生之间产生积极的互动. 以问题串引领教学，要求问题的设计要"一线牵之"，组成问题串的每个问题是循序渐进、层次分明的，同时能引起学生的思考. 即注重问题的主线性、层次性和探究性.

笔者研读大量文献后，将"问题串"教学模式用如下的范型加以描述，具体分为四个阶段（图 2.2）.

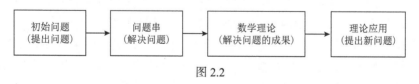

图 2.2

下面以"任意角的三角函数"（苗庆硕，2012）教学片段为例，详细展示"问题串"教学模式对学生核心素养的培养.

【案例 2-5】"任意角的三角函数"教学片段

提出问题：在上节教科书的学习中，我们已经将角的概念推广到了任意角，

现在所说的角可以是任意大小的正角、负角和零角. 那么任意角的三角函数又该怎样定义呢?

问题 1: 能不能继续在直角三角形中定义任意角的三角函数?

问题 2: 在上节教科书中, 将锐角的概念推广到任意角时, 我们是把角放在哪里进行研究的?

问题 3: 在平面直角坐标系中, 如何定义任意角 A 的三角函数呢? (定义? 表述?)

(如果学生有困难, 则提出下面的问题.)

问题 4: 终边是 OP 的角一定是锐角吗? 如果不是, 能利用直角三角形的边长来定义吗? 如果 $\angle A$ 的终边不在第 I 象限又该怎么办?

问题 5: 我们知道, 借助平面直角坐标系, 就可以把几何问题代数化, 比如把点用坐标表示, 把线段的长用坐标算出来. 我们还是回到锐角三角函数的问题上, 大家能不能用平面直角坐标系中角的终边上的点的坐标来表示定义式中的三条边长呢? (这是学生可以接受的一个问题!)

通过上面设计的问题, 学生通过小组合作讨论, 以问题为中心, 有效地投入理性探索活动. 教师要加强指导, 发现问题, 及时解决, 不能让讨论流于形式, 要让各个小组派出代表发言, 然后归纳、总结、释疑, 引导学生围绕问题建立任意角的三角函数的概念.

2.4 转变教学方式

学生发展核心素养不仅需要国家政策引领, 而且需要教师转变教学方式. 传统的 "教材中心" 的教学内容观造成学生文化基础素养培育片面化, "教师中心" 的教学主体观影响学生自主发展, "课堂中心" 的教学时空观导致学生社会参与落空. 为此, 教学内容的组织应指向 "核心能力", 教学主体应定位于 "师生双主体", 教学时空应向 "课外" 延伸 (张云丽和段兆兵, 2017).

2.4.1 教学内容组织指向 "核心能力"

学生核心素养的核心不是单纯的知识技能, 也不是单纯的兴趣、动机、态度, 而是在学生学习过程中, 重视其运用知识技能的能力, 培养其解决现实课题所必需的思考力、判断力、表达力及其人格品性 (钟启泉, 2016). 核心素养的培育要求教师在教授学生知识的同时，发展学生的能力，处理好知识、能力和品格之间的关系．教师要明确，知识是基础，发展能力和品格离不开知识的学习，同时知识也是手段，其最终目的是发展能力和品格．

教师的教学内容要从书本知识向内在能力倾斜，教师在传递教学内容时要转变传统的"满堂灌"和"死记硬背"的教学方式，注重将话语权移交给学生，发展学生的思维能力．教师要顺应核心素养的潮流，切实抓好学生核心素养的培育工作，采用适合学生发展的教学方式开展教学活动，让学生在课堂上不仅学习知识，而且学习令其终身受益的能力和品格．

2.4.2　教学主体定位于"师生双主体"

学生核心素养是指从学生的全面发展角度出发，使学生未来得以适应社会发展的需要，促进学生个人能力和素养的发展（辛涛等，2014）．近年来，学生在课堂中的地位逐步上升，把课堂还给学生的提法屡见不鲜．但这并不意味着教师完全处于从属状态，学生的学习离不开教师的教，教师在教学活动中至关重要．因此，培育学生的核心素养需要把教师和学生共同置于中心地位，实现教师和学生的共同发展．

教学主体要从教师单一主体转向师生双主体．在教育教学过程中，教师要把课堂权力下放，尊重学生的话语权，让学生意识到自己也是课堂的主人，充分发挥主体意识．教师要站在学生的角度思考问题，采用多样化的教学手段组织教学，增强课堂教学的实用性和趣味性，引导学生广泛参与课堂讨论．在教学过程中，教师不仅要引导学生学习知识，培养学生的学习兴趣、创造力和想象力，而且要提高自身的教学组织能力．

2.4.3　教学时空向"课外"延伸

核心素养的提出使人们的视角不再停留于知识层面，而是转向关注学生的关键能力和关键品格．课堂学习可以满足学生知识层面的需求，但能力和品格还需在具体的实践中形成．

教学时空要从课堂中心向课外延伸，这就需要教师带领学生进行实践学习．教师可以带领学生参加社会性服务，帮助学生树立正确的价值观和社会责任感，还要在具体的实践中，传达给学生正确的价值理念，培育学生的核心素养．

2.5　进行教学反思

教学是一个不断向前推进的螺旋式上升的循环过程，如图 2.3 所示（陈向明，2011；Lewis et al.，2010）. 教学具体实施过程并不随着授课的结束而终结，反思也是其关键环节.

准备　计划

反思　授课

图 2.3

教师的反思内容主要聚焦于教学、学生和自身三个方面. 首先，教师需收集课堂观察结果，包括学生对这堂课的反应、学生对知识的理解、学生参与课堂的情况及互动情况等. 然后，根据观察结果反思：教材编写意图是否准确领悟；教学目标的制定是否科学、合理、可操作化；教学过程的设计是否能培养学生的数学核心素养；教学方式是否符合新课标理念等. 最后，提出具体的教学改进意见，并根据结果修订或重新设计教学方案. 如有必要，进入下一轮的教学实践，在不断循环的过程中逐渐完善教学方案，培养学生的核心素养.

数学核心素养的培养不是一蹴而就的，数学教学目标的达成也不是一帆风顺的，需要教师对每节课进行精心准备和极致演绎. 教师坚持进行教学反思可以不断促进其反思能力的提升，促进其深入挖掘现象背后的教育教学规律. 教师在反思性实践中能释放专业发展的自觉和潜能，促进其理论知识的学习和个人实践智慧的持续发展，从而使其逐步向"专家型"教师转变.

第3章

落实核心素养的中学数学教学设计案例

3.1 章 引 言 课

3.1.1 "章引言课"的教育价值

随着基础教育课程改革的不断深入,如何激发学生对新内容的学习兴趣,发挥学生在教学过程中的主体地位,成为我们要特别关注的问题. 在现行的中学数学课本中,课程分为不同的"主题",如函数、平面几何、概率与统计等. 而章引言就是在某个"主题"知识之前的章节起始页,常常以数学知识在实际生活中的丰富应用为切入口,在学习之初就能激发学生的学习热情,并且从整体上对本章的学习内容、研究问题、逻辑起点、思想方法等作一个粗浅的介绍和展望,揭示数学知识的价值,展示数学文化的魅力(林克涌,2010). 作为新知的生长点,章引言课往往起着"先行组织者"的作用,在已知与未知之间建立一座桥梁,是引领学生走入本章内容的重要组织形式. 数学不是一门孤立的学问,而是一个有机整体. 反思当下,教师常常跳过章引言直奔新知的学习,学生只能被"牵着走". 因此,尽管章引言课不像新授课、练习课等涉及具体数学知识,但是除了解题、升学等功利性价值取向外,数学教育更应该诉诸人,在章引言课中,以数学独有的价值来"化"人,指向学生可持续发展的核心素养是教育的应然追求(周卫东,2016).

3.1.2 "章引言课"中的核心素养

必备品格与关键能力是核心素养的重要组成部分. 基于数学学科独有的特点,必备品格集中体现为数学的严谨思维与理性精神两个方面. 不同于外显于素养表层的六大关键能力,必备品格隐藏于素养深处,引领着能力发展方向,是使学生终身受益的学科品质. 关键能力与必备品格相伴相生、相互融合,是建构个体学科核心素养的必然途径（徐云鸿和王红艳，2018）.

在章引言课中，从生动的章头图开始，可以向学生介绍数学知识在社会生活和科学技术中方方面面的应用，开阔学生的视野，认识到数学知识在人类探索世界、改造世界、创造文明过程中起到的巨大作用，感受数学家们对真理不懈追求的智慧和理性光辉，从而发展学生数学的头脑与眼光，能"数学地"观察世界. 其次，在章引言课中，可以通过大量生活原型或者具体例子，引导学生抽象出数学概念与知识，明确本章所要研究的数学对象，建构数学模型，使学生体验"数学化"的抽象过程，理解数学对象是看不见、摸不着的只存在于人脑中的思维对象，从而深刻认识到数学不同于其他学科的抽象性，培养学生数学抽象能力、数学建模思想，感受数学的严密性，发展大胆假设的创新意识、勇于质疑的批判性思维品质. 正如数学家克莱因所说："数学是一种精神，一种理性的精神. 正是这种精神，激发、促进、鼓舞和驱使人类的思维得以运用到最完善的程度，亦正是这种精神，试图决定性地影响人类的物质、道德和社会生活；试图回答有关人类自身存在提出的问题；努力去理解和控制自然；尽力去探求和确立已经获得知识的最深刻的和最完美的内涵."（莫里斯·克莱因，2013）

3.1.3 "章引言课"教学建议

必备品格与关键能力的发展离不开对数学知识的生动理解，如果学生只是被动地接受教师传授的真理性数学结论，长此以往，学生的思维得不到发展. 只有整体把握数学内容，才能比较清晰地认识数学知识之间的逻辑关系，实现数学知识结构的网状化和系统化，这是提高数学核心素养的必要条件. 因此，在章引言课中，要让学生不仅对本章知识的产生背景有所了解，更应该对知识产生、发展、去向的全过程有整体的把握. 在学习之初，教师就要帮助学生对所学内容有完整认识，从而促进学生发挥学习主体性，实现生动活泼的主动学习.

1. 从知识的产生背景出发，明晰本章研究对象

数学知识的抽象性，常常让学生觉得与现实生活脱节，晦涩难懂. 作为章节起始课，可以从数学知识的产生背景、数学发展的史实出发，自然而然地引入新知，让学生知道知识从何而来，到哪里去，解决哪些问题. 一方面，可以拉近数学与学生生活的距离，让学生体会数学知识在社会应用、科学发展或是数学自身发展需要中的必要性，并感受数学知识在解决实际问题中强大的工具性作用，进而激发学生对新知的探究欲望；另一方面，可以让学生经历从具体到一般，再到抽象出数学概念、建立数学模型的过程，使学生感受到生活中处处是数学，学会

用数学的眼光观察世界,用数学的语言表达世界.

例如,在人教版初中《数学》八年级上册第十五章"分式"中,章引言从生活中的江水流速问题出发,引导学生得到一个分式方程,让学生自然地认识到在解决实际问题的过程中出现了以前没有学过的代数式,那么,为了解决这类新的问题,我们有必要学习新的知识——分式,从而水到渠成地引入分式概念,建立分式模型.

2. 沟通新旧知识的有意义联系,揭示本章学习路径和方法

对于"数与代数""图形与几何""概率与统计"等不同的知识主题,不仅仅要关注抽象出研究对象、建构数学模型的过程,更要思考研究这一类问题的一般思路,指向数学知识的核心与本质——数学思想方法. 因此,章引言课还要在"引"上下功夫,以本章的关键问题为中心,循循善诱,使学生建立新旧知识的有意义联系,通过迁移、类比、转化等数学思想方法,发现和提出新知的学习策略与方法,让学生学会用数学的思维思考世界,从而建构前后一致、逻辑连贯的研究路径和方法,指导后续学习,发挥章引言的导学、架桥功能(周远方等,2015).

"有理数"是人教版初中《数学》七年级上册第一章的内容,引言部分最后一段指出:"本章我们将在小学认识负数的基础上,把数的范围扩充到有理数,并在这个范围内研究……"因此,在学习有理数之初,就应该引导学生回顾数的研究过程,从而确定本章有理数的研究思路和步骤,从而有法可依地展开后续学习,并且在学完本章后,可以进一步总结和完善研究数的一般规律,为后面学习实数、复数等数系打下基础.

下面以人教版《数学》八年级上册第十五章"从分数到分式"、北师大版《数学》八年级上册第七章"平行线的证明",以及人教版《数学》七年级上册第三章"一元一次方程"3.1 节"从算式到方程"章起始课"从算数到代数"的教学为例,探讨如何建立新旧知识之间的有意义联系,为数学起始课的教学提供参考.

【案例 3-1】"从分数到分式"教学设计^①

一、内容和内容分析

"从分数到分式"是人教版《数学》八年级上册第十五章 15.1.1 节的内容. 本节课的主要内容是分式的概念以及分式有意义、无意义的条件. 本节内容以分数知识为基础,类比引出分式的概念,把学生对"式"的认识由整式扩充到

---

① 该案例由江西省樟树市第二中学的黄金娥提供.

有理式，同时为进一步学习分式、函数、方程等知识作铺垫．

二、目标和目标分析

（1）通过对分式概念的学习以及用分式表示现实情境中的数量关系，进一步发展符号感，认识事物之间相对独立与必然联系的关系；

（2）经历类比分数学习分式的过程，提高对事物之间是普遍联系又是变化发展的辩证观点的再认识，并养成缜密的思维习惯，形成类比思想；

（3）通过类比思考，联系实际，探究分式的概念，揭示分式有意义的条件，在实际操练中掌握分式有意义的条件，体验解题成功带来的愉悦感，增强学生学习数学的兴趣．

三、教学问题诊断分析

学生在掌握了分数的形式和性质后，完全可以类比学习分式的概念和性质，以及一些分式有意义、无意义的条件等，把学生对"式"的认识由整式扩充到有理式．只是在分析复杂分式时，学生可能容易遗漏分母不为 0 的条件或者将其误解为分母中的字母取值不能为 0，这是在教学中需要提醒学生注意的．

重点：分式的概念，掌握分式有意义的条件．

难点：分式值为零的条件，分类意识的渗透．

四、教学过程设计

（一）旧知复习，温故知新

1. 填空．

_____和_____统称为整式．

2. 判断．

（1）$\frac{x}{2}$ 和 0 都是单项式，也都是整式．　　　　　　　　　　（　　）

（2）$2x-1$ 是单项式，也是整式．　　　　　　　　　　　　　（　　）

设计意图

该活动主要使学生回忆以前学习过的整式，为后面学习分式提供比较对象．

（二）创设情境，导入新课

1. 矩形的面积为 10cm^2，长为 7cm，宽应为_____cm；矩形的面积为 S，长为 a，宽应为_____．

2. 把体积为 200cm^3 的水倒入底面积为 33cm^2 的圆柱形容器中，水面高度为

_____cm；把体积为 V 的水倒入底面积为 S 的圆柱形容器中，水面高度为_____cm.

3. 一艘轮船在静水中的最大航速为 30km/h，若江水的流速为 $v$km/h，则它沿江以最大航速顺流航行 90km 所用时间为_____h，以最大航速逆流航行 60km 的时间为_____h.

设计意图

通过并行展示两类问题：一类源于数学内部；一类与实际相关联. 遵循教师为主导，学生为主体的原则，由学生口头回答，依次获得式子，为后面的类比发现提供了足量的素材.

（三）师生互动，探究新知

师：请对照活动二，认真比较分析你填写好的式子，结合下面的问题进行讨论：①所填式子中，哪些是整式？②比较不是整式的这一类式子，它们有什么共同点？它们与分数有什么相同点和不同点？

通过讨论得出分式的概念：

分式：一般地，两个整式 A,B 相除时，可以表示成 $\dfrac{A}{B}$ 的形式. 如果 B 中含有字母，那么 $\dfrac{A}{B}$ 叫作分式，其中 A 叫作分式的分子，B 叫作分式的分母.

设计意图

通过小组讨论、交流，引导学生发现所填式子的特点：这些式子都含有分母，其中有的分母中含有字母. 将代数式依据特征进行归类，学生通过探讨发现：列出的代数式有些不是曾经学过的整式. 由此产生认知冲突，激发学生学习新知识的兴趣，以满足解决实际问题的需求，从而引出分式的概念.

（四）巩固练习，深化新知

1. 指出下列代数式中哪些是分式.

$$\frac{1}{a},\ \frac{x}{3},\ \frac{4}{x-y},\ \frac{-2xy}{7},\ \frac{1}{\pi},\ \frac{x}{2}-\frac{1}{x}$$

2. "我要回家"活动.

将十张写好式子的卡片给学生，让学生到讲台上展示，并请两名学生按整式、分式将它们带回家.

设计意图

设计练习题和情景练习，直击该节课重点，通过多种形式让学生巩固所学内容.

3. 小组讨论.

（1）我们知道除数不能为 0，分数中分母不能为 0，那么分式中的分母应该满足什么条件？

（2）当分式值为零时，分子和分母应满足什么条件？

（五）典例分析，解决问题

例1. （1）当 x 为何值时，分式 $\dfrac{2}{3x}$ 有意义；

（2）当 x 为何值时，分式 $\dfrac{x}{x-1}$ 无意义；

（3）当 x,y 满足什么关系时，分式 $\dfrac{x+y}{x-y}$ 有意义.

例2. （1）当 x 为何值时，分式 $\dfrac{x}{x+1}$ 的值为零.

（2）当 x 为何值时，分式 $\dfrac{|x|-1}{x+1}$ 的值为零.

设计意图

学生讨论、交流、合作探究的过程中，类比分数让学生找到分式有意义和分式的值为零的条件，体会类比思想.

活动：同桌的两个同学为一小组，互相给对方写一个分式，让对方写出该分式有意义和分式的值为零的条件.

设计意图

通过练习活动，让学生在小组交流合作中进一步巩固所学知识，体会数学的趣味性.

（六）课堂小结，提炼观点

（1）这节课主要掌握了哪些新知？

（2）在这节课的学习过程中，你感悟到什么数学思想？

（七）布置作业，巩固提升

第 133 页习题 15.1，复习巩固 1～3，综合应用 8．

五、板书设计

板书设计如图 3.1 所示．

15.1.1　从分数到分式

1.分式定义：形如 $\dfrac{A}{B}$ 的形式．A，B 为整式，且 B 中含有字母．

2.分式有意义：$B \neq 0$．

3.分式无意义：$B = 0$．

4.分式值为零：$A = 0$ 且 $B \neq 0$．

图 3.1

【教学赏析】

该设计采取了"旧知复习，温故知新—创设情境，导入新课—师生互动，探究新知—巩固练习，深化新知—典例分析，解决问题—课堂小结，提炼观点—布置作业，巩固提升"的基本模式，安排了多种形式的教学实践活动，让学生经历了知识的形成与应用过程，从而为更好地理解、掌握分式的概念以及分式有意义的条件做好了准备，发展学生应用数学的意识以及类比、分类和数式通性等数学思想，增强学生学好数学的愿望和信心．

该设计还注重了类比的数学思想方法的渗透和数学知识的迁移，让学生获知的同时还增强智慧，进一步领会分式与分数的一般和特殊的辩证关系，提高学生数学抽象和数学运算等基本数学素养．

【案例 3-2】"为什么要证明"教学设计①

一、内容和内容分析

（一）内容

"为什么要证明"是北师大版《数学》八年级上册第七章"平行线的证明"第一节的教学内容，本节课的主要内容为证明的必要性．

---

① 该案例由江西省安福县城东学校的刘娜提供．

（二）内容分析

本章的内容是在前面对几何结论已有了一定直观认知的基础上编排设计的，其中涉及的几何结论在前面的学习中已经通过一些直观的方法进行了探索和了解．"为什么要证明"这节课主要是让学生感受仅仅用以前学过的方法得到的猜想不一定正确，所以需要有理有据地验证，初步感受证明的必要性．从本节课起，学生开始从有条理的口头表达逐渐过渡到书面表达，要求证明的每一步都有依据．因此，本节课的学习对发展学生的逻辑推理意识和能力是非常重要的．

基于以上分析，本节课的重点是经历实验、观察、归纳等活动过程，培养推理意识．

二、目标和目标分析

（一）目标

（1）通过举例说明、直观感悟、实验验证、归纳猜想等方法得到的数学结论不一定可靠，初步感受证明的必要性．

（2）经历实验、观察、归纳等活动过程，在活动过程当中体会数学的严谨性，培养和发展推理意识．

（二）目标分析

目标（1）的具体要求是：在探究活动 1 中，通过具体的计算体会到直觉不一定可靠；在探究活动 2 中，通过举反例验证质数和讲述费马的故事体会到归纳猜想未必正确；在探究活动 3 中，实践操作可以得到特殊结果，但未必能得到普遍的结论，由此总结上述活动的经验，认识到证明的必要性．

目标（2）的具体要求是：在数学问题的论证过程中，学生能够主动地进行猜想、操作等探究活动，并在小组中发表自己的看法；通过感受和交流逐步体会到仅凭实验、观察、归纳去论证数学结论是不严谨的；通过举反例可以否定错误结论，而得到正确的结论需要有理有据的证明．

三、教学问题诊断分析

在以往的学习中，学生通过观察、测量、实验等探究活动得到了很多正确的结论，也进行了简单的说理活动，因此学生认为通过以上探究活动得到的结论就一定是正确的．本节课是要通过一些不正确的结论让学生重新审视，意识到仅凭探究得到的结论未必可靠，要得到正确的结论就需要进行有理有据的证明．为了达到这一目的，教学时需要呈现不同方法的活动让学生充分感受、理解证明的必要性，并尝试进行有逻辑的表达．

基于以上分析，本节课的难点是让学生理解证明的必要性，发展学生的推理能力，培养学生的逻辑表达能力．

四、教学过程设计

（一）情景引入：巧克力去哪儿了

 视频引入

播放《切巧克力》视频（图 3.2），学生观看视频，感受巧克力被"偷走"的过程，教师对视频中的现象进行简单的描述，让学生明白之所以得到不正确的结论是因为产生了视觉误差．

图 3.2

设计意图

在现实生活中，我们常采用观察的方法来了解世界．视频中随着巧克力被"悄悄偷出"，激发学生的好奇心和求知欲，从而引出课题．

（二）自主学习：眼见未必为实

? **问题提出**

出示下面几幅图片（图 3.3），请学生直接说出结论．

（1）两图中心圆，哪个更大？线段 a 与线段 b，哪个更长？

图 3.3

（2）如图 3.4 所示，线段 a, b, c 中，哪条线段与线段 d 同在一条直线上？图中线段围成的封闭图形是正方形吗？

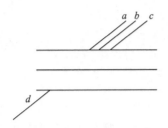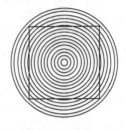

图 3.4

 问题解决

学生说出自己的直观感觉．支持学生发表不同观点，并通过课件展示正确的结果．

设计意图

用观察的方法解决数学问题是最直观的，但此环节活动告诉学生，有时眼见也不为实，我们还要用其他的方法去验证结论．这说明实践操作也是解决问题的重要方法．

（三）合作探究

探究1：直觉未必可靠

用一根比地球赤道长 1m 的铁丝将地球赤道围起来（每一处缝隙的距离都是相等的），那么铁丝与地球赤道之间的间隙，你认为最多能穿过以下哪样东西？

A. 一根头发丝   B. 一颗枣子

C. 一个拳头   D. 一个足球

 问题解决

环节1：积极猜想，质疑结论．让学生大胆说出自己的直觉，学生的猜想可能会不一致，进而引导学生对问题进行探索．

环节2：合作交流，寻求方法．采用小组合作的方式，寻求解决问题的方法．

环节3：展示成果，引发思考．让学生展示通过小组合作计算得出正确的结论．

解答过程：

解：设地球赤道周长为 C m，半径为 r m，铁丝所围成的圆半径为 R m，则

$\because R-r=\dfrac{C+1}{2\pi}-\dfrac{C}{2\pi}\approx 0.16(\mathrm{m}),$

$0.16\mathrm{m}=16\mathrm{cm},$

$\therefore$ 这个间隙最多可以放进一个拳头.

？ **问题再探**

将地球换成篮球,会得到怎样的结论?

结论:依然是约 0.16cm,通过计算得到间隙的大小与被围物体的周长无关.

> **设计意图**
>
> 直观感知得到的结论不一定正确,面对问题需要进行理性的思考和有理有据的证明.面对实际问题,构建数学模型,利用数学公式计算得到相对准确的数学结论,从而引导学生明白解决数学问题不能凭直觉,而是需要通过事实依据、逻辑推理和准确计算得到结论.

探究 2：归纳猜想未必正确

做一做,某学习小组发现,当 $n=0,1,2,3$ 时,代数式 n^2-n+11 的值 11,11, 13,17 都是质数,于是得到结论:对于所有自然数, n^2-n+11 的值都是质数.你认为呢?与同伴交流.

问题解决

学生同桌之间合作,肯定或者否定这个结论,然后学生说出与同伴合作后的结论,通过举反例的方法发现这个结论是错误的.

n	0	1	2	3			
n^2-n+11	11	11	13	17			
质数（合数）	质数	质数	质数	质数			

解:

方法 1:

当 $n=0,1,2,3$ 时, n^2-n+11 的值分别是 11,11,13,17,全是质数.不少学生会因此而下结论:对于所有自然数, n^2-n+11 的值都是质数.教师表示质疑,继而鼓励学生继续计算,当 $n=11$ 时, $n^2-n+11=11^2-11+11=121=11^2$.所以对于所有自然数,式子 n^2-n+11 的值不都是质数.

方法 2：

将 n^2-n+11 分解成 $n(n-1)+11$，可以判断当 $n=11$ 或 $n-1=11$ 时，n^2-n+11 能被 11 整除，此时为合数.

数学故事：费马的失误

生：历史上很多数学家都想找到求质数的公式. 1640 年，数学家费马（Fermat）验证了当 $n=0,1,2,3,4$ 时，式子 $2^{2^n}+1$ 的值 $3,5,17,257,65\,537$ 都是质数，于是他高兴地断言："对所有的自然数 n，$2^{2^n}+1$ 的值都是质数." 由于费马在数学界的崇高威望，以及验证这类数字是否为质数的艰巨性，因此在很长一段时间里没有人怀疑这一结论的正确性，并且把这类数称为费马数.

1732 年，数学家欧拉（Euler）指出，当 $n=5$ 时，

$$2^{2^5}+1=4\,294\,967\,297=641\times 6\,700\,417,$$

从而否定了费马的结论. 更有意思的是，从第 6 个费马数开始，数学家们在费马数中再也没有发现一个新的质数，全部都是合数. 有人甚至给出一个新的猜想：当 n 大于或等于 5 时，费马数全都是合数！

师：通过这个故事，你有怎样的启发？

由归纳猜想得到的结论不一定正确，需要进行有理有据的证明. 举反例是否定一个结论的常用方法. 在学习中，要有坚持不懈和敢于质疑的科学精神.

设计意图

在解决这个问题时，因为当 n 等于 11 的时候才会出现合数，所以有很多同学都会在代入五六个数之后放弃，便下结论这个式子的值都是质数. 当我们给出正确结论的时候，学生又容易感到失败而否定自己，所以这个时候再给出费马的故事，告诉学生即使是科学家也会出现失误，即使费马是权威欧拉也敢于质疑. 所以此环节的设计是告诉学生：坚持不懈地努力，敢于质疑权威，勇于探索结论是优良的学习品质.

探究 3：实践操作未必可靠

在 $\triangle ABC$ 中（图 3.5），点 D,E 分别是 AB,AC 的中点，连接 DE.

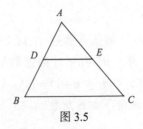

图 3.5

环节 1：猜一猜：线段 DE 与 BC 有怎样的关系？

（学生通过观察得到：$DE = \frac{1}{2}BC, DE \parallel BC.$）

环节 2：验一验：如何检验你的猜想？

（学生通过测量，发现 $DE = \frac{1}{2}BC, DE \parallel BC$，相信这个结论是正确的．）

环节 3：想一想：你发现的结论对所有三角形都成立吗？

（进而思考：怎样才能断定一个数学结论是正确的呢？）

师：通过对这个问题的实验操作，你有什么感悟？

生：仅凭实践操作得到的结论未必全面，学习有理有据的证明才能得到普遍性的结论．

（四）课堂训练

随堂练习第 2 题，习题 7.1 第 2 题和第 3 题．

设计意图

通过课堂练习，引导学生运用知识解决问题，在这个过程中学生对"为什么要证明"会有更深的体会．

五、板书设计

板书设计如图 3.6 所示．

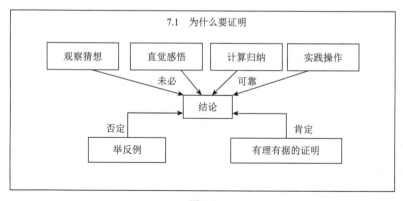

图 3.6

【教学赏析】

五个教学环节，从视频引发问题，使学生认识到仅通过观察猜想、直觉感悟、计算归纳、实践操作来得出结论是不全面的，由此可知数学结论的给出必须通过有理有据的证明，因此得到课题学习的必要性和方法性，为今后的证明学习铺设道路，学习思路水到渠成. 该设计观察有视觉误差的视频和图片、猜想铁丝与赤道的缝隙、思考数学家费马的失误，激发了学生的学习兴趣，让学生体会到了当与事实相悖时证明的必要性；在课堂活动中安排自主探究和合作交流环节，注重培育学生有条理表达的能力；几个探究活动和费马的故事，培养学生直观想象、逻辑推理等数学核心素养和勇于探索、敢于质疑的科学精神.

【案例 3-3】"从算术到代数" 教学设计①

一、内容和内容分析

本节内容是自创内容，可安排在人教版《数学》七年级上册第三章"一元一次方程"3.1 节"从算式到方程"内容之前，可作为本章的章起始课，让学生初步感知本章知识的发生发展过程，实现思维发展的整体建构.

二、目标和目标分析

（1）体验算术法和代数法都是解决实际问题的常用方法；

（2）感悟同一情境中算术法和代数法的联系与区别，并认识到运用代数法解决问题的必要性；

（3）接受从算术思维向代数思维的转变，并对运用代数法解决问题产生心理认同；

（4）初步形成运用列代数等式法表达关系的模型意识和直观素养.

三、教学问题诊断分析

学生在学习本内容之前，在小学阶段已学习过字母表示数的相关内容，知道字母表示数具有一般性，在数的基础上初步学习了等式的简单性质，但还未形成初步的代数思维和模型意识. 根据以往教学调研情况分析可知，一元一次方程这一章的教学存在两个难点：一个是从算式到方程的过渡效果不理想，学生习惯了小学的算术法，对运用方程模型解决现实问题一开始不容易接受，认为算术法能快速求出答案，而用方程求解时需要写较多步骤，对运用方程解决问题的必要性没有真正理解接受；另一个是学生学完了一元一次方程后，遇到稍复杂的情境仍然不会列方程，而这种现象的本质是没有建立运用一元一次方程解决

---

① 该案例由江西省教育厅教学教材研究室的陈莉红提供.

实际问题的模型意识,没有真正理解列方程的关键是寻找等量关系.因此,本节课就是基于这样的学情设置情境,产生认知冲突,引导学生自然地进入到方程的学习当中.

基于以上分析,本节课的教学重点:①感悟算术法与代数法解决问题的特点;②体验算术法与代数法的联系与区别.教学难点:①感悟运用代数方法解决问题的必要性;②会运用代数方法表示未知量及建立等式.教学方法为启发法、探究法、讨论法.

四、教学过程设计

(一)创设情境,激发兴趣

民间歌谣:"鸡鸭共一栏,鸡为鸭之半.八鸭展翅飞,六鸡在生蛋.再点鸡鸭数,鸭为鸡倍三.请你算一算,鸡鸭原若干?"

设计意图

鸡兔同笼问题是从算术到方程的经典问题,但由于学生对情境太熟悉,小学学过的算术法已经根深蒂固,会影响学生进一步接受代数思想.于是,另选了一首民间歌谣作为情境引入.一方面,可以增强趣味性;另一方面,歌谣中涉及的量更多、关系更复杂,学生不易由算术法直接得出答案,从而产生认知冲突,凸显代数法的必要性.

师:哪位同学能解释一下歌谣中的情境?

生:一群鸡鸭被关在一个栏圈里,一开始鸡为鸭的一半,后来发现有 8 只鸭飞出栏了,又有 6 只鸡躲起来生蛋,这时再清点鸡鸭数目,发现鸭为鸡的 3 倍.请你算一算:一开始鸡鸭各有多少只?

师:描述得很好,这是乡村生活中常见的一幕,请同学们想一想:歌谣中总共有哪些量,哪些是已知的,哪些是未知的?

生:题目中含有这些量:一开始鸡和鸭的只数、飞出去的鸭的只数、躲起来的鸡的只数、后来栏圈里鸡和鸭的只数.(可让其他学生继续补充.)

师:那么这些量之间有怎样的数量关系?

生:还有飞出去鸭的只数和躲起来的鸡的只数是已知的,分别为 8 只和 6 只;一开始鸡的只数减去 6 等于后来鸡的只数;一开始鸭的只数减去 8 等于后来鸭的只数.(可在黑板上列出这些量.)

师:现在知道了这些量及它们之间的关系,那如何求一开始鸡和鸭的只数呢?

（学生用枚举法试出答案，老师可在黑板上列表表示如下.）

答案一：鸡为鸭的一半，可知鸭的只数为偶数，而鸡的只数至少为 7 只，那么我们就从鸡的只数一个一个地试，即

开始时鸡的只数	开始时鸭的只数	后来鸡的只数	后来鸭的只数	符合（或不符合）
7	14	1	6	不符合
8	16	2	8	不符合
9	18	3	10	不符合
10	20	4	12	符合

师：这个同学的想法是：假设鸡的只数分别为 7,8,9,10，然后一个一个地计算检验. 他这样做可以吗？

生：可以.（如有学生以"后来鸡的只数"为对象，即分别从 1,2,3,4 枚举检验等亦可，此处教师可引导学生表达不同的想法.）

师：如果题目变为："今有一群鸡鸭被关在一个栏圈里，已知鸡为鸭的一半. 主人在清点鸡鸭时，发现有 20 只鸭飞出栏跑出去玩了，又有 40 只鸡躲起来生蛋，这时清点的鸭为鸡的 5 倍. 请你算一开始鸡鸭各有多少只."你还会做吗？

（学生思考，老师巡视，观察作答情况，历时 2 分钟.）

设计意图

此处把原情境中的数值加大了，增加了枚举尝试找到解的时长及难度，为后面引出用字母表示数作铺垫.

师：好，同学们，哪位同学分享下他的想法？

生：数据较大，一个一个地试要试好久！

（老师引导学生表达自己的想法.）

师：情境条件变化后，经过思考分析，发现枚举尝试只能找到符合条件的一个结果，解决具体的一个问题，而且也不能判断是否还有其他的结果. 对于这一类问题，一旦条件发生变化，又需要重新尝试求解，直接列算式又想不到，那怎么办呢？

师：请同学们注意看题目的条件. 题目中有几个未知量？彼此之间有什么样的数量关系？

生：有四个未知量，开始时鸡的只数、开始时鸭的只数，它们是 2 倍关系；后来鸡的只数、后来鸭的只数，它们是 5 倍关系；开始时鸡的只数比后来鸡的只数多 40 只；开始时鸭的只数比后来鸭的只数多 20 只．

师：为了帮助我们理清各个量之间的关系，我们可以用框图（图 3.7）表示如下．

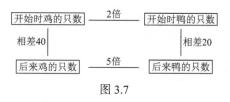

图 3.7

师：同学们，前面我们学习过用字母表示数，如果我们用字母来表示未知量，需要用几个字母就可以把所有的未知量全部表示出来？

生：只需要用一个字母就可以了．

师：若开始时鸡的只数为 x 只，请问你们能把其他三个未知量用含 x 的代数式表达出来吗？

（学生思考交流后，老师给出图 3.8．）

图 3.8

师：下面请同学们观察：从图 3.8 的四个量中任选一个，可以有几种不同的表达方式？比如"后来鸭的只数"还有不同的表达方式吗？

生：有．根据后来鸭的只数是后来鸡的只数的 5 倍，可表示成 $5(x-40)$．

师：很好，我们发现了"后来鸭的只数"这个量可以有两种不同的表达方式，它们应该是相等关系，可以列出等式.

课件展示如下内容：

解：设开始时鸡为 x 只，则开始时鸭为 $2x$ 只，后来鸡为 $(x-40)$ 只，后来鸭为 $(2x-20)$ 只，依题意，列等式：$2x-20=5(x-40)$.

师：今后我们会学习解出这个 x 的方法，并能算出 $x=60$ 与我们之前算数法得出的答案是一样的.

师：同学们表现不错呀，问题解决了. 大家觉得这个方法和之前的枚举尝试法有什么不同？

生：枚举尝试法能做出题，但是如果数据很大，要尝试很久才能找到答案，而且列算式在关系复杂、量多的时候就很难理清思路，直接列出来.

师：你说得非常对. 那以后遇到类似的困难情境，你会怎么办？

生：我会尝试用列代数式的方法解决.

师：好极了，我们又学会一种新的解决实际问题的方法.

设计意图

通过对该题的讨论探究，让学生亲历枚举计算和列代数等式的解题过程，体验出上述解法的各自特点，从心理上倾向认同列代数式解决问题的思维方式. 算术法表现为"逆向思考". 它只含已知数，但很难一步到位，列算式难，思维要求较高. 代数法思维表现为"顺理成章". 先不急着求出未知数，而是先寻找各量之间的关系，找到同一个量的不同表达方式，再设未知数表达出等量关系. 它思路清晰，易列出含未知数的等式，表达题意准确自然，容易理解接受. 在教学过程中渗透了数学抽象、数学建模、逻辑推理等数学学科核心素养.

（二）活动探究，巩固应用

例 1. 有甲、乙两堆小球，甲堆比乙堆多，乙堆有 6 个小球. 如果按照以下规则挪动小球，第一次从甲堆拿出和乙堆同样多的小球放到乙堆，第二次从乙堆拿出和甲堆剩下的同样多的小球放到甲堆，第三次又从甲堆拿出和乙堆同样多的小球放到乙堆，以此类推.

问题：

①若假设第一次挪动以后，甲、乙两堆小球一样多，甲堆原先有多少小球？

②若假设第三次挪动以后，甲堆比乙堆少 21 个球，甲堆原先有多少小球？

师：请同学们先做第①问.

（学生在导学案上完成时，有的同学会用算术法列式 $2×6+6$，有的同学会列

代数等式 $x-6=12$).

方法 1：算术法. 第一次移动后，乙堆加了 6 个球，甲堆少了 6 个球，甲堆剩下的球正好等于乙堆的球 12 个，逆推过去就列出算式了.

方法 2：列代数式法. 设甲堆原先小球数为 x，第一次移动后，乙堆 12 个球，甲堆 $x-6$；这两堆一样多，让这两个代数式相等就可以了.

师：不论是算术法，还是代数法，都把移动后甲、乙两堆小球数目的变化规律搞清楚了，用逆推的方式可以直接求出小球数目，用列代数式的方式可以顺理成章地把等量关系表达出来. 非常好！那么再继续第二问.

（巡视，学生探究答题.）

师：第二问还能用算术法做吗？

生：次数越多，关系越复杂，列算式非常困难了.

师：既然列算式比较困难，那我们试试代数法，先把每次移动后的甲、乙小球的数目表示出来，再寻找等量关系，然后再列出等式.

师：为了把所有量都表达出来，而且对它们之间的关系还能一目了然，我们可以怎么做？

生：我们可以仿照前面的，画表格，或者用框图的形式.

师：对了，同学们试一试自己画表格.（老师帮助学生一起完成规范表格.）

球堆状态	甲堆球数目	乙堆球数目
移动前	x	6
第一次移动后		
第二次移动后		
第三次移动后		

师：表格画出来了. 哪位同学说说表格里的答案？

生：

球堆状态	甲堆球数目	乙堆球数目
移动前	x	6
第一次移动后	$x-6$	12
第二次移动后	$2(x-6)$	$12-(x-6)$
第三次移动后	$2(x-6)-[12-(x-6)]$	$2[12-(x-6)]$

师：太棒了，请你和大家一起分享下你是怎么列的.

生：好的，我注意到，每次移动前后的球的总数是 $x+6$，是恒定不变的，所以每次移动，我先确定翻倍的那一堆的数目，再用总数减去翻倍后的那一堆的数目就得到了余下的数目，比方说我先确定 6 翻倍后为 12，再用 $(x+6)-12$ 得出余下的数目是 $x-6$，第二次、第三次移动后的小球数依此类推……

师：很好. 我们可以顺着题意直接列出来，也可以抓住变化中不变的量（小球总数不变）来帮助我们找到关系，列出代数式.

师：接下来根据什么关系列等式呢？

生：第三次挪动以后，根据"甲堆比乙堆少21个球"列出等式完成第②问.

（巡视，学生在导学案上完成.）

设计意图

围绕移动小球的游戏活动展开探究，设置两个问题，由易到难，由简单到复杂. 在解决第一个问题时，让学生体会到算术法和代数法都是解决问题的基本方法；在解决第二个问题时，由于关系复杂，用算术法会遇到障碍，自然产生认知冲突，体会到代数法的必要性，且从算术到方程的过渡非常自然. 在表达各个量之间的复杂关系时，引导学生画表格或框图来帮助理清思路，体现了代数中加强几何直观的意图. 在学生表达第一次、第二次、第三次小球数目的过程中，自然运用到了代数推理. 在代数中加强直观和推理是新一轮课标修订的主导思想，有助于在潜移默化中培养学生的代数思维.

（三）查阅资料，感受数学文化

请同学们课后阅读有关材料，初步了解代数法发展、演变、进步的过程，并认识那些对数学痴迷、为数学的发展和进步作出巨大贡献的伟大的数学家们.

（1）搜索我国元朝著名数学家朱世杰的故事，并搜集与本章内容相关的资料与同学分享.

（2）了解关于古希腊数学家丢番图的故事，并做一做丢番图墓志铭上的数学题.

设计意图

在课堂教学中渗透数学文化，落实立德树人的根本任务，发展学生核心素养，培养全面发展的人.

【教学赏析】

该节内容的教学设计主要实现了两个突破：①从思维发展的角度，让学生真正理解从算术到代数的必要性，感悟算术与代数两种思维的区别与联系，为下节课从算式到方程打下坚实的基础．②从数学表达的角度，在表达未知量及未知量之间的关系时，渗透几何直观，利用表格或者框图等帮助学生理解问题情境，直观表达各个量之间的关系．利用字母表示未知量，利用推理寻找量与量之间的关系，实现数学抽象，进而达到数学建模的效果．将这种做法一直贯穿在"一元一次方程"整章的学习过程中，经过试教的教学反馈，达到了预期的教学效果．

3.2　新　授　课

3.2.1　新授课蕴含的教育价值

新授课，顾名思义，学生接触的是新内容、新知识，获取的是新技能．根据学习内容，可以将新授课分为数学概念课、数学命题课和数学问题解决课．在实际教学工作中，新授课的教学在所有课型中往往是耗时最多的，可见其重要性．

1. 新授课是学生提升数学学科核心素养的重要途径

对于新内容、新知识的教学，教师不可能也不可以直接将知识直接灌输给学生，而是要通过引导，让学生自己建构，在知识的建构过程中自然而然地提升数学核心素养．例如，概念课，学生经历探究、归纳、总结的过程，抽象出数学概念，发展数学抽象素养；命题课，学生通过提出猜想、实验探究、证明猜想的过程，发展逻辑推理素养；问题解决课，学生经历分析问题、建立模型、解决问题等过程，发展数学建模素养．

2. 新授课有利于拓展学生对数学的认识

从义务教育阶段开始，数学的学习就是具有连续性的，也就是说，数学知识有着前后关联性．新知识的学习需要旧知作为基础，所学习的知识也将为日后的数学学习做铺垫．在新旧知识的不断交替中，学生的思维和看待数学的眼光也在不断发展，这一动态的发展过程拓展了学生对数学的认识．例如，在初高中阶段学生都学习了函数的概念，初中阶段这个概念基于"在一个变化过程中"的两个变量，而高中阶段的函数概念是"两个非空数集"元素的对应，前者更好理解，后者更加抽象但却更加突出了函数概念的本质．在这两个概念的对比中，学生的思维也有了进一步提升．

3.2.2 新授课中核心素养的培育

1. 数学概念课——数学抽象

数学概念反映的是数学对象的本质属性和特征. 数学概念课教学的一般步骤包括概念的构建和概念的应用. 概念的构建又包括概念的引入、概念的形成或同化、概念内涵和外延的明确几个程序，其中概念的形成过程往往是课堂教学的重要环节. 概念形成的实质是用归纳的方法进行推理，从观察到的一些事实中概括出它们的共同点，抽象出一类对象共同的本质属性. 立足于数学概念，培养学生数学抽象素养，是数学教学的必经之路.

数学源于对现实世界的抽象，无抽象则无数学，因此，可以说数学抽象是中学生应具有的重要学科素养能力（李守洋，2019）. 那么，教师能够利用数学概念教学发展学生的抽象思维就显得尤为重要.

2. 数学命题课——逻辑推理

数学命题是能够判断真假的陈述句，一般由若干概念或一些更简单的命题复合而成，用以揭示概念间的关系，表示某种规律，所以命题学习的复杂程度往往高于概念学习. 一般情况下，数学公理、定理、法则、公式等内容的学习都可以统称为命题学习.

数学命题的教学一般包括命题引入、命题探究和命题应用. 特别是在命题的探究环节，需要先让学生观察特例，提出猜想；接着通过数学实验，深入探究，归纳总结，完善猜想；最后证明猜想，得出命题. 数学命题的证明过程体现的是数学命题与原有知识之间的逻辑关系，是培养学生逻辑思维能力的有效途径.

逻辑推理在学生的学习与生活方面有着重要的作用. 在中学数学课堂上发展和培养学生的逻辑推理素养可以让学生有逻辑地思考，让学生学会发现问题、提出问题、思考问题等；通过发展学生的逻辑推理素养，可以让学生更好地掌握中学数学知识，将中学数学知识融会贯通；让学生在数学课堂、数学活动以及日常生活中更好地、更有逻辑地表达自己的想法，也可以帮助学生更好地与人进行交流与合作，同时有效地激发其学习数学的兴趣，促进学生实践能力和创新意识的提升（孙慧芳，2019）.

3. 数学问题解决课——数学建模

数学问题是运用数学概念、原理或方法才能解决的问题. "问题"主要是指那些非常规的，或者条件不充分、结论不确定的开放性、探究性问题（刘元宗，

2004）. 通过解题教学，学生从中感受数学知识在解决实际问题中的作用、数学与日常生活以及其他学科的联系，有助于其提升问题解决能力，发展数学应用意识和创新意识.

数学问题解决教学的一般步骤包括建立模型、解决问题和迁移应用. 建立模型的第一步是创设贴近生活的真实情境，以激发学生以更加浓厚的兴趣参与到问题解决的探究中去. 接着将一个个实际问题抽象转化为数学问题，并且通过有梯度的提问，调动学生思考，寻找相关数学知识，建立求解问题的数学模型. 解决问题的环节不仅仅是解析模型，利用数学结果回答情境中的问题，还需要引导学生回顾解决问题的过程，反思解决方案的成功与不足，归纳总结探究活动的经验、方法. 最后，给出新情境中的问题，让学生在实际操作中迁移应用已有经验方法，从中体验用数学建模方法解决实际问题的过程，体会数学知识的应用价值. 可见，数学问题的解决能够有效地培养学生的数学建模素养.

3.2.3　新授课教学建议

1. 注重知识之间的联系

虽说新授课学生学习的是新内容、新知识、新技能，但是教师要注意的是进入课堂的学生不是一张"白纸"，即使面对的是新知识，学生过往的学习内容及生活经历也都可能影响新知的建构. 美国认知教育心理学家奥苏贝尔在意义学习理论中提出，教师应该在了解学习者认知结构中已有知识的基础上开展相应的教学. 奥苏贝尔认为，与新学内容能建立联系的"旧"知识可以成为新知识建立的固着点，并将影响到新知识构建的稳固性. 例如，在进行"正弦定理"的教学时，教师要考虑到，学生在初中已经学习了直角三角形中的边角关系、平面几何中的圆，高一又学习了三角函数、三角恒等变换、平面向量等知识. 这些"旧"知识都是能与新学内容产生联系的固着点，会影响到此节课的教学. 这是"瞻前"，即学生已有的认知结构与新学内容之间的联系，同时还要"顾后"，即新学内容与日后所要学习的知识之间的关系. 仍以"正弦定理"一节为例，在学生学习过正弦定理之后，后续将会学到余弦定理，正弦定理的研究过程无疑为余弦定理的学习提供了研究思路，可见此节内容的重要程度.

教师做到"瞻前顾后"，学生才能更加清晰地感知知识之间的前后联系，加强对数学知识的系统性认识.

2. 激发学生学习的能动性

自新课程改革以来，教育教学工作一直强调"以生为本"，强调学生是学习的主体. 教师在面对新内容的教学时，更应该突出学生的主体地位，同时充分发挥自身作为教师的导向作用，让学生能够自我实现新知识的建构. 首先，在备课环节，教师需要深入了解学生的基本情况，如已有的认知基础、个性特点等，便于设置合适的教学情境或问题，以此来激发学生的求知欲；其次，在教学过程中，教师可以利用多样化的教学形式，如自主学习、合作探究等，激发学生学习的能动性，同时使学生感受到知识的发生、发展过程，以此来发展学生的数学抽象、逻辑推理、数学建模等素养. 例如，在"角平分线定理"的教学中，对于定理的证明，给学生思考的时间，学生通过自主探究或者小组合作的方式，给出了不同的证明方式，如利用全等三角形来证明、通过对折证明等，无形之中又提高了学生分析问题和解决问题的能力. 除此之外，多元评价方式正受到越来越多的教育工作者的重视. 在新授课的学习中，学生可以通过自我评价、教师评价及同伴评价的多主体评价方式，促进自我认知，增强自我效能感.

下面以人教版高中《数学》选修（B 版）1-1 第三章 3.1.3 节"导数的几何意义"、人教版高中《数学》必修 5 第三章 3.1 节"不等关系与不等式"等 12 个案例为例，展开其教学过程，为教师进行新授课的教学提供参考.

【案例 3-4】"导数的几何意义"教学设计[①]

一、教学目标

（1）了解曲线在一点处的切线及其斜率的概念；

（2）理解导数的几何意义；

（3）掌握用割线的极限位置上的直线来定义切线的方法；

（4）理解曲线在一点处的切线的斜率的概念，并会求一曲线在具体一点处的切线的斜率与切线方程；

（5）经历问题的解决过程，提升发现问题的能力，学会转化的数学思想；

（6）学会用运动的观点去理解问题的能力.

二、教学重点

理解曲线在一点处的切线的定义，以及曲线在一点处的切线的斜率的定

[①] 该案例由江西省新余市第四中学的刘金华提供.

义．光滑曲线的切线斜率是了解导数概念的实际背景．

三、教学难点

在理解曲线在一点处切线的斜率的基础上，根据简单的极限知识，会求简单曲线（给出曲线方程）在某一点处的切线斜率．

四、教学方法

发现法：通过几何画板进行演示，当 Q 点向 P 点靠近时，观察 PQ 这条直线的位置，让学生自己通过所学的极限知识来定义切线和切线的斜率．

五、教学过程

（一）新课引入

师：食品店里的罐装汽水、可乐、啤酒等，不少是圆柱形铝罐子，如果要使容积不变，什么情况下用的材料最省？另外，在生产和科研中，会碰到什么条件下，所用的时间最少或效率最高等问题．我们可以把这些问题转化成数学问题，也就是归结为求函数的最大值、最小值问题．我们以前也学过求一些特殊函数（如直线、抛物线等）的最大值、最小值的方法，但一些很复杂的函数呢，有什么简便的方法吗？这就是我们接下来要学习的内容：导数与微分．

（二）讲授新课

师：导数与微分是解决函数的最大、最小值问题的有力工具．导数与微分的知识形成了一门学科，就是我们通常所说的微积分．微积分除了解决最大、最小值问题，还能解决一些复杂曲线的切线问题．导数的思想最初是法国数学家费马为解决极大、极小问题而引入的，但导数作为微分学中最主要的概念，却是英国科学家牛顿和德国数学家莱布尼茨（Leibniz）分别在研究力学与几何学的过程中建立的．

下面我们一起来探究一下导数的几何意义．

师：我们已经学习了圆与圆锥曲线，那么它们的切线是如何定义的？

生：与曲线只有一个公共点并且位于曲线一边的直线叫切线．

师：我们来看图 3.9，l_1 与曲线 C 有一个公共点，但不在曲线 C 的一边，l_2 与曲线 C 有两个公共点，也不在曲线 C 的一边，而 l_1 不是曲线 C 在 M 点的切线，l_2 却是曲线 C 在 N 点处的切线，所以用我们以前学的切线的定义就不适合了．

师：在图 3.10 中，已知曲线 C 是函数 $y = f(x)$ 的图像，P 是曲线上的一点，坐标为 (x_0, y_0)，在 P 的附近取一点 Q，坐标为 $(x_0 + \Delta x, y_0 + \Delta y)$，过 P 做 $PM \parallel x$ 轴，$MQ \parallel y$ 轴．设割线 PQ 的倾斜角为 β，请用 Δx 与 Δy 表示其正切值．

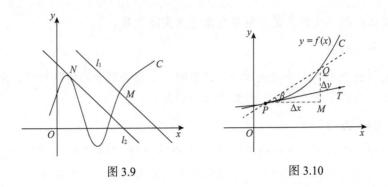

图 3.9　　　　　　　　图 3.10

生：$\because \Delta x = x_M - x_P$，$\Delta y = y_Q - y_M$，$\therefore \tan \beta = \dfrac{y_Q - y_M}{x_M - x_P} = \dfrac{\Delta y}{\Delta x}$．（板书）

师：那割线 PQ 的斜率为多少？

生：割线 PQ 的斜率是 $\dfrac{\Delta y}{\Delta x}$．

师：现在 P 不动，Q 沿着曲线运动，并且无限地向点 P 靠近．再来观察割线 PQ 的运动情况．

师：如图 3.10 所示，点 Q 沿着曲线向点 P 无限接近时，也就是说 $\Delta x \to 0$，这时这条割线 PQ 我们把它称为直线 PT．它是一条什么样的直线？

生：直线 PT 就是在 P 点处的切线．

师：我们是通过运动的方式来得到切线的，那能不能根据这种过程来定义切线呢？把直线 PT 叫作割线 PQ 的极限位置．

生：当点 Q 沿着曲线无限接近 P 点时，割线 PQ 的极限位置是直线 PT，叫作曲线在点 P 处的切线．

师：大概意思对了，那我们现在把它完整地写出来．

（1）切线．曲线 $C：y = f(x)$ 上面有两点 $P(x_0, y_0)$，$Q(x_0 + \Delta x, y_0 + \Delta y)$，当点 Q 沿着曲线无限接近于点 P，即 $\Delta x \to 0$ 时，如果割线 PQ 有一个极限位置 PT，那么直线 PT 叫作曲线在点 P 处的切线．（板书）

师：那切线 PT 的斜率如何定义呢？也可以用极限．

生：割线 PQ 的斜率的极限，就是曲线在点 P 处的切线的斜率．

（2）切线的斜率．设切线 PT 的倾斜角为 α，那么当 $\Delta x \to 0$ 时，割线 PQ 的斜率的极限，就是曲线在点 P 处的切线的斜率，即

$$\tan \alpha = \lim_{\Delta x \to 0} \frac{\Delta y}{\Delta x} = \lim_{\Delta x \to 0} \frac{f(x_0 + \Delta x) - f(x_0)}{\Delta x}．（板书）$$

师：我们可以从运动的角度来得到切线，所以可以用极限来定义切线以及切线的斜率．那么，以后如果我们碰到一些复杂的曲线，也可以求出它在某一点处的切线了．下面我们来看一下具体的例子．

（三）典例分析

例 1．曲线的方程为 $y = x^2 + 1$，求此曲线在点 $P(1, 2)$ 处的切线的斜率，以及切线的方程．

师：解：$\because k = \lim\limits_{\Delta x \to 0} \dfrac{f(x_0 + \Delta x) - f(x_0)}{\Delta x} = \lim\limits_{\Delta x \to 0} \dfrac{f(1 + \Delta x) - f(1)}{\Delta x}$

$= \lim\limits_{\Delta x \to 0} \dfrac{(1 + \Delta x)^2 + 1 - (1^2 + 1)}{\Delta x} = \lim\limits_{\Delta x \to 0} \dfrac{(\Delta x)^2 + 2\Delta x}{\Delta x} = \lim\limits_{\Delta x \to 0}(\Delta x + 2) = 2,$

$\therefore$ 切线的斜率为 2．切线的方程为 $y - 2 = 2(x - 1)$，即 $y = 2x$．

例 2．求曲线 $f(x) = x^3 + 2x + 1$ 在点 $(1, 4)$ 处的切线方程．

生：解：$\because k = \lim\limits_{\Delta x \to 0} \dfrac{f(x_0 + \Delta x) - f(x_0)}{\Delta x} = \lim\limits_{\Delta x \to 0} \dfrac{f(1 + \Delta x) - f(1)}{\Delta x}$

$= \lim\limits_{\Delta x \to 0} \dfrac{(1 + \Delta x)^3 + 2(1 + \Delta x) + 1 - (1^3 + 2 \times 1 + 1)}{\Delta x}$

$= \lim\limits_{\Delta x \to 0} \dfrac{5\Delta x + 3(\Delta x)^2 + (\Delta x)^3}{\Delta x}$

$= \lim\limits_{\Delta x \to 0}[5 + 3\Delta x + (\Delta x)^2] = 5,$

$\therefore$ 切线的方程为 $y - 4 = 5(x - 1)$，即 $y = 5x - 1$．

例 3．求曲线 $f(x) = \dfrac{1}{3}x^3 - x^2 + 5$ 在 $x = 1$ 处的切线的倾斜角．

生：要求切线的倾斜角，也要先求切线的斜率，再根据斜率 $k = \tan\alpha$，求出倾斜角．

生：解：$\because \tan\alpha = \lim\limits_{\Delta x \to 0} \dfrac{f(x_0 + \Delta x) - f(x_0)}{\Delta x} = \lim\limits_{\Delta x \to 0} \dfrac{f(1 + \Delta x) - f(1)}{\Delta x}$

$= \lim\limits_{\Delta x \to 0} \dfrac{\dfrac{1}{3}(1 + \Delta x)^3 - (1 + \Delta x)^2 + 5 - (\dfrac{1}{3} - 1 + 5)}{\Delta x}$

$= \lim\limits_{\Delta x \to 0} \dfrac{\dfrac{1}{3}(\Delta x)^3 - \Delta x}{\Delta x} = \lim\limits_{\Delta x \to 0}[\dfrac{1}{3}(\Delta x)^2 - 1] = -1,$

又 $\because \alpha \in [0, \pi)$，$\therefore \alpha = \dfrac{3\pi}{4}$．$\therefore$ 切线的倾斜角为 $\dfrac{3\pi}{4}$．

（四）课堂练习

1. 已知曲线 $y = 2x^2$ 上一点 $A(1,2)$，求

（1）点 A 处的切线的斜率；

（2）点 A 处的切线方程.

解：（1）∵ $k = \lim\limits_{\Delta x \to 0} \dfrac{f(x_0 + \Delta x) - f(x_0)}{\Delta x} = \lim\limits_{\Delta x \to 0} \dfrac{f(1 + \Delta x) - f(1)}{\Delta x}$

$= \lim\limits_{\Delta x \to 0} \dfrac{2(1 + \Delta x)^2 - 2 \cdot 1^2}{\Delta x} = \lim\limits_{\Delta x \to 0} \dfrac{4\Delta x + 2(\Delta x)^2}{\Delta x} = \lim\limits_{\Delta x \to 0}(4 + 2\Delta x) = 4,$

∴ 点 A 处的切线的斜率为 4.

（2）点 A 处的切线方程是 $y - 2 = 4(x - 1)$，即 $y = 4x - 2$.

2. 求曲线 $y = x^2 + 1$ 在点 $P(-2, 5)$ 处的切线方程.

解：∵ $k = \lim\limits_{\Delta x \to 0} \dfrac{f(x_0 + \Delta x) - f(x_0)}{\Delta x} = \lim\limits_{\Delta x \to 0} \dfrac{f(-2 + \Delta x) - f(-2)}{\Delta x}$

$= \lim\limits_{\Delta x \to 0} \dfrac{(-2 + \Delta x)^2 + 1 - (-2)^2 - 1}{\Delta x} = \lim\limits_{\Delta x \to 0} \dfrac{-4\Delta x + (\Delta x)^2}{\Delta x}$

$= \lim\limits_{\Delta x \to 0}(-4 + \Delta x) = -4,$

∴ 所求切线方程是 $y - 5 = -4(x + 2)$，即 $y = -4x - 3$.

师：求切线的斜率与方程，通常可以从切线的斜率的定义出发解决问题，要转化为求极限问题，同时要记住重要的极限公式 $\lim\limits_{\Delta x \to 0} \dfrac{\sin x}{x} = 1$.

（五）课堂小结

师：这节课主要学习了曲线在一点处的切线以及切线的斜率的概念，要学会利用求极限的方法来得到切线的斜率以及斜率的方程.

（六）课后作业

1. 课堂作业

课本第 63 页习题 3-2　B 组第 1、2 题.

2. 预习作业

（1）预习内容："瞬时速度".

（2）预习提纲：①位移公式（物体的运动方程）；②位置增量（物体的位移）；③在一段时间内物体的平均速度；④物体在时刻 t 的瞬时速度.

六、板书设计

板书设计如图 3.11 所示.

导数的几何意义

一、概念　　　　　　　　　　三、课堂练习

1. 切线：　　　　　　　　　　练习1.

2. 切线的斜率：　　　　　　　练习2.

二、典例分析　　　　　　　　四、课堂小结

例1.　　　　　　　　　　　　五、课后作业

例2.

图 3.11

【教学赏析】

该课的设计与教材的呈现方式有所不同，教材只是教学的蓝本，该课在钻研教材编写意图的基础上，发挥主观能动作用，对教材资源进行再加工、再创造. 充分利用多媒体的演示功能，刺激学生的感官，引起更强的注意，鼓励学生动手、动脑、动口，并且给予学生主动参与学习的机会，激发学生求知的欲望，促使学生掌握知识，解决问题. 通过让学生在动手实践中探索、观察、反思、讨论、总结，从而达到培养学生的直观想象、数学抽象、逻辑推理、数学运算等数学核心素养的目的.

【案例 3-5】"不等关系与不等式" 教学设计①

一、教材分析

本节课的内容是人教版高中《数学》必修 5 第三章 3.1 节 "不等关系与不等式"，主要运用比较大小的方法. 不等式主要研究数的不等关系，它与数、式、方程、函数等内容都有密切联系，讨论方程或方程组的解的情况，研究函数的定义域、值域、单调性、最大值、最小值，讨论线性规划问题等，都经常要用到不等式的知识. 不等式在解决各类实际问题时也有广泛应用，可见，不等式在中学数学里占有重要地位，是进一步学习数学的基础知识，是掌握现代科学技术的必备知识.

从教材来看，不等式是承上启下的一章，运用遍及整个高中教学，在教学中我们应着重把握一个 "度" 字，以本为本、以纲为纲，从学生的实际情况出发，以学生为主体，因人而异，因材施教，才能实现教材改革的真正目标——素质教育.

---

① 该案例由江西省吉安市第一中学的刘志乐提供.

二、教法分析

数学是发展学生思维、培养学生良好意志品质和美好情感的重要学科. 在教学中，我们不仅要使学生获得知识、提高解题能力，还要让学生在教师的启发引导下学会学习、乐于学习，感受数学学科的人文思想，使学生在学习中培养坚强的意志品质、形成良好的道德情感. 为了更好地体现课堂教学中"教师为主导，学生为主体"和"以人为本，以学定教"的教学理念，在本节课的教学过程中，将紧紧围绕教师组织——启发引导和学生探究——交流发现，组织开展教学活动的步骤. 本节课设计了六个环环相扣、层层递进的教学环节：①创设情境——引入新知；②探究发现——得到新知；③例题讲解——熟悉新知；④知识应用——拓展新知；⑤课堂小结——归纳新知；⑥作业布置——巩固新知. 在教学中注意关注整个过程和全体学生，充分调动学生的积极性，让学生积极参与教学过程的每个环节.

三、学法分析

建构主义学习理论认为，学习是学生积极主动地建构知识的过程，学习应该与学生熟悉的背景相联系. 在教学中，让学生在问题情境中经历知识的形成和发展，通过观察、操作、归纳、思考、探索、交流、反思参与学习，认识和理解数学知识，让学生学会学习，拓展能力.

四、教学目标

（1）掌握用实数的基本理论来比较两个数或代数式的大小以及作差比较大小的基本步骤，并且能灵活地应用比较大小来解决一些实际生活问题；

（2）通过本节学习，提升应用转化思想、数形结合思想的能力；

（3）通过本节学习，提升探究数学问题的能力，体会数学的奥妙与数学式子的结构美、对称美，提高学习兴趣.

五、教学重、难点

重点：比较大小的基本步骤及其应用.

难点：①准确理解实数运算的符号法则及一些代数式的恒等变形技巧；②灵活应用比较大小解决实际问题.

六、教学过程

环节一：创设情境——引入新知

通过课本中这一章的章头引言安排的例子，应用图片与动画直观形象地引入本节课学习的知识.

师：大家先看图 3.12，这两个人谁身材比例更好？请说说你们的理由.

生：右边这个人．

师：（用动画展示一下，让学生从动画中发现人的身材是否匀称，并展示图 3.13 的维纳斯雕像，让学生感受美．其中关键点是比例问题，然后再给出问题的理论依据．）理论依据：一般地，人的下半身长与全身长的比值为 0.57～0.60，当这个比值越接近黄金分割值 0.618 时人的身材就越好．

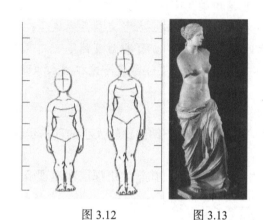

图 3.12　　　　　图 3.13

设计意图

把形美与数字紧密联系在一起，从而提高学生学习数学的兴趣．培养学生用数学的眼光观察世界的能力，发展学生的数学抽象、直观想象等数学核心素养，做到心中有数、心中有形．

环节二：探究发现——得到新知

探究 1：

已知某人下半身长为 $x\,\text{cm}$，全身长为 $y\,\text{cm}$，请问：这个人穿上 $a\,\text{cm}$ 的高跟鞋后，下半身长与全身长的比值会增加吗？

（由于学生不太了解不等式的作用，复习不等式的性质时应重点讲解它的传递性．）

课外小知识：古希腊维纳斯女神塑像及太阳神阿波罗塑像都通过故意延长双腿，使之与身高的比值为 0.618，从而创造艺术美之神话．

 归纳小结

1. 比较大小的基本步骤：作差→变形→判断符号→下结论．

（比较大小的基本步骤学生比较容易掌握，引导学生自己归纳总结出来．）

2. 设 a,b 为正实数，且 $a<b,m>0$，则有 $\dfrac{a+m}{b+m}>\dfrac{a}{b}$.

（这个结论中特别要注意条件 $a<b$，当 $a>b$ 时情况恰好相反，这也是这节课的一个易错点.）

探究 2：

请同学们在实际生活中举几个满足上述结论的例子.

学生 1：厨师炒菜时开始不够咸，加了点盐后变咸了；

学生 2：调糖水时开始不够甜，加了糖后变甜了.

老师：同学们非常不错！不过要注意是不饱和糖水加糖后才会变更甜.

设计意图

（1）通过探究 1，引导学生归纳出比较大小的基本步骤：作差→变形→判断符号→下结论.

（2）通过实际生活中的例子，让学生更深层次地理解"a,b 为正实数，且 $a<b,m>0$，则有 $\dfrac{a+m}{b+m}>\dfrac{a}{b}$"这个结论.

（3）通过课外小知识让学生扩展知识面，培养学生用数学思维分析现实世界的能力，发展学生的逻辑推理等数学核心素养，做到脚下有路.

环节三：例题讲解——熟悉新知

例 1. 试比较 $(x+1)(x+5)$ 与 $(x+3)^2$ 的大小.

练习 1. 已知 $0<a<b$，试比较 a^3-b^3 与 ab^2-a^2b 的大小.

练习 2. 设 $a=x^2-x$，$b=x-2$，则 a 与 b 的大小关系为_____.

A. $a>b$　　B. $a=b$　　C. $a<b$　　D. 与 x 有关

归纳小结

"变形"是作差比较大小的关键，"变形"的目的在于判断差的符号，而不必考虑差的值是多少."变形"的常用方法有通分、因式分解、配方等.（变形的常用方法学生比较容易掌握，但是判断符号是学生容易出错的地方.）

设计意图

通过例题与练习，熟悉比较大小的知识，学会在比较大小的过程中对差式变形的常用方法——因式分解法、通分法、配方法. 教会学生用数学的思维思考世界，发展学生的数学运算等数学核心素养，做到心中有数.

环节四：知识应用——拓展新知

例 2. 甲、乙两人同时从 A 地出发沿同一路线走到 B 地，所用时间分别为 t_1, t_2. 甲有一半时间以速度 m 行走，另一半时间以速度 n 行走；乙有一半路程以速度 m 行走，另一半路程以速度 n 行走，且 $m \neq n$. 试判断甲、乙谁先到达 B 地.

练习 3. 两位采购员同去一家粮食销售公司买了两次粮食，两次粮食的价格不同，两位采购员的购粮方式也不同. 其中，甲每次购买 1000kg，乙每次购粮用去 1000 元钱，谁的购粮方式更合算？

（如何从题意中发现需要比较的量，这对学生来说是个难点.）

设计意图

通过知识应用，让学生学会应用比较大小的知识来解答实际生活问题，从而加深对比较大小知识的掌握，培养学生的逻辑推理、数学运算等数学核心素养.

环节五：课堂小结——归纳新知

1. 两个实数比较大小的依据

$a - b > 0 \Leftrightarrow a > b$

$a - b < 0 \Leftrightarrow a < b$

$a - b = 0 \Leftrightarrow a = b$

2. 比较大小的基本步骤

作差→变形→判断符号→下结论

3. 不等式的性质

设 a, b 为正实数，且 $a < b, m > 0$，则有 $\dfrac{a+m}{b+m} > \dfrac{a}{b}$.

设计意图

通过课时小结，引导学生归纳总结这一节课学习的主要知识点和方法，帮助学生梳理知识，使所学知识系统化、条理化，同时也培养学生归纳和总结的能力.

环节六：作业布置——巩固新知

1. 必做题

（1）已知 $x, y \in R, P = 2x^2 - y + 3, Q = 2x - \dfrac{y^2}{4}$，试比较 P, Q 的大小.

（2）已知 $a > b > c$，试比较 $A = a^2 b + b^2 c + c^2 a$ 与 $B = ab^2 + bc^2 + ca^2$ 的大小.

（3）对于同样的距离，船在静水中来回行驶一次所花的时间与在流水中来回行驶一次所花的时间是否相等？请说明理由.（船在静水中的速度与在流水中的速度一致.）

2. 选做题

课本第 74 页习题 3-1 B 组第 1、2 题.

3. 预习作业

预习 3.2 节"一元二次不等式的解法".

设计意图

（1）通过设计必做题和选做题的分层作业，让不同层次的学生在数学学习中都有收获和进步，让每一次作业都成为学生数学思维能力的成长点. 做到既面向全体，又尊重学生个体差异，让全体学生都能掌握基础知识，又让学有余力的学生也能有所提高. 让每一位学生通过这节课的学习学有所获.

（2）教师要做到及时批改作业，及时了解学生对本节课知识的理解与运用程度以及接受情况，及时发现作业中的问题，及时辅导学生和解决问题.

（3）通过布置预习作业，让学生养成自学的习惯，提高学生自学的能力，使其树立终身学习的习惯.

七、板书设计

板书设计如图 3.14 所示.

图 3.14

【教学赏析】

（1）该教学设计采取了六个环环相扣、层层递进的教学环节，培养学生的核心素养．通过"创设情景——引入新知"环节，把形与数联系在一起，发展学生的数学抽象、直观想象等数学核心素养；通过"探究发现——得到新知"环节，培养学生用数学的思维分析现实世界的能力，发展逻辑推理等数学核心素养；通过"例题讲解——熟悉新知"环节，学生学会在比较大小的过程中对差式变形的常用方法，发展数学运算等数学核心素养；通过"知识应用——拓展新知"环节，学生学会应用比较大小的知识来解答实际生活问题，培养学生的逻辑推理、数学运算等数学核心素养；通过"课堂小结——归纳新知"环节，归纳总结，使学生所学知识系统化、条理化，同时也培养学生归纳和总结的能力；最后，通过"作业布置——巩固新知"环节，设计分层作业，让不同层次的学生学有所得，同时通过布置预习任务，让学生渐渐养成自学的习惯，树立终身学习的理念．

（2）在整个教学中特别关注整个过程和全体学生，始终坚持"教师为主导、学生为主体"的教学理念．整个教学过程中，教师充分调动学生学习的积极性，让学生经历知识的生成过程和应用过程，并且能灵活地应用作差法来解决一些实际生活问题，培养学生应用数学的意识，增强学生学好数学的信心．

（3）该教学设计还特别注重渗透转化与化归、函数与方程等数学思想方法，注重数学知识的迁移，发展学生的数学抽象、直观想象、逻辑推理、数学运算等数学核心素养．

【案例 3-6】"概率（第二课时）"教学设计①

一、内容和内容分析

（一）内容

概率的意义．

（二）内容分析

概率是刻画随机事件发生可能性大小的数值．若试验具备以下条件：

（1）每一次试验中，可能出现的结果只有有限个；

（2）每一次试验中，各种结果出现的可能性相等．

对于具有上述特点的试验，我们用事件所包含的各种可能的结果个数在全部

---

① 该案例由江西省赣州市赣县区教研室的谢立光提供．

可能的结果总数中所占的比，表示事件发生的概率（概率的古典定义）．概率的古典定义给出了一种求概率的方法．

本节课在学生已经学习了随机事件的概念以及定性判断随机事件发生的可能性大小的基础上，给出了从定量的角度去刻画随机事件发生的可能性大小的概念——概率．从此，对于不确定现象的研究，学生将从定性表示提升到定量刻画，逐步培养起随机观念与统计意识．

基于以上分析，确定本节课的教学重点是概率的意义．

二、目标和目标分析

（一）目标

（1）理解概率的意义，渗透随机观念；
（2）能计算一些简单随机事件的概率．

（二）目标分析

达成目标（1）的标志：学生知道概率是刻画随机事件发生的可能性大小的数值，知道概率的取值范围，知道随机事件发生的可能性越大其概率越接近 1，随机事件发生的可能性越小其概率越接近 0．

达成目标（2）的标志：学生能够采用直接列举试验结果的方法计算一些简单事件的概率，即如果在一次试验中，有 n 种可能的结果，并且它们发生的可能性都相等，事件 A 包含其中的 m 种结果，那么事件 A 发生的概率 $P(A) = \dfrac{m}{n}$．

三、教学问题诊断分析

学生已经理解了随机事件发生的可能性有大有小，本节课用一个数值去刻画这个大小，就是概率．概率的意义具有一定的抽象性，学生需要一个较长时期的认识过程，对概率的理解会随着学生自身年龄的增长以及知识面和生活经验的延伸而发展．

对于摸球游戏和掷骰子等试验，计算相关事件的概率对学生来说是比较容易接受的，但学生容易忽略对求概率方法适用范围的判断．目前，求概率时试验要满足以下条件：①每一次试验中，可能出现的结果只有有限个；②每一次试验中，各种结果出现的可能性相等．

基于以上分析，本节课的难点是概率的意义以及判断试验条件的意识．

四、教学过程设计

（一）创设情境，激趣引入

1. 在一个不透明的袋中，放入 5 个质地均匀、形状大小一样的红球，随机摸出一个球,你认为"摸到红球"是_____事件,"摸到白球"是_____事件.

2. 若再放入 3 个质地均匀、形状大小一样的白球,摇匀后,随机摸出一个球,可能摸出红球,也可能摸出白球,"摸出红球"与"摸出白球"的可能性哪个大?

师生互动:教师依次放入 5 个红球、3 个白球到袋子中,摇匀.学生摸球,回答问题.

设计意图

通过摸球游戏,引导学生回顾三种类型的事件,感知随机事件可能性的大小,为引出概率的概念作铺垫.

(二)试验操作,探求新知

1. 在一个不透明的袋中,装有编号为 1,2,3,4,5 的 5 个质地均匀、形状大小相同的球.搅匀后,从中随机取出一球记下编号,如何表示每一个编号被抽到的可能性的大小?

2. 掷一枚质地均匀的骰子,骰子的六个面上分别标有数字 1~6,如何表示每一个数字被掷得正面朝上的可能性的大小?

师生互动:学生进行摸球、掷骰子游戏,在游戏的过程中,教师反复询问:①每一次试验中,可能出现的结果有几个;②每一次试验中,各种结果出现的可能性是否相等.

3. 以上两个试验有什么共同特点?

(1)每一次试验中,可能出现的结果只有有限个;

(2)每一次试验中,各种结果出现的可能性相等.

归纳:一般地,对于一个随机事件 A,我们把_____,称为随机事件 A 发生的概率,记为 $P(A)$.

师生互动:老师引导学生提炼概括摸球试验和掷骰子试验条件的共同特点,归纳概率的定义.

设计意图

通过摸球和掷骰子的试验,让学生了解求概率的两个条件,体会用具体数值刻画概率的合理性,从定性分析到定量刻画,提炼概括古典概率的两个特征,从特殊到一般,最后归纳概率的定义.

4. 在一个不透明的袋中，装有编号为 1,2,3,4,5 的 5 个质地均匀、形状大小相同的球，从中随机摸出一个球.

（1）求"摸出 1"的概率；

（2）求"摸出偶数"的概率.

5. 在一个不透明的袋中，装有编号为 1,2,3,…,n 的 n 个质地均匀、形状大小相同的球，从中随机摸出一个球.

（1）请用含 n 的式子表示"摸出 2"的概率；

（2）如果编号为奇数的球有 m 个，请用含 m,n 的式子表示"摸出奇数"的概率.

事件	试验中全部可能的结果	事件包含可能的结果	事件的概率
摸出 1	5	1	
摸出偶数	5	2	
摸出 2	n	1	
摸出奇数	n	m	

归纳：一般地，如果在一次试验中，有 n 种等可能的结果，并且它们发生的可能性相等，事件 A 包含其中的 m 个结果，那么事件 A 发生的概率 $P(A) = $ ___ .

师生互动：学生参与摸球实验，感知摸球结果的不确定性、结果的有限性、出现每种结果的等可能性. 学生观察、思考、交流，教师引导学生说出事件包含的各种结果的数在全部可能的结果总数中所占的比，从具体的数到一般的式，归纳得到概率公式.

教师将设计试验中全部可能的结果从具体的数转化到一般的字母 n，事件包含可能的结果从具体的数转化到一般的字母 m，进而与学生共同探究概率公式.

设计意图

从特殊到一般，引导学生观察、发现、归纳得出概率的计算公式，从经验概率到理论概率，培养学生归纳推理的思维能力.

（三）初步应用，理解新知

例 1. 掷一枚质地均匀的骰子，观察向上的一面的点数，求下列事件的概率：

（1）点数为 2；（2）点数为奇数；（3）点数大于 2 且小于 5.

解：掷一个骰子时，向上一面的点数可能为 1,2,3,4,5,6，共 6 种. 这些点数出现的可能性相等.

（1）P（点数为 2）$= \dfrac{1}{6}$；

（2）点数为奇数有 3 种可能，即点数为 1,3,5，P（点数为奇数）$= \dfrac{3}{6} = \dfrac{1}{2}$；

（3）点数大于 2 且小于 5 有 2 种可能，即点数为 3,4，则 P（点数大于 2 且小于 5）$= \dfrac{2}{6} = \dfrac{1}{3}$.

辨一辨：

请判断下列事件能不能用概率公式求解.

（1）从 1 到 5 之间选取一个整数，选到"数字 3"的概率为_____；

（2）从 1 到 5 之间选取一个实数，选到"数字 3"的概率为_____；

（3）在硬地上抛掷 1 枚质地均匀的硬币，通常会出现"正面朝上"和"反面朝上"两种结果，"正面朝上"的概率为_____；

（4）在硬地上抛掷 1 枚图钉，通常会出现两种情况，如图 3.15 所示，"钉尖不着地"的概率为_____.

（a）钉尖着地　　　　　（b）钉尖不着地

图 3.15

师生互动：学生判断试验是否满足前提条件，根据概率公式，思考试验中全部可能的结果、事件包含的可能的结果，回答问题.

教师点评，学生说出 m, n 具体指什么.

引导学生归纳求概率的三个步骤：忆公式，定 m, n，算概率.

学生判断，依据"①每一次试验中，可能出现的结果只有有限个；②每一次试验中，各种结果出现的可能性相等"这两个条件，得出正确、合理的结论.

设计意图

趁热打铁让学生在简单应用中理解公式，规范学生的书写过程，总结求简单随机事件概率的步骤. 设置正例、反例，让学生强化两个前提条件是求古典概率的前提，否则，就不能利用此公式求概率.

（四）数形结合，研究性质

在一个不透明的袋中，装有 10 个质地均匀、形状大小相同的球，从中随机抽取一个球，请计算事件"摸出红球"的概率.

红球	0	2	4	5	6	8	10
白球	10	8	6	5	4	2	0
P（摸出红球）							
P（摸出白球）							

归纳：由 n, m 的含义可知，$0 \leqslant n \leqslant m$，进而 $0 \leqslant \dfrac{n}{m} \leqslant 1$，$0 \leqslant P(A) \leqslant 1$.

特别地，当 A 为必然事件时，$P(A) = 1$；当 A 为不可能事件时，$P(A) = 0$. 事件发生的可能性越大，它的概率越接近 1；反之，事件发生的可能性越小，它的概率越接近 0.

师生互动：教师按照表格顺序演示加减球，学生计算概率. 从红球相对个数的变化中感知概率的变化，得到概率的取值范围，推导出概率的有关性质.

设计意图

通过变化球的个数，引发概率的变化，让学生在摸球求概率的活动中理解概率的范围，通过图示，数形结合，直观展示变化趋势，推导、理解概率的一些性质.

（五）动手操作，应用新知

某游乐园为吸引游客推出了一项有奖转盘活动，如图 3.16 所示. 一个可以自由转动的转盘分成 3 个大小相同的扇形，颜色分为红、黄、绿三种. 指针的位置固定，转动的转盘停止后，其中的某个扇形会恰好停在指针所指的位置（指针指向两个扇形交线时，当作指向右边的扇形），每个游客凭门票可以参与一次抽奖活动.

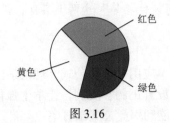

图 3.16

（1）若规定指针指向红色可以获奖，求获奖的概率.

（2）请小组合作，帮游乐园设计一个方案，要求设立一、二、三等奖，获奖的概率分别是 $\frac{1}{10}, \frac{2}{10}, \frac{7}{10}$.

师生互动：①学生根据求概率的条件及公式，求出相关概率；②学生小组合作，共同完成设计，请小组代表上台展示小组成果，共同交流，体会概率的实用性.

设计意图

通过设计转盘获奖比例的闭合性、开放性问题，学生动手操作，灵活运用所学知识，解决实际问题，增强学生的合作意识和动手能力，学以致用，进一步体会概率的应用.

（六）小结提升，知识构建

1. 知识小结

2. 思想方法小结

师生互动：引导学生回顾本节课所学的数学知识和所用的数学思想方法.

设计意图

梳理本节课的知识、方法、数学思想，不断丰富和更新学生的认知体系.

（七）分层作业，共同进步

1. 必做题

（1）《易经》是中国传统文化的精髓. 图 3.17 是《易经》的一种卦图，图中每一卦由三根线组成（线形为 ▬ 或 ▬▬），如正北方向的卦为 ☷，从图中三根线组成的卦中任取一卦，这一卦中恰有 2 根 ▬ 和 1 根 ▬▬ 的概率为_____.

北

图 3.17

（2）在六张卡片上分别写有 π，1.5，5，0，$\sqrt{2}$，–1 六个数，从中任意抽取一张，卡片上的数为无理数的概率是_____．

A. $\dfrac{1}{6}$ B. $\dfrac{1}{3}$ C. $\dfrac{1}{2}$ D. $\dfrac{5}{6}$

（3）新定义运算"◎"，对于任意有理数 a,b，都有 $a◎b=a^2-ab+b-1$，例如：$3◎5=3^2-3×5+5-1=-2$．若任意投掷一枚印有数字 1～6 的质地均匀的骰子，将朝上的点数作为 x 的值，则代数式 $(x-3)◎(3+x)$ 的值为非负数的概率为_____．

2. 选做题

如图 3.18 所示，甲、乙两人（看成点）分别在原点的位置上，沿数轴做移动游戏．移动游戏规则：每次裁判先捂住一枚硬币，再让两人猜向上一面是正是反，而后根据所猜结果进行移动．

a. 若都对或都错，则甲乙均不动；

b. 若甲对乙错，则甲向东移动 1 个单位，乙不动；

c. 若甲错乙对，则甲不动，乙向西移动 1 个单位．

问：

①经过第一次移动游戏，求甲的位置停留在正半轴上的概率 P；

②从如图 3.18 的位置开始，若完成了 5 次移动游戏，发现甲、乙每次所猜结果均为一对一错．设乙猜对 n 次，且他最终停留的位置对应的数为 m，试用含 n 的代数式表示 m，并求该位置距离原点 0 最近时 n 的值．

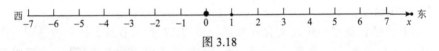

图 3.18

3. 课外阅读材料《概率论的定义与发展史》

五、板书设计

板书设计如图 3.19 所示．

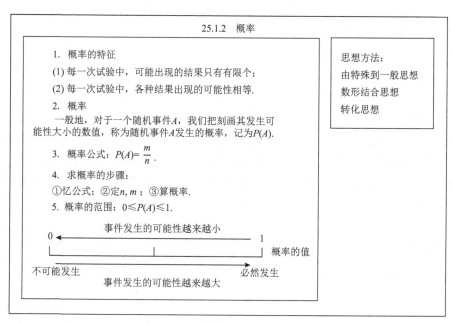

图 3.19

【教学赏析】

数学概念是数学教学中的重要内容，概率是一个非常抽象的数学概念．这节课学生通过体验摸球和掷骰子，初步了解求古典概率的条件及概率的意义，进而探索、归纳概率的定义及求随机事件概率的方法．从特殊到一般，归纳求概率的公式，理解概率的意义，总结求随机事件概率的步骤．从数到形感知概率大小的变化，感悟概率的性质．动手操作，通过小组合作让学生设计转盘抽奖游戏，丰富课堂，加深对概率的理解与应用．从知识、方法、数学思想等层面进行小结，构建知识体系．分层布置作业，巩固不同层次学生对概率意义的理解和应用，逐步培养学生的统计意识．

【案例 3-7】"全等三角形"的教学设计[①]

一、内容和内容分析

（一）内容

"全等三角形"是人教版《数学》八年级上册第十二章 12.1 节第一课时的教

---

① 该案例由江西省南昌市第二中学昌北校区的李培林提供．

学内容,本节课主要内容为全等三角形的概念和性质.

(二) 内容分析

全等三角形是在前面学习了三角形的有关概念的基础上对三角形之间关系的深入学习,是以后学习等腰三角形、四边形和圆的关键,是几何证明中证明线段和角相等的重要工具.

在寻找全等三角形对应元素过程中渗透的动态变换意识、在形成全等三角形概念时的抽象行为、在形成全等三角形概念时从一般到特殊的思想,以及类比平行线研究全等三角形的研究问题方法等思想、方法和学习行为,对发展学生的思维、培养学生的素养都有着积极的意义,无论在今后的学习还是在科学研究中都有重要的作用.

基于以上分析,本节课的教学重点是全等三角形的概念和性质.

二、目标和目标分析

(一) 目标

(1) 能运用类比的方法进行全等三角形的概念和性质的研究,在研究的过程中了解全等三角形的概念,理解全等三角形的性质,体会图形变换的思想,初步掌握动态地研究几何图形的方法.

(2) 在寻找全等三角形的对应元素、运用全等三角形的性质、证明线段或角相等或进行与线段或角相关的计算中,逐步培养识图能力.

(3) 在合作交流、师生互动中学会与他人合作,感受学习乐趣;在探索新知、解决问题的过程中,培养思维能力,增强学习数学的自信心.

(二) 目标分析

目标 (1) 的具体要求:能比较熟练地运用类比的方法进行全等三角形的概念和性质的研究,领悟到全等图形与图形的位置无关.

目标 (2) 的具体要求:通过辨析问题来内化找对应元素的方法,进而准确找出全等三角形的对应元素,灵活应用全等三角形的性质进行线段或角的相关证明或计算,培养有序思维品质,提高分析问题、解决问题的能力.

目标 (3) 的具体要求:开展有效的合作交流,在师生互动、生生互动中探索新知,体验成功,获取学习经验,感受学习乐趣,增强自信.

三、教学问题诊断分析

在前面的学习中,学生已经学习了三角形的三边关系、三角形的角的关系等,还学习了线 (直线、线段) 的平行和相交以及角的大小比较等研究位置关系和大小关系的知识, 而同时研究两个图形 (三角形) 的两个对应元素 (边和角) 的对应关系还是第一次. 对于习惯在一个图形 (三角形) 中分析不同的元素以及在两个图形中分析一个元素的对应关系的学生来说, 其综合程度翻了一番. 学生需要在两个图形 (三角形) 中来回寻找对应元素, 可能会出现两头顾不上的情况, 给确定对应元素造成一定的困难. 同时, 在比较复杂的图形背景下, 学生难于正确辨认出对应的元素, 比如有重叠的图形, 有部分重叠的对应边 (或角), 以及边 (角) 关系比较隐蔽的图形, 因此若是将图形运动起来以确定对应元素, 学生会不太习惯, 掌握起来也会有难度.

基于以上分析, 本节课的教学难点是全等三角形对应元素的确定.

四、教学过程设计

（一）创设情境, 导入新课

1. 情境创设

出示两张大小相同的中国地图, 让学生观察形状, 比较图形的大小, 引入课题.

2. 概念归纳

能够完全重合的两个图形称为全等形.

3. 学生活动

举出一些生活中全等形的例子, 与同学交流.

设计意图

（1）情境创设从实际生活中的地图引出该节课的研究对象, 让学生知道数学问题来源于实际生活, 让学生在实际问题的学习过程中培养抽象思维能力;

（2）通过举出一些生活中全等形的例子, 让学生体会数学来源于生活、服务于生活, 增强数学应用意识和学习数学的兴趣.

（二）操作探究, 交流新知

1. 知识回顾: 我们是如何研究平行线的?

平行线的概念—平行线的性质—平行线的判定—平行线的应用.

2. 展望新知: 我们是如何研究全等三角形的?

全等三角形的概念—全等三角形的性质—全等三角形的判定—全等三角形的应用.

3. 学生活动

根据全等形的定义给全等三角形下一个定义.

4. 教师讲解

如图 3.20 所示，△ABC 与 △DEF 完全重合（电脑演示重合过程）．

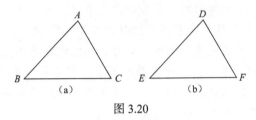

图 3.20

定义：对应顶点，对应边，对应角．

表示：△ABC 与 △DEF 全等，我们把它记作"△ABC ≅ △DEF"，读作"△ABC 全等于 △DEF".

强调：记两个三角形全等时，通常把对应顶点的字母写在对应的位置上．

5. 操作探究

（1）请用最快捷的方式作出两个全等的三角形；

（2）将两个全等的三角形中的一个固定，另一个依次进行平移、翻折、旋转，得到三个不同的图形，并把图形画下来；

（3）请选一个你喜欢的图形，写出图中全等三角形的对应边和对应角．

6. 方法交流

（1）你是怎样作出两个全等的三角形的？

（2）你是怎样找出全等三角形的对应边、对应角的？

7. 性质归纳

（1）一个图形经过平移、翻折、旋转后，位置变了，但形状、大小都没有改变，即平移、翻折、旋转前后的图形全等；

（2）全等三角形的对应边相等，全等三角形的对应角相等，全等三角形的周长和面积相等．

设计意图

（1）类比平行线的研究过程，形成全等三角形的研究思路，进而形成了几何图形研究的基本思路，为今后学习平行四边形奠定了方法基础．而学生在根据全等形的定义给全等三角形下定义的过程中，习得从一般到特殊的研究问题的思路和策略．

（2）教师讲解全等三角形的书面表达时，强调对应元素写在对应位置，这是一种有序思维的训练．

（3）通过操作实践，得到全等三角形的基本图形，既加深学生对全等三角形概念和性质的理解，又为下一节课证明三角形全等奠定图形基础.

（三）应用举例，内化策略

例 1. 如图 3.21 所示，$\triangle ABC \cong \triangle CDA$，$\angle B = 35°$，$\angle BAC = 102°$，$BC = 18$.

（1）写出 $\triangle ABC$ 和 $\triangle CDA$ 的对应边和对应角.

（2）求 $\angle DAC$ 的度数和边 DA 的长.

（3）将 $\triangle ABC$ 沿 AC 方向平移，请画出平移后得到的图形，并指出图中相等的线段.

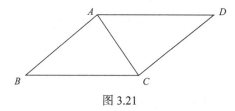

图 3.21

例 2.（1）如图 3.22 所示，$\triangle ABN \cong \triangle ACM$，$\angle B$ 和 $\angle C$ 是对应角，AB 和 AC 是对应边，写出其他对应边及对应角.

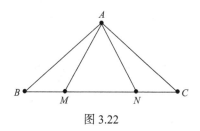

图 3.22

（2）将 $\triangle ABN$ 沿直线 BC 向下翻折，画出翻折后的图形，并写出图中相等的线段、相等的角.

师生互动：

（1）例 1 中教师引导学生对照图形写出第（1）问的答案. 解答第（2）问前提示学生：计算一条边的长度或一个角的度数时，可以借助于三角形全等将其转化为它的等边或等角来计算. 引导学生利用图形变换完成第（3）问的解答.

（2）例 2 由学生独立完成，两位学生在黑板板书.

学生小组代表点评，指出错处，分析错因，修正答案．

（3）教师引导学生共同小结全等三角形中找对应元素的方法．

在全等三角形中找对应元素的方法：①全等三角形对应角所对的边是对应边，两个对应角所夹的边是对应边；②全等三角形对应边所对的角是对应角，两条对应边所夹的角是对应角．

设计意图

（1）让学生初步感知寻找对应元素的方法，尝试运用此方法进行独立训练．

（2）通过例2的板演检测学生在寻找对应元素中存在的一些认知障碍，借助小组互评完善认知，归纳方法，培养学生发现问题、解决问题以及归纳总结的能力．

（3）例1第（2）问运用全等的性质解题，巩固全等的概念，向学生渗透将未知转化为已知的转化思想．

（四）达标测评，即时反馈

1. 如图3.23所示，下列四组图形中，是全等形的有_____（填序号）．

①　　　　②　　　　③　　　　④

图 3.23

2. 如图 3.24 所示，$\triangle ABC$ 绕点 A 旋转后与 $\triangle ADE$ 完全重合，则 $\triangle ABC \cong$ _____．两个三角形的对应边为_____，_____，_____；对应角为 _____，_____，_____．

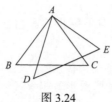

图 3.24

3. 如图 3.25 所示，$\triangle ACF \cong \triangle DBE$，$\angle E = \angle F$．若 $AD = 20\,\text{cm}$，$BC = 8\,\text{cm}$，你能求出线段 AB 的长吗？

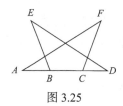

图 3.25

4. 如图 3.26 所示，$\triangle ABC \cong \triangle AEC$，$\angle B = 30°$，$\angle ACB = 85°$，请求出 $\triangle AEC$ 各内角的度数.

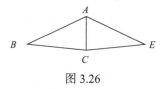

图 3.26

设计意图

（1）通过当堂检测，既能帮助学生巩固全等形的概念和性质，又能及时反馈学习效果. 第 2 题检测学生是否识记了性质，能否熟练运用全等变换进行图形的识别. 第 3 题、第 4 题检测学生对全等三角形性质运用的熟练程度，以及应用全等三角形的性质解决问题的能力.

（2）课堂检测分层设计，由易到难，体现了对学生的因材施教，让不同层次的学生拾级而上，各有所得.

（五）小结反思，布置作业

1. 课堂小结

（1）我们是按照什么样的思路研究全等三角形的？

（2）这一节课的重点是什么？你掌握得怎么样？你还有什么疑惑吗？

教师总结：本课知识网络（图 3.27）：

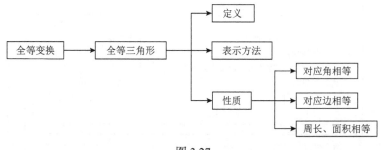

图 3.27

方法归纳：找对应元素的常用方法有两种．第一，从运动角度看，有翻折法、旋转法、平移法．第二，根据位置元素来推理：全等三角形对应角所对的边是对应边，两个对应角所夹的边是对应边；全等三角形对应边所对的角是对应角，两条对应边所夹的角是对应角．

2. 布置作业

（1）必做题：课本第33页习题12.1第1题、第2题、第4题．

（2）选做题：课本第33～34页习题12.1第5题、第6题．

（3）操作题：图3.28是一个等边三角形，你能利用折纸的方法把它分成两个全等的三角形吗？你还有其他办法把它分成三个、四个全等的三角形吗？

图3.28

设计意图

（1）引导学生回顾自己的学习过程，通过反思、提炼、归纳知识，小结方法，梳理知识脉络，形成知识网络和方法策略；

（2）通过作业让学生进一步熟知全等的概念和性质，加强对所学新知识的应用，提高学生分析问题和解决问题的能力．

五、板书设计

板书设计如图3.29所示．

```
                    12.1  全等三角形

  一、概念                        四、小结：找对应元素
  二、全等三角形的性质                 的方法
  三、性质应用                     运动法：翻折、旋转、
  例1：（根据位置和运动角度来推理）        平移．
  例2：（板演）                    位置法：对应角→对应
                                边，对应边→对应角．
  ┌──────┐    ┌──────┐
  │      │    │      │
  └──────┘    └──────┘
```

图3.29

【教学赏析】

这节课的设计是培养学生数学抽象、逻辑推理等数学核心素养的较好案例. 此设计先通过实物和图片展示给学生直观感知, 使学生观察思考, 得出概念, 再让学生寻找生活中全等形的实例, 学生既经历了概念的抽象过程, 又加深了知识与生活密不可分的印象.

案例中学生从全等形的概念到全等三角形的概念, 生动而具体地感知了从一般到特殊的研究问题的思路和策略. 在图形的平移、翻折、旋转变换的操作活动中, 学生观察发现位置变了, 但形状、大小都没有改变. 这样设计, 除了让学生提前感知平移、翻折、旋转等全等变换的知识之外, 还有助于学生形成用运动的观点分析图形的能力, 体悟 "变中有不变, 不变中有变" 的辩证思想.

整堂课的设计思路清晰、内涵丰富、方法明确, 融数学知识、数学思想、数学思考和数学实践于一体, 学生提出问题、分析问题和解决问题的能力水到渠成, 运动的观点和类比方法的习得自然而然, 数学抽象、逻辑推理等数学素养的培养潜移默化.

【案例 3-8】 "单项式乘以单项式" 教学设计[①]

一、内容和内容分析

（一）内容

"单项式乘以单项式" 是人教版《数学》八年级上册第十四章 14.1 节第四课时的教学内容, 本节课的主要内容为单项式乘以单项式.

（二）内容分析

单项式的乘法是在前面学习了幂的运算性质的基础上对整式乘法的深入学习, 是以后学习单项式乘以多项式以及多项式乘以多项式的关键, 在整式乘法的学习过程中起到承上启下的作用.

在归纳单项式乘以单项式法则的过程中, 由数的运算类比得出含有字母的运算, 经历了由特殊到一般的归纳过程, 渗透了类比的数学思想, 无论在今后的学习还是在科学研究中都具有重要的作用, 它对发展学生的思维有着积极的意义.

基于以上分析, 本节课的教学重点是单项式乘以单项式法则的归纳与运用.

---

① 该案例由江西省赣州市赣县区教研室的谢立光提供.

二、目标和目标分析

（一）目标

（1）掌握单项式乘以单项式的法则，会用法则进行运算；

（2）经历法则的归纳和辨析过程，渗透类比学习方法，内化法则，提高数学运算能力；

（3）经历将实际问题抽象成"数与代数"问题的过程，在解决问题的过程中学会与他人合作，增强学习数学的自信心.

（二）目标分析

目标（1）的具体要求：掌握单项式乘以单项式的法则，要求会用法则进行计算.

目标（2）的具体要求：通过具体问题情境发现问题，再从数类比到式，培养学生分析问题、解决问题的能力，发展学生思维的灵活性，通过辨析问题来内化法则，用具体的计算来熟练法则，体会从特殊到一般的归纳过程.

三、教学问题诊断分析

在前面的学习中，学生已经学习了同底数幂乘法、幂的乘方、积的乘方等运算，但是单项式乘以单项式的运算对学生来说较为复杂，学生第一次接触时会有一定的困难. 对于法则的归纳，学生语言不够严谨，尤其是对于只在一个单项式中含有的字母，学生不但归纳困难，而且也不易理解，教学时应引导学生用数学语言逐步归纳出法则. 单项式乘以单项式最终将转化为有理数的乘法，同底数幂的乘法、幂的乘方、积的乘方等运算，对于初学者来说，由于难于正确辨认和区别各种不同的运算及运算所使用的法则，易于将各种法则混淆，造成运算结果错误.

基于以上分析，本节课的教学难点是单项式乘以单项式的法则及运用.

四、教学过程设计

（一）创设情境，导入新课

观看港珠澳大桥开通视频，导入问题.

（1）大桥总长约为 5.5×10^4 米，平均造价约为 2.307×10^6 元/米，怎样计算大桥总造价？

（2）同学们，这属于什么运算？怎样计算？

（3）计算过程中用到哪些运算律？

师生互动：教师通过微视频引出问题，学生通过思考回答问题，引入新课.

设计意图

以港珠澳大桥为知识背景，见证我国 21 世纪伟大的工程之一，增强学生的民族自豪感，建立含有科学计数法的有理数乘法的数学模型，为探索单项式乘以单项式的法则做好知识和方法的铺垫.

（二）类比学习，生成法则

（1）如果把 5.5 和 2.307 分别简化为 5 和 2，底数 10 换成字母 a，即 $5a^4 \cdot 2a^6$，这时出现了什么运算？

（2）类比刚才有理数的乘法，你猜想单项式乘以单项式应该怎样计算呢？

（3）计算过程中运用了哪些运算律？

（4）如果在第二个单项式中增加一个因式 b^3，该怎样运算呢？

（5）如何进行单项式乘以单项式的运算？

归纳：单项式乘以单项式的法则：①各项式系数相乘；②同底数幂相乘；③对于只在一个单项式里含有的字母，连同它的指数作为积的一个因式.

（6）回顾单项式乘以单项式的探究过程（图 3.30）.

师生互动：教师提出问题，学生思考，类比有理数乘法的计算过程，探究单项式乘以单项式的方法. 让学生观察分析，尝试用数学语言概括出单项式乘以单项式的法则. 教师引导学生共同归纳单项式乘以单项式的法则.

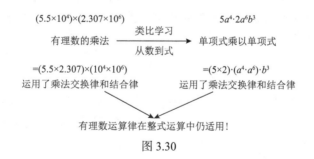

图 3.30

设计意图

（1）三个特殊的算式具有代表性和层次性，经历了由数到式的抽象过程，为归纳概括出一般的单项式乘以单项式的法则奠定了基础，并渗透了类比的学习方法.

（2）让学生感知乘法的运算律在数式运算中都是适用的.

（3）在每个算式的计算过程中进一步明确了算法和算理，进而获得运算结果．让学生感知由数的运算到式的运算的探究方法，初步体会数、式之间的通性．

（三）初步运用，内化法则

例1. 计算：

（1）$2x \cdot (-5xy^2)$

（2）$2x \cdot (-5xy^2) \cdot \dfrac{1}{2}yz$

（3）$2x \cdot (-5xy)^2$

例 2. 马大哈同学在作业本上完成了以下几道题，请你判断下列计算对不对，若不对，请你指出错在哪里，并改正．

（1）$3a^3 \cdot 2a^2 = 6a^6$

（2）$5x^3y \cdot 3y^5 = 15y^8$

（3）$(-7x^2) \cdot (-3x^2) = -21x^4$

（4）$(-3x)^2 \cdot 4x^2 = -12x^4$

（5）$-3(x^3)^2 \cdot 4x^2 = -12x^8$

师生互动：教师板书例1（1），规范书写，让学生对照法则计算；由（1）到（2）引导学生发现多个单项式相乘，法则仍适用；引导学生发现（3）与（1）的差别，进而发现整式的运算顺序和有理数的乘法的运算顺序是一致的．

学生独立回答例2，指出错处，分析错因，修正答案．

设计意图

让学生熟悉法则，尝试运用法则进行计算，初步感知整式运算顺序，通过辨析，加深对法则的理解和运用，进而减少运算错误，提高运算能力．

（四）学以致用，运用法则

练习. 计算下列各式：

（1）$4y(2xy^2)$

（2）$\dfrac{1}{2}xy(3x^3)^2$

师生互动：要求学生尝试独立计算，邀请两位学生在黑板板书，并让他们说说运算方法与步骤．

设计意图

　　检测学生是否识记了法则，能否熟练运用法则进行计算，培养学生的表达能力、概括能力，促进学生对单项式乘以单项式法则的灵活运用．

（五）拓展延伸，强化新知

1. 如图 3.31 所示，边长分别为 a 和 $2a$ 的两个正方形按如图的样式摆放，则图中阴影部分的面积为_____．

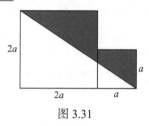

图 3.31

2. 将 4 个数 a,b,c,d 排成 2 行 2 列，两边各加一条竖线，记成 $\begin{vmatrix} a & b \\ c & d \end{vmatrix}$，并定义 $\begin{vmatrix} a & b \\ c & d \end{vmatrix} = ad - bc$．上述记法叫作二阶行列式，根据以上信息解决下列问题：

（1）计算 $\begin{vmatrix} x & 2 \\ -y & x \end{vmatrix}$．

（2）计算 $\begin{vmatrix} x & 2+y \\ -y & x-4 \end{vmatrix}$．

　　师生互动：关于问题 1，学生根据图形与数据分析题意，数形结合，利用几何直观，列式计算；教师引导分析式子蕴含的运算，了解整式的运算顺序与有理数运算顺序的一致性．

　　关于问题 2，学生按定义列式，引出"单项式乘以多项式"，教师揭示下节课将要学习的内容，暗喻"单项式乘以多项式可以转化为单项式乘以单项式来进行"．

设计意图

　　利用新知解决问题，渗透数形结合思想、整体思想、转化思想，促进学生加强对所学新知识的应用，提高学生分析问题和解决问题的能力，进一步感知数式通性．以二阶行列式为切入点，渗透符号意识与转化思想，并为下节课学习单项式乘以多项式的法则做铺垫．

（六）小结反思，布置作业

1. 课堂小结

（1）单项式乘以单项式的运算法则；

（2）数学思想方法——类比、建模、几何直观、数形结合；

（3）数式通性通法．

2. 布置作业

课本第 104～105 页习题 14.1 第 3、9、10 题．

师生互动：教师引导学生回顾课堂收获，边步骤化边呈现相应信息．

设计意图

通过小结，帮助学生梳理本节课的知识、数学思想方法，同时对法则进一步加深理解．

五、板书设计

板书设计如图 3.32 所示．

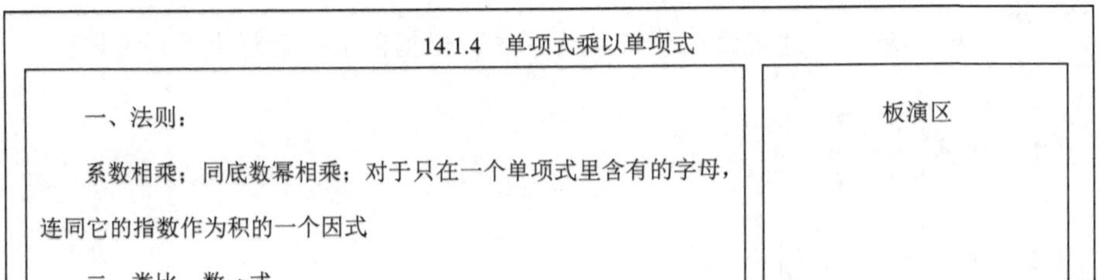

```
                  14.1.4  单项式乘以单项式

  ┌─────────────────────────────────────┐   ┌──────────────┐
  │  一、法则：                          │   │      板演区   │
  │  系数相乘；同底数幂相乘；对于只在    │   │              │
  │ 一个单项式里含有的字母，连同它的     │   │              │
  │ 指数作为积的一个因式                 │   │              │
  │  二、类比：数→式                     │   │              │
  │  三、通性通法：                      │   │              │
  │  四、数学思想：类比、建模、几何直观、数形结合 │  │          │
  └─────────────────────────────────────┘   └──────────────┘
```

图 3.32

【教学赏析】

这节课从立德树人的立意中创设教学情境，用数学的眼光观察世界，感知数学与生活的密切联系，建立数学运算模型，在知识的学习过程中形成积极的情感、态度、价值观．

运用类比，从有理数的乘法学习单项式乘以单项式法则，理解其运算的算法算理，便于学生按照一定的程序、步骤、依据，正确进行单项式乘以单项式的运算操作，提高运算操作能力．

　　学生经历了由具体的数到抽象的量再到具有一般意义的式的运算抽象过程，从数学本质上理解、体会了运算法则的产生、运算律的运用，在知识与方法的学习上学会"化新为旧"，感悟数式运算中的通性通法；通过题组与变式练习，进行一题多变（创新性）、一题多解（灵活性）、多题一解（普适性）的适度训练，提升了数学运算能力．既学会了数学建模、提炼了数学思想方法，又提高了运算的操作水平、思维水平．

【案例 3-9】"多边形内角和"教学设计①

一、内容和内容分析

　　本节课是北师大版《数学》八年级下册第六章"平行四边形"第四节"多边形的内角和与外角和"的内容．在学习活动中，学生将运用"多边形的内角和"的知识和方法来解决实际问题．本节课是在学生学习了"三角形内角和"的基础上，通过探究多边形的内角和与三角形内角和之间所蕴含的关系和变化规律，进一步学习化归思想，体会从特殊到一般、由具体到抽象的数学思想．

二、教学目标

　　（1）理解多边形内角和公式；

　　（2）通过把多边形转化成三角形，体会转化思想在几何中的运用，同时体会从特殊到一般的认识问题的方法；

　　（3）通过探索多边形内角和公式，尝试从不同角度寻求解决问题的方法并能有效地解决问题；

　　（4）通过猜想、推理活动感受数学活动充满着探索性以及数学结论的确定性，提高学习热情．

三、教学问题诊断分析

　　本节课的核心内容是通过把多边形转化成三角形，体会转化思想在几何中的运用，同时让学生体会从特殊到一般地认识问题的方法．

　　基于以上分析，确定本节课的教学重点是，掌握从特殊到一般的探究方法，培养学生的符号意识、运算能力、推理能力等，发展学生的应用意识和创新意识；难点是，探索多边形内角和时，如何把多边形转化成三角形；教学方法为引

---

① 该案例由江西省吉安市安福县城关中学的汤榕军提供．

导发现法、讨论法；教具为多媒体课件；学具为三角板、量角器；教学媒体为大屏幕、实物投影.

四、教学过程设计

（一）创设情境，设疑激思

师：我们以前探索了三角形的内角和，接下来我们研究四边形的内角和. 你认为四边形的内角和是多少度？先猜猜看，再说说你是怎么想到的？

预设：学生可能会根据长方形或正方形这两个特殊的四边形猜想四边形的内角和是 360°.

师：拖动几何画板中的四边形四个顶点，将它变成一般的四边形. 提问：现在这个四边形的内角和还是 360° 吗？如何验证？

活动一：探究四边形内角和

在独立探索的基础上，学生分组交流与研讨，并汇总解决问题的方法.

学生从学具中取出一个四边形进行操作验证，完成后汇报结果.

组织学生汇报交流：

第一组：用"拼"的方法进行验证.

教师评价：将四边形的四个内角撕下来，拼成一个周角，来说明四边形的内角和是 360°，这种方法在研究三角形内角和时就用过，这组同学能学以致用，值得大家学习.

第二组：用"量"的方法进行验证.

用量角器量出四个角的度数，然后把四个角加起来，发现有时内角和不是 360°.（学生有疑问，教师进行解释：因为量角器量得的角的度数有误差.）

第三组：用"分"的方法验证.

师（演示一位学生的操作）：这位同学只画了四边形的一条对角线，认为这样就能说明四边形的内角和是 360°. 你们能看懂吗？（学生在解答中出现在四边形内、外、边上任取一点，将四边形分成三个或四个三角形时，引导学生讨论与方法三的优劣.）

师：用课件演示，先用动画展示分成的第一个三角形的三个内角，再展示另一个三角形的三个内角，提问：两个三角形内角度数之和与原来四边形的四个内角度数之和有什么关系？

接下来，教师在方法三的基础上引导学生利用作辅助线的方法，连接四边形的一条对角线，把一个四边形转化成两个三角形.

师：你知道五边形的内角和吗？六边形呢？十边形呢？你是怎样得到的？

活动二：探究五边形、六边形、十边形的内角和

学生先独立思考每个问题再分组讨论.

关注：①学生能否类比四边形的方式解决问题并得出正确的结论；②学生能否采用不同的方法.

学生分组讨论后进行交流（五边形的内角和）.

方法 1：把五边形分成三个三角形，3 个 $180°$ 的和是 $540°$.

方法 2：从五边形内部一点出发，把五边形分成五个三角形，然后用 5 个 $180°$ 的和减去一个周角 $360°$，结果得 $540°$.

方法 3：从五边形一边上任意一点出发把五边形分成四个三角形，然后用 4 个 $180°$ 的和减去一个平角 $180°$，结果得 $540°$.

方法 4：把五边形分成一个三角形和一个四边形，然后用 $180°$ 加上 $360°$，结果得 $540°$.

交流后，学生运用几何画板演示并验证得到的结果.

得到五边形的内角和之后，又引导讨论起六边形、十边形的内角和. 类比四边形、五边形的讨论方法最终得出，六边形内角和是 $720°$，十边形内角和是 $1440°$.

设计意图

学生通过测量获得四边形的内角和为 $360°$. 引导学生把多边形分割成若干个三角形求内角和，利用三角形内角和公式得出多边形内角和公式，这个过程体现了将复杂图形转化为简单基本单元的化归思想. 整个探究过程中所涉及的类比、从特殊到一般、转化化归等数学思想方法，是学生今后学习和研究数学所必备的思想方法.

（二）引申思考，培养创新

师：通过前面的讨论，你能知道多边形内角和吗？

活动三：探究任意多边形的内角和公式

思考：

（1）多边形内角和与三角形内角和的关系？

（2）多边形的边数与内角和的关系？

（3）从多边形一个顶点引的对角线分三角形的个数与多边形边数的关系？

学生结合思考题进行讨论，并把讨论后的结果进行交流.

n	从一个顶点可连的对角线条数	从一个顶点连对角线将多边形分成的三角形个数	多边形的内角和
$n=3$			
$n=4$			
$n=5$			
$n=10$			
n 边形			

发现 1：四边形内角和是 2 个 180° 的和，五边形内角和是 3 个 180° 的和，六边形内角和是 4 个 180° 的和，十边形内角和是 8 个 180° 的和.

发现 2：多边形的边数增加 1，内角和增加 180°.

发现 3：一个 n 边形从一个顶点引出的对角线分得三角形的个数与边数 n 存在一定的关系，分得三角形的个数为 $(n-2)$.

得出结论：多边形内角和公式：$(n-2) \times 180°$.

设计意图

学生通过表格填写，能够直观地找出多边形的内角和随边数的变化规律，利用表格培养学生的数学运算及逻辑推理能力.

（三）实际应用，优势互补

1. 口答

（1）七边形内角和是（　　）.

（2）九边形内角和是（　　）.

（3）十边形内角和是（　　）.

2. 抢答

（1）一个多边形的内角和等于 1260°，它是几边形？

（2）一个多边形的内角和是 1440°，且每个内角都相等，则每个内角的度数是（　　）.

3. 讨论回答

一个多边形的内角和比四边形的内角和多 540°，并且这个多边形的各个内角都相等，这个多边形每个内角等于多少度？

（四）概括归纳

学生自己归纳总结：①掌握多边形内角和公式；②运用转化思想解决数学问题；③用数形结合的思想解决问题.

【教学赏析】

这节课的探究是从已有的数学经验三角形内角和是180°及长方形、正方形的内角和是360°出发，运用几何直观，进行直观想象，将多边形的内角和转化为几个三角形的内角和求解，推导得出多边形的内角和公式. 通过这节课的学习，使学生体会从简单到复杂、从特殊到一般，以及类比、转化等重要的数学思想方法. 整节课学生与学生、学生与教师之间以对话和讨论为出发点，以互助合作为手段，以解决问题为目的，让学生在一个比较宽松的环境中自主选择获得成功的方向，判断发现的价值.

【案例 3-10】"正弦定理"教学设计①

一、教材内容分析

"正弦定理"是北师大版《数学》高三必修 5 第二章"解三角形"中第一节的内容. 在此之前，学生在初中学习了直角三角形中的边角关系、平面几何中的圆，高一学习了三角函数、三角恒等变换、平面向量等知识，这为过渡到本节课的学习起到了铺垫作用. 本节课的学习也为后面学习"余弦定理"打下了基础，是本章的重要内容.

二、教学目标

（1）掌握正弦定理，能快速写出正弦定理的表达式，能用正弦定理来解两类三角形；

（2）通过对正弦定理的推导，提升发现问题、探索规律的思维能力；

（3）通过用多种方法证明正弦定理，培养探索精神和创新意识，提高学习数学的兴趣.

三、教学重难点分析

重点：正弦定理及其应用.

难点：正弦定理的猜想和发现，"已知两边和其中一边的对角，解三角形"时对解的个数的判定.

四、教法学法分析

（1）采用以学生为主体的探究式教学方法，通过"猜想—探究—归纳—应

---

① 该案例由江西省共青城市中学的吴柏海提供.

用"层层递进的方式突破本节课的重、难点.

（2）精心创设情境，通过老师引导与学生探究相结合，给不同层次的学生提供思考、创造、表现和展示的机会.

（3）采用多媒体课件、电子白板、黑板等展示平台，让学生多角度、多层次更直观地体验快乐学习.

五、教学过程分析

（一）导入新课

问题 1：考古专家发现一块类似三角形刀状的玉佩，其一角已破损（图 3.33），现测得如下数据，即

$$BC = 2.57 \text{ cm}, \ CE = 3.57 \text{ cm}, \ BD = 4.38 \text{ cm}, \ \angle C = 120°, \ \angle B = 45°.$$

为了复原，请计算原玉佩两边的长（精确到 0.01 cm）.

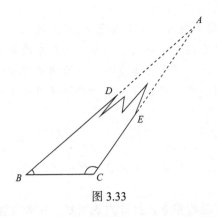

图 3.33

设计意图

兴趣是最好的老师，为了吸引学生的注意力，提高学生的学习兴趣，该节课由创设考古情境引入，使学生立刻进入到研究者的角色中来.

（二）探索发现和猜想

问题 2：三角形中的边角关系有哪些？

（学生讨论交流.）

归纳：

（1）角角关系：三角形内角和等于180°.

（2）边边关系：任意两边之和大于第三边，即较小两边之和大于最长边.

（3）边角关系：大边对大角，小边对小角.

问题 3：在直角三角形中各角的正弦怎么表示？能找到等量关系吗？

（老师画出直角三角形，学生交流.）

归纳：在直角三角形中，各边与它所对角的正弦之比相等，如图 3.34 所示.

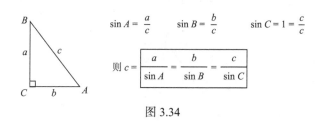

图 3.34

问题 4：这个结论对非直角三角形成立吗，例如正三角形？你有何猜想？

学生猜想得：任意三角形中，各边与它所对角的正弦之比相等.

设计意图

在此环节上突破正弦定理的发现这一难点，其方法是引导学生从熟悉的求直角三角形各角的正弦入手，鼓励学生积极、主动思考，学会猜想、提出问题，让学生领会从特殊到一般的研究方法.

（三）逻辑推理，证明猜想

由于三角形除了直角三角形外，还有锐角三角形、钝角三角形，所以老师结合图 3.35、图 3.36 引导学生，分锐角三角形和钝角三角形两种情况，通过作高进行分析，然后师生共同完成证明.

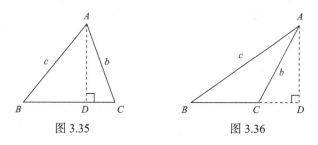

图 3.35　　　　　图 3.36

其目的是培养学生的转化思想，通过作高将非直角三角形转化为直角三角形进行证明.

问题 5：你还能用其他方法证明吗？

教师画出图 3.37，学生交流：作三角形外接圆，得到 $\angle ACB$ 等于 $\angle AC'B$，将任意三角形转化为直角三角形进行证明，得 $\dfrac{a}{\sin \angle BAC} = \dfrac{b}{\sin \angle ABC} = \dfrac{c}{\sin \angle ACB} = 2R$．证明中强调同弧所对的圆周角相等．

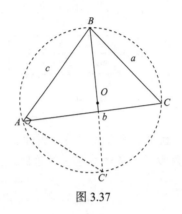

图 3.37

这样做既证明了正弦定理，又强调了三角形各边与其对角正弦之比为定值，且等于 $2R$．

向量方法也可以证明此结论，请同学们课后认真看一看课本上向量方法的证明．

设计意图

通过先分直角、锐角、钝角三角形三种情况证明，然后又用三角形外接圆进行证明，最后又提示用向量证明，让学生养成广开思路、从多方面思考的习惯，找到多种解决问题的方法和途径，从而培养学生的探索精神和创新意识，激发学生学习数学的兴趣．

（四）定理形成

正弦定理：在三角形中，各边与它所对角的正弦之比相等，即 $\dfrac{a}{\sin A} = \dfrac{b}{\sin B} = \dfrac{c}{\sin C}$．

师生互动：（剖析该定理）

从结构上看，各边与它所对角的正弦对应成比例，体现了数学的和谐美；从方程角度看，三个方程中的每一个都含有四个量，知其三能求其一；从功能上看，刻画了边角的对应关系.

（五）加深理解，强化应用

例 1. 在锐角 $\triangle ABC$ 中，三个内角 A, B, C 所对应的边分别为 a, b, c. 已知 $2a\sin B = b$，求内角 A.

设计意图

通过知识的简单应用，培养学生的自信心.

例 2. 回到问题 1，请你帮助考古专家计算原玉佩两边的长（精确到 0.01cm）.

设计意图

既解决课初提出的问题，又满足大家的好奇心.

归纳："已知两角及一边，解三角形"有一组解.

例 3. 在 $\triangle ABC$ 中，已知 $\angle B = 30°$，$b = \sqrt{3}$，$c = \sqrt{6}$，解此三角形.

教师分析：由正弦定理得 $\sin C = \dfrac{\sqrt{2}}{2}$，从而 $\angle C = 45°$ 或 $135°$，然后求出对应的 $\angle A$ 和 a 的大小. 学生试着解答，然后师生共同完成解答过程.

练习：在 $\triangle ABC$ 中，已知 $\angle B = 60°$，$b = \sqrt{3}$，$c = 1$，解此三角形.

师生互动：学生独立完成作业，教师巡视、个别指导，然后师生共同完成解答过程.

由正弦定理得 $\dfrac{c}{\sin C} = \dfrac{b}{\sin B} = \dfrac{\sqrt{3}}{\sin 60°} = 2$，

$\therefore \sin C = \dfrac{1}{2}$，$\therefore \angle C = 30°$ 或 $150°$，

又 $c < b$，$\therefore \angle C < \angle B$，$\therefore \angle C = 30°$，

$\therefore \angle A = 90°$，$a = \sqrt{b^2 + c^2} = 2$.

归纳："已知两边及其一边的对角，解三角形"，其解可能是两组也可能是一组. 解决问题的重要依据是：大边对大角.

（六）小结与反思

一个定理：正弦定理.

两个问题：解两类三角形.

一种思想：由特殊到一般．

【教学赏析】

上课过程是在教师预设的思路中，通过创设情境、回顾旧知、分析归纳、猜想发现、推理证明、举例应用，让学生感受到学习的快乐，从而激发学生学习数学的兴趣，激活学生的思维．

定理的发现过程是从特殊到一般思想方法的运用过程，定理的证明体现了分类讨论、由未知到已知、由一般到特殊的转化思想．整个教学过程充分发挥了学生的主动性，使学生成为真正的主体．

教好数学才能落实数学核心素养，教师在教学中应该以数学知识为载体发展学生的数学核心素养．该课例通过正弦定理的猜想，培养了学生的数学抽象素养，通过定理的多种证明发展了学生的逻辑推理、直观想象素养，通过例题的讲解、练习题的训练培养了学生的数学运算素养．

【案例 3-11】"平行线的性质"教学设计①

一、内容和内容分析

本节课是北师大版《数学》八年级上册第七章"平行线的证明"第四节"平行线的性质"的内容，主要学习平行线性质定理的证明，是数形结合思想的完美体现，重在培养学生的逻辑推理能力和规范推理过程的表述能力，再到平行线性质与判定的综合运用．在推理运用中借助几何直观引导学生抓住基本图形，掌握平行线中的转化策略，加深对所学知识的认识，以提高合情推理能力和初步的演绎推理能力．

平行线的性质是空间与图形领域的基础知识，在以后的学习中经常要用到．这部分内容是后续学习的基础，它们不但为三角形内角和定理的证明提供了转化的方法，而且也为今后有关四边形、相似、圆等知识的学习奠定了理论基础，学好这部分内容至关重要．

作为正式学习证明的第一章里面的重要内容，本小节继续关注对证明意义的理解和对证明过程中格式规范的要求．因此，本小节的证明题都是要求画出相应的图形，写出具体的已知、求证、证明，并且在证明过程中要求注明证明的依据，以便逐步培养学生逻辑推理的素养，形成严谨的学习态度．

---

① 该案例由江西省景德镇市浮梁县蛟潭二中的徐辉提供．

二、目标和目标分析

（1）经历探索平行线性质的过程，并掌握它们的图形语言、文字语言、符号语言；会用平行线的性质定理进行简单的计算、证明.

（2）在学习过程中进一步提升总结归纳能力及推理能力，尝试与他人合作开展讨论、研究，并表达自己的见解.

（3）培养严谨的学习态度，逐步养成言之有据的推理习惯.

三、教学问题诊断分析

学生在七年级时已初步掌握了平行线的性质定理，并能够运用平行线的性质进行简单的计算和推理. 同时上一节课又在推理证明的基础上比较深入地掌握了平行线的判定方法，这些学习都为本节课的学习做好了知识上的储备. 通过七年级下学期对第二章第三节的学习，学生已通过画图、测量、剪贴（拼）、交流、简单推理等探索活动探究了平行线的性质，积累了数学活动经验，并在多角度地思考问题中，初步发展了空间观念、推理能力和有条理表达的能力，这些学习经历都为本节课的学习积累了活动经验基础. 通过对平行线性质定理的证明，让学生充分感知数学学习逻辑推理的严谨性，体验由合情推理到演绎推理的转变.

教学重点：平行线性质的探索及性质的理解.

教学难点：运用平行线的性质和判定去解决问题.

借助几何直观，通过层层递进的问题串，激发学生解决问题的欲望，在自主探索与合作交流的课堂氛围中让学生去多画、多思、多议、多归纳. 一方面，促使学生敢于、乐于发表自己的观点和想法，自己探索出平行线性质的证明思路；另一方面，以数形结合思想方法的形成作为数学教学的高层次追求，从而顺利完成本节课的学习.

四、教学过程设计

（一）创设情境，导入新知

问题1：平行线的判定方法是什么？

根据学生的回答总结：①不能忽略"两条直线被第三条直线所截"的前提条件；②现在同学们已经掌握了利用同位角相等、内错角相等、同旁内角互补判定两条直线平行的三种方法，并且理解了这是由角的数量关系推出直线的位置关系. 顺势提出问题：

问题2：如果两条直线平行，那么同位角、内错角、同旁内角的数量关系如何表达？

设计意图

问题 1 旨在了解学生的认知基础，让全体学生对前一节的内容进行回顾，并为新课程的学习做准备；问题 2 开门见山导出本节课的学习课题——平行线的性质，并为学生感悟平行线性质定理与判定定理的条件和结论的互逆关系做好铺垫.

（二）思考探究，获取新知

平行线的性质及其证明：

证明一：我们已经探索过平行线的性质，两直线平行，同位角相等，那它如何证明呢？

问题 3：你能根据题意说出这个命题的条件和结论并画出相关的图形吗？

条件：两条直线平行.

结论：这两条直线被第三条直线所截出的同位角相等（图 3.38）.

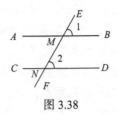

图 3.38

问题 4：你能根据问题 3 写出已知、求证吗？

已知：如图 3.38 所示，直线 $AB \parallel CD$，$\angle 1$ 和 $\angle 2$ 是直线 AB, CD 被直线 EF 截出的同位角.

求证：$\angle 1 = \angle 2$.

问题 5：如何去证明这个真命题呢？

（1）思路分析：

（2）自主阅读课本第 175 页的证明过程，初步体会反证法的思路.

（3）师生共同总结证明的思路.

归纳：

定理 1：两条平行线被第三条直线所截，同位角相等（图 3.39）.

简述为：两直线平行，同位角相等.

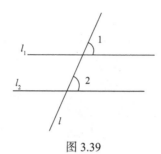

图 3.39

符号语言：

∵ $l_1 \parallel l_2$（已知），

∴ ∠1=∠2（两直线平行，同位角相等）.

设计意图

以问题串的形式给学生留有充分的探索和交流的空间，让学生在探索和交流中感受证明的困难，激发起战胜困难的渴望，随后师生一起分析证明的思路，并让学生阅读课本上的证明过程，在阅读中体会刚才分析的证明思路，初步感受反证法，同时提醒学生会在八年级下学期第一章系统学习反证法. 归纳时强调"简述"的目的是方便口述及书写，并不代表可以省略"平行线被第三条直线所截"的重要前提条件，因为这条截线是形成"同位角、内错角、同旁内角"的关键，所以在遇到平行线这样的条件时，找截线或以截线为方向作辅助线是有效运用这类条件的突破口之一.

证明二：利用上面的定理，你能证明"两条直线被第三条直线所截，内错角相等"吗？试一试！

请你带着下面四个问题独立完成证明二.

问题 6：根据"两条平行线被第三条直线所截，内错角相等"，你能作出相关的图形吗？

追问 1：你能根据所作的图形写出已知、求证吗？

追问 2：你能说说证明的思路吗？

追问 3：你能写出证明过程吗？

证明过程：

已知直线 $l_1 \parallel l_2$，∠1 和 ∠2 是直线 l_1，l_2 被直线 l 截出的内错角（图 3.40）.

求证：∠1=∠2.

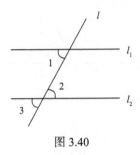

图 3.40

证明：∵ $l_1 \parallel l_2$（已知），

∴ ∠1=∠3（两条直线平行，同位角相等）.

∵ ∠2=∠3（对顶角相等），

∴ ∠1=∠2（等量代换）.

归纳：

定理2： 两条平行线被第三条直线所截，内错角相等（图3.40）.

简述为：两直线平行，内错角相等.

符号语言：

∵ $l_1 \parallel l_2$（已知），

∴ ∠1=∠2（两直线平行，内错角相等）.

设计意图

有了证明一及前几节课证明命题的学习经验，本着类比的学习理念，整体提出四个问题，放手让学生独立完成证明二的学习，并进行交流评析，感受证明的过程和书写格式的规范. 之后，教师说明此定理的证明思路是借助"两直线平行，同位角相等"来证明"两直线平行，内错角相等"，从而实现角的转化.

证明三： 利用上面的定理及学习，你能证明"两条平行线被第三条直线所截，同旁内角互补"吗？试一试！

已知：如图3.41所示，直线 $l_1 \parallel l_2$，∠1和∠2是直线 l_1，l_2 被直线 l 截出的同旁内角.

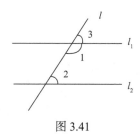

图 3.41

求证：∠1+∠2=180°.

证明：∵ $l_1 \parallel l_2$（已知），

∴∠2=∠3（两条直线平行，同位角相等）.

∵∠1+∠3=180°（平角等于180°），

∴∠1+∠2=180°（等量代换）.

还有其他的证明方法吗？

归纳：

定理 3：两条平行线被第三条直线所截，同旁内角互补（图3.41）.

简述为两直线平行，同旁内角互补.

符号语言：

∵ $l_1 \parallel l_2$（已知），

∴∠1+∠2=180°（两直线平行，同旁内角互补）.

设计意图

　　证明三没有再设置问题去引导学生思考，而是要求学生根据前面的学习经验更加独立地去完成这个定理的证明，从证明一到证明三循序渐进，通过创设适当的问题情境，让学生学会自主学习，真正成为学习的主人. 同时，通过证明一、二、三达到以下目的：①明确数与形的互化，平行线的性质就是把两直线的位置关系（形）转化为同位角、内错角、同旁内角之间的数量关系（数）；②培养学生的逻辑思维能力以及严谨的治学态度，逐步锻炼学生的推理能力；③使学生进一步巩固对定理的理解及语言的规范，感受成功的喜悦，树立学习数学的信心.

　　问题 7：平行线的性质定理与判定定理在条件和结论方面有什么关系（图 3.42）？

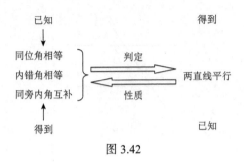

图 3.42

辨析总结:

问题 8: 完成一个命题的证明, 需要哪些主要环节?

归纳: ①弄清题设和结论; ②根据题意画出相应的图形; ③根据题设和结论写出已知、求证; ④分析证明思路, 写出证明过程; ⑤检查表述过程是否正确、完善.

设计意图

问题 7 旨在引导学生对平行线的性质定理与判定定理进行比较, 进而建立起二者之间的联系, 初步感受互逆的思维过程. 通过学生交流、讨论, 及时梳理证明活动中的经验, 以帮助他们形成知识体系, 提升推理证明的能力.

例 1. 如图 3.43 所示, 已知 $a \parallel b, c \parallel b$. $\angle 1$, $\angle 2$, $\angle 3$ 是直线 a, b, c 被直线 d 截出的同位角. 那么直线 a, c 有什么关系? 能证明你的结论吗?

证明: $\because a \parallel b$, $\therefore \angle 1 = \angle 2$;

同理 $\angle 2 = \angle 3$, $\therefore \angle 1 = \angle 3$, $\therefore a \parallel c$.

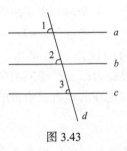

图 3.43

追问: 结合题意及证明的过程, 你能归纳出什么结论?

定理：如果两条直线都和第三条直线平行，那么这两条直线也互相平行．

简述为：平行于同一条直线的两条直线平行．

符号语言：

∵ $a \parallel b, c \parallel b$（已知），

∴ $a \parallel c$（平行于同一条直线的两条直线平行）．

设计意图

利用平行线的性质进行有关的证明，逐步培养学生的推理论证能力，发展他们的数学思维．

例 2. 如图 3.44 所示，已知四边形 $ABCD$ 中，$AB \parallel CD, AD \parallel BC$，试问 $\angle A$ 与 $\angle C$、$\angle B$ 与 $\angle D$ 的大小关系如何？

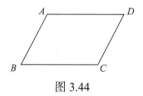

图 3.44

解：$\angle A = \angle C, \angle B = \angle D$．

（以证 $\angle B = \angle D$ 为例）

证法一：图中每组平行线的"截线"是以平行线段的形式出现的，只体现出"同旁内角"，可考虑利用"同旁内角互补，两直线平行"来证．

理由：∵ $AB \parallel CD$（已知），

∴ $\angle B + \angle C = 180°$（两直线平行，同旁内角互补）．

又∵ $AD \parallel BC$（已知），

∴ $\angle C + \angle D = 180°$（两直线平行，同旁内角互补）．

∴ $\angle B = \angle D$（同角的补角相等）．

同理 $\angle A = \angle C$．

证法二：改变"截线"的形式，延长 BA（构造一组同位角、一组内错角），利用"两直线平行，同位角相等"及"两直线平行，内错角相等"来证．

证法三：连接 BD（构造二组内错角），利用"两直线平行，内错角相等"来证．

设计意图

该题直接考查学生利用平行线的性质解决问题的能力, 通过一题多证让学生明确与平行线有关的角有三类: 同位角、内错角、同旁内角. 当问题中出现的角不是这三类角时, 要将它们转化为这三类角, 以实现角的转化, 同时角的转化要特别注意对顶角、余 (补) 角等性质的应用. "两条平行线被第三条直线所截"是平行线中的一个重要的"基本图形", 所有的与平行线有关的角都存在于这个"基本图形"中, 且都分布在"第三条直线 (截线)"的两旁. 当发现题目的图形"不完整"时, 要通过适当的辅助线 (作适当的截线或平行线) 将其补充完整. 将"非基本图形"转化为"基本图形", 以实现图形的转化, 进一步培养学生的推理论证能力.

(三) 巩固训练, 应用新知

1. 如图 3.45 所示, $AB \parallel CD$, $\angle 1 = 50°$, $\angle 2$ 的度数是_____.

A. $50°$ B. $100°$ C. $130°$ D. $140°$

2. 一条公路两次转弯后又回到原来的方向 (即 $AB \parallel CD$, 如图 3.46 所示), 如果第一次转弯时的 $\angle B = 140°$, 那么, $\angle C$ 的度数是_____.

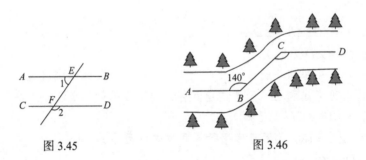

图 3.45   图 3.46

3. 如图 3.47, 已知 A, B, C 同在一条直线上, D, E, F 同在一条直线上, 且 $\angle A = \angle F$, $\angle C = \angle D$, 判断 AE 与 BF 的位置关系, 并说明理由.

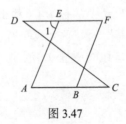

图 3.47

设计意图

通过对练习的处理，培养学生的口语表达能力和逻辑推理能力，使学生逐步学会运用推理的方法去证明问题，在具体的问题情境中能自觉地运用转化的思想去解决问题. 对学习有困难的学生教师要及时给予指导和点拨.

（四）归纳总结，提升新知

（1）回顾平行线的三条判定性质以及由例题得出的一个结论.

（2）说说平行线的"判定"与"性质"有什么不同.

平行线的判定：角的数量关系 $\Longrightarrow$ 直线的位置关系

平行线的性质：直线的位置关系 $\Longrightarrow$ 角的数量关系

（3）证明一个命题的一般步骤是什么？

（4）本节课用到了哪些数学思想和方法？

（5）你学完本节课之后还有哪些疑惑？

设计意图

通过引导学生回顾平行线的判定与性质，强化对它们之间区别和联系的认识，进一步体会综合运用过程中的方法思路；最后让学生谈疑惑，意在培养学生及时反思的学习习惯，并能在课后通过多种途径去解惑.

（五）作业布置，诊断新知

（1）布置作业：习题 7.5 中的第 1、2、3、4 题.

（2）完成练习册中本课时的相应练习.

五、板书设计

板书设计如图 3.48 所示.

7.4　平行线的性质

1. 平行线的性质：

2. 平行于同一条直线的两条直线平行

3. 证明一个命题的一般步骤

图 3.48

【教学赏析】

这节课借助了几何直观，通过层层递进的问题串，引导学生主动去探索平行线的性质及相关结论的证明，规范地表述证明过程，初步培养了学生的直观想象、逻辑推理等数学核心素养. 整节课设计始终贯彻了以下几点思路：一是遵循学生是学习主体的理念，一切教学活动应当从学生已有的认知出发，问题环节设计循序渐进，由浅到深，让学生在不断地探究中得到不同程度的感悟，自己能够主动地去探究问题的实质，有成功的愉悦体验；二是充分激发了学生的思维，"石本无火，相击而发灵光"，采取各种措施鼓励学生在小组合作学习中敢于发表见解，敢于质疑；三是培养学生用说理的方式进行证明，逐步提升学生的逻辑推理能力；四是引导学生体会平行线的性质与判定之间的联系与区别，感受数学的整体性，不断丰富学生的解题策略，提高其解决问题的能力.

【案例 3-12】"角平分线的性质"教学设计①

一、内容和内容分析

"角平分线的性质"是北师大版《数学》七年级第五章第三节"简单的轴对称图形"中几何学习的重要内容，是已学中垂线性质后的延续. 本节课借助学习中垂线性质的方法，引导学生通过类比发现问题，提出问题，获得研究图形性质的方法和经验.

本节课从折叠入手，使学生进一步认识角的轴对称性，让学生通过动手操作、观察自主探究角平分线的性质. 内容包括角平分线的作法、角平分线的性质及其初步应用. 作角平分线是基本作图，角平分线的性质为证明线段或角相等开辟了新的途径，同时用该性质在证明线段相等等问题中，不需要通过全等三角形的证明来实现，体现了数学的简洁美. 因此，本节内容在数学知识体系中起到了承上启下的作用，同时教材的安排由浅入深、由易到难，知识结构合理，符合学生的心理特点和认知规律.

二、目标和目标分析

（1）掌握作已知角平分线的尺规作图方法. 利用逻辑推理证明角平分线的性质，并利用其解决相应的问题.

（2）在探究作已知角平分线的方法和角平分线性质的过程中，发展几何直观. 提高综合运用三角形全等的有关知识解决问题的能力. 初步了解角的平分线

---
① 该案例由江西省鹰潭市第六中学的潘华提供.

的性质在生活、生产中的应用.

（3）使学生在自主探索角平分线的过程中，经历画图、观察、比较、推理、交流等环节，从而获得正确的学习方式和良好的情感体验.

三、教学重难点

教学重点：理解角平分线的性质.

教学难点：发现并证明角平分线的性质.

四、教学问题诊断分析

学生在小学已经学习了简单轴对称图形的有关知识，对轴对称图形已有一定的认识. 为了因材施教和有的放矢，根据七年级学生好奇心、求知欲较强，学生间相互评价、相互提问的积极性高，有参与实践探究活动的要求等特点，本节通过多次操作实践的研究活动，引导学生自主探究角的轴对称性和角平分线的性质. 由于学生的观察、操作、猜想能力较强，但归纳、运用数学意识的思想比较薄弱，思维的广阔性、敏捷性、灵活性及表述的完整规范性比较欠缺，需要在课堂教学中对学生进一步加强引导.

五、教学过程

第一环节：经验累积

师：怎样把一根绳子剪成长度一样的 2 段？你是怎么想的？

生 1：只要绳子对折就行.

师：换成笔呢？你怎么找中点？学生进行小组合作，动手操作.

生 2：可用刻度尺测量.

师：还有其他什么方法吗？

（教师巡视、观察，学生进行小组讨论.）

生 3：笔相当于已知线段，找笔的中点即找线段的中点.（复习中垂线的画法，由学生完成画图，教师引导：画弧的目的是保证线段相等，从而构造全等三角形.）

设计意图

通过对线段的对称性和中垂线的复习为角平分线的性质定理的学习做铺垫.

第二环节：类比探究

师：不利用工具，请你将一张用纸片做的角分成两个相等的角. 你有什么办法？

生 4：通过折纸的方法作角的平分线.（教师与学生一起动手操作.展示学生作品.）

师：如果这个角换成三角板中的一个角，你又该怎么做呢？

学生进行小组讨论，通过折纸及作图过程，由学生自己去发现结论.教师要有足够的耐心，要为学生的思考留有时间和空间.

设计意图

体验角平分线的简易作法，并为角平分线的性质定理的引出做铺垫.

师：学生观看分角器平分角的视频，并思考：你能把这个分角器画成几何图形吗？

生：能.

师：依据分角器平分角的原理，我们利用尺规来画已知角的角平分线（图3.49）.

（同学们互相交流讨论，请一位同学在黑板上演示其画法.）

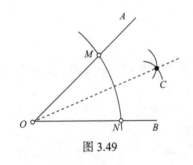

图 3.49

师：为什么射线 OC 是 $\angle AOB$ 的角平分线呢？

生 5：根据作图易得 $OM = ON$ ， $MC = NC$ ，公共边 $OC = OC$ ，利用 SSS 可得两三角形全等.

师：哦，你真是爱动脑筋的好孩子（学生一脸自豪）.

设计意图

从实验中抽象出几何模型，明确几何作图的基本思路和方法，培养学生运用直尺和圆规作已知角的平分线的能力，让学生体验成功.这个提问设置为角平分线的基本作图的出现做好铺垫，同时证明又验证了学生猜想的正确性，使学生获得成功的体验.实际问题转化成了数学问题，从而得到了顺利解决.

第三环节：问题出现

师：一只蚂蚁在角的平分线上，请你画蚂蚁爬到 OA 的最短路径．你是怎样画的？为什么？爬到 OB 该怎么画？

（学生进行演示，如图 3.50 所示，理由：垂线段最短．）

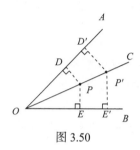

图 3.50

师：猜一猜这两条路径的长度有什么关系？

生（齐答）：相等．

师：换个位置试试，结果一样吗？能用一句话表达刚才的猜测吗？

生：一样，相等．

师：为什么？

（学生进行小组讨论，教师巡视、观察并适时参与、引导．）

设计意图

这个提问设置为角平分线的性质的出现做好铺垫，同时通过证明验证学生猜想的正确性，使学生获得成功的体验．实际问题再次转化成了数学问题，得到了顺利解决．

第四环节：解决问题

师：对于猜测"角平分线上的点到角的两边的距离相等"（图 3.51），你能推理证明这个结论吗？

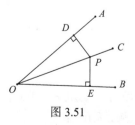

图 3.51

生： 我们这组经过讨论，运用直角三角形全等的知识来解决.

设计意图

经历实践—猜想—证明—归纳的过程，培养学生的抽象思维能力和运用三角形全等的知识解决问题的能力，让学生体验成功.

第五环节：感悟新知

师： 通过前面的学习，能说说你学到了什么吗？

生1： 我学会了如何作已知角的角平分线.

生2： 我学到了角是轴对称图形，角平分线所在的直线是它的对称轴.

生3： 我学到了角平分线上的点到这个角的两边的距离相等.

第六环节：知识运用

1. 如图 3.52 所示，$\angle AOB = 50°$，OM 平分 $\angle AOB$，$MA \perp OA$ 于 A，$MB \perp OB$ 于 B，则 $\angle MBA$ 的度数为_____.

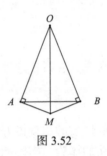

图 3.52

2. 如图 3.53 所示，裁剪师傅将一块长方形布料 $ABCD$ 沿着 AE 折叠，使 D 点落在 BC 边上的点 F 处. 若 $\angle BAF = 60°$，则 $\angle DAE$ 为_____.

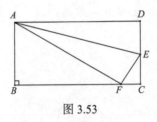

图 3.53

3. 如图 3.54 所示，$\triangle ABC$ 中，$\angle ACB = 90°$，AD 平分 $\angle BAC$ 交 BC 于 D，$DE \perp AB$ 于 E，且 $AE = BE$，则 $\angle BAC$ 为_____.

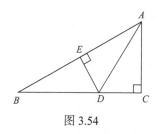

图 3.54

【教学赏析】

　　该课是一节图形性质的探究课，始终围绕学生的最近发展区设置问题，以思考和相互交流的形式分析并解决问题，学生通过动手实践、观察、实验、探究来解决问题，从而完成对知识的自我建构．设计思路按操作、猜想、验证的学习过程，遵循学生的认知规律．学生的学习应当是一个生动活泼、主动和富有个性的过程．认真听讲、积极思考、动手实践、自主探索、合作交流等，都是学习的重要方式．学生应当有足够的时间和空间经历观察、实验、计算、猜测、推理、验证等活动过程．教学始终围绕问题而展开，先从出示问题开始，鼓励学生思考、探索问题中所包含的数学知识，而后设计了第一个学生活动——折纸，让学生体验角的轴对称性，为角平分线的性质做好铺垫．紧接着引出了第二个学生活动——尺规作图，以达到复习全等和再次验证猜想的目的．最后以一个猜想引出角平分线的性质．猜想是否正确还得进行证明，从而激发了学生学习数学的欲望和兴趣，使教学目标顺利达成．

　　著名数学家乔治·波利亚认为，学习知识的最佳途径是由自己去发现，因为这种发现理解最深，也最容易掌握其中的规律、性质和联系．由学生自己去发现结论，学生在经历"将现实问题转化成数学问题"的过程中，对角平分线的性质有了更深刻的认识，培养了学生动手、合作和应用数学知识解决实际问题的意识；同时也培养了学生直观想象、逻辑推理等数学核心素养．

【案例 3-13】"测量旗杆的高度"教学设计①

一、内容和内容分析

　　课题学习"测量旗杆（物体）的高度"在北师大版《数学》教材中出现了两次，第一次出现在九年级上册第四章"图形的相似"第六节"利用相似三角形测

---

　　① 该案例由江西省九江市同文中学的钟敏提供．

高", 第二次出现在九年级下册第一章"直角三角形的边角关系"第六节"利用三角函数测高". 同样一个问题在一套教材中出现两次, 可见其地位之重要. 而设置应用两种不同的数学原理解决同一实际问题, 则体现了数学知识学习的螺旋式上升模式, 以及整个几何知识公理化体系的层层深入.

本节课物体的测高则是教材中的第一次出现, 它是继"相似多边形""探索三角形相似的条件"之后的一节活动探究课. 本节教材内容介绍了几种测量物体高度的方法, 熟练掌握这些方案, 并灵活应用到实践, 达到学以致用的效果成为本次课题活动的核心内容.

二、目标和目标分析

（1）通过测量旗杆的高度, 综合运用三角形相似的判定定理和相似三角形的定义解决问题, 发展应用意识, 加深对相似三角形的理解和认识.

（2）在教学中渗透数学建模思想, 使学生进一步积累数学建模的经验.

（3）在分组合作活动以及全班交流的过程中, 使学生进一步积累数学活动的经验. 实现学生之间的交流协作, 使学生体验成功的愉悦, 激发学生学习数学的兴趣, 体现用数学知识解决实际问题的价值.

三、学情分析、教学重难点

（一）认知基础

通过前几节课的学习, 学生已基本掌握了判断两个三角形相似的方法, 并且会利用三角形相似关系进行计算, 认识到相似三角形是研究几何计算问题的重要手段. 这些为本节课的学习提供了充分的知识基础.

（二）活动经验基础

本节课根据"理论—实践—理论"的指导思想, 利用相似三角形的性质求某物体（旗杆、百年樟树）的高度. 学生在活动中所需要的工具与活动中所要测量的数据都是根据问题的实际情况决定的. 在具体的活动中, 学生还是比较熟悉测量长度的过程的, 而"如何调节标杆""如何调节镜子的位置, 找出最佳反射点"等需要教师进行指导.

（三）教学重点

综合运用相似三角形的性质和判定解决实际问题.

（四）教学难点

解决在实际操作中遇到的实际问题, 并根据适时环境调整问题解决方案. 在活动交流环节总结探究误差产生的原因, 从而提高实践操作经验.

四、教学策略分析及课时安排

本节内容为数学活动课，测量某些不能直接度量的物体高度．

（一）结合前期实践活动经验制定以下教学策略

（1）分组活动提前安排，做到优势互补．教师根据学生的认知水平和能力及个性化差异进行科学分组——采用"教师牵头+自由组合"相结合的方式进行．学生根据各自的性格特征、数学能力进行组内分工，确保每位学生的全程参与和过程体验．

（2）分组合作自主探索，做到精准把控．课外实践操作无疑给学生带来更多的应用体验，然而教学实施的收放自如、教学目标的精准把控则更需要教师的拿捏有度．任务呈现时，学生需要在教师的引导下做好基本数学知识的掌握学习，具备基本的操作经验；任务实施时，教师要全程参与、细心观察，做好过程记录，并给予一定的操作指导；任务总结时，教师要善于融合各组"智慧亮点""瓶颈障碍"，进行有梯度的、重点化的展示交流，激发师生的思维碰撞，达到数学活动探索的深度学习．

（3）重视不同学习需求，做好过程评价．关注学生参与观察、分析、画图、探究等数学活动的主动程度，以及对有关问题的好奇心和求知欲．鼓励学生用适当的语言表达和交流自己的学习体验、学习结果．关注学生识别规律、适当分析的同时，也要关注学生的操作技能熟练程度、合作交流意识及实际处理问题的能力．

（二）体现学生个性化，增强合作与交流，展开教学五环节

（1）学习探究，确定方案（课内活动 1 课时）：学生通过阅读教材的方式认识和理解活动目的与测量的内容和方法，对活动实施的步骤做到心中有数．

（2）布置任务，小组实践（课外活动 1 课时）：测量校园内旗杆或百年樟树的高度，分组按计划进行测量，教师观察和对有需求的小组进行指导．

（3）成果展示，总结交流（课内活动 2 课时）：各小组对收集数据进行计算，并整理成活动报告，以 PPT 的形式在课内展示交流．比较各组得到的数据结果并分析总结各种方法的优缺点．

活动报告内容包括：①名称、时间、地点、人物；②小组分工（测量员、记录员、数据分析员、PPT 制作员、汇报演示员等）；③工具（生活工具、自制工具、计算机软件等）；④设计方案（文字说明、几何模型等）；⑤活动实践过程记录（图片、视频等）；⑥数据处理分析；⑦活动反思或感悟．

第一环节：情境引入

师：通过图片简单描述测量对象——学校旗杆和百年樟树的周围环境特点．

第二环节：建模实践（课本上介绍的三种方案分类展示交流）

方案 1　利用阳光下的影子测量物高

师：如图 3.55 所示，请简述方案 1 的设计原理和几何建模过程，以及在测量过程中需测量哪些数据．

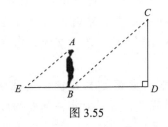

图 3.55

生：（学生边叙述边展示活动报告）

$\because$ 太阳的光线是平行的，

$\therefore AE \parallel CB$，

$\therefore \angle AEB = \angle CBD$．

$\because$ 人与旗杆是垂直于地面的，

$\therefore \angle ABE = \angle CDB$，

$\therefore \triangle ABE \backsim \triangle CDB$，

$\therefore \dfrac{AB}{CD} = \dfrac{BE}{BD}$ 即 $CD = \dfrac{AB \cdot BD}{BE}$．

因此，只要测量出人的影子长度 BE，旗杆的影子长度 BD，再知道人的身高 AB，就可以求出旗杆 CD 的高度了．

情境创设

1. 如图 3.56 所示，在旗杆底座有台阶的情况下，学生应当如何测量旗杆的高度？

图 3.56

　　师： 在展示结束后，教师鼓励学生对该组同学的实际操作方案提出自己的见解（包括优点和需要改进的地方）；同时，要求方案的实施者做自我反思．

　　生：（1）根据实际环境，把旗杆和底部台阶作为一个整体进行方案设计．如图 3.57 所示，测量水平方向（包括台阶和地面）的所有影子长度和图 3.55 中 BD 的长带入计算，算出 CD 后减去底部台阶的高度即为旗杆的实际高度．

　　（2）如图 3.58 所示，用球门门框替代方案 1 中的人，进行相关操作．要注意门框的底部并没有落在旗杆影子的顶端．

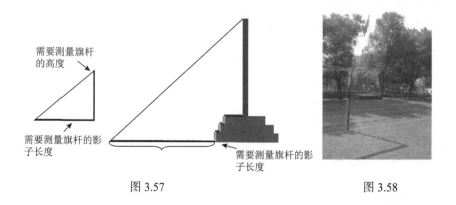

图 3.57　　　　　　　　　　　　　　　　　　　图 3.58

　　（3）积累实践操作经验：为了更清晰地测量影子长度应该选择早晨．

　　（教师对活动报告进行评价并解决情境创设中的问题．）

　　方案 2　利用标杆测量物高

　　师： 如图 3.59 所示，请简述方案 2 的设计原理和几何建模过程，以及运用该方法必须满足什么条件.

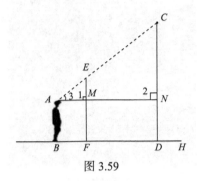

图 3.59

生：利用光线（或视线）沿直线传播的原理，借助标杆构造相似三角形进行计算.

如图，过点 A 作 $AN \perp CD$ 于 N，交 EF 于 M.

∵人、标杆和旗杆都垂直于地面，

∴ $\angle ABF = \angle EFD = \angle CDH = 90°$，

∴人、标杆和旗杆是互相平行的.

∵ $EF \parallel CN$，

∴ $\angle 1 = \angle 2$，

∵ $\angle 3 = \angle 3$，

∴ $\triangle AME \backsim \triangle ANC$，

∴ $\dfrac{AM}{AN} = \dfrac{EM}{CN}$.

∵人与标杆的距离、人与旗杆的距离、标杆与人的身高的差 EM 都已测量出，

∴能求出 $CN = \dfrac{EM \cdot AN}{AM}$.

∵ $\angle ABF = \angle CDF = \angle AND = 90°$，

∴四边形 $ABDN$ 为矩形，

∴ $DN = AB$，

∴能求出旗杆 CD 的长度为 $AB + CN$.

🎯 情境创设

此种方案难点在于需分割转化得到相似三角形，然后根据需要测量长度，计算得到结果. 它的分割方法不止一种可能，如图 3.60 所示.

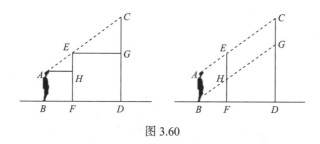

图 3.60

设计意图

学生从中感受到相似三角形的构造方法,同时复习应用了相似三角形的判定方法.

生:方案 2 的学生活动报告展示(测量学校百年樟树)如图 3.61 所示.

图 3.61

🎯 **情境创设**

(1)标杆的高度是否适当?

(2)此种方法对测量的技巧要求较高,学生能否很好地掌握?

(3)需要处理的数据较多,学生能否正确处理?

师:在展示结束后,教师提问测量树的高度和测量旗杆的高度有什么不同,并鼓励学生对该组同学的实际操作方案提出自己的见解(包括优点和需要改进的地方).同时质疑两次测量结果为何相去甚远.

生:①树冠较大;②选择人做标杆不合适.

师:对活动报告进行评价,虽然学生由于工具的限制使用人替代标杆,但教师即时抓住这点让学生明晰此种方法的缺点,并做方法总结:观测者的眼睛必须与标杆的顶端和旗杆的顶端"三点共线",标杆与地面要垂直,如图 3.62 所示.

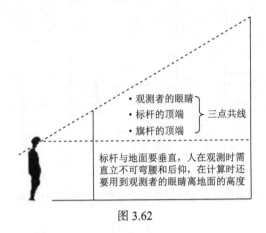

图 3.62

方案 3　利用镜子的反射测量物高

师：如图 3.63 所示，请简述方案 3 利用镜子的反射测量物高的设计原理和几何建模过程.

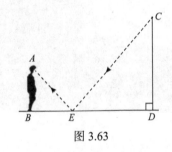

图 3.63

生：利用光的反射原理——入射角等于反射角，构造相似三角形，从而计算求解.

∵ 入射角=反射角，

∴ $\angle AEB = \angle CED$.

∵ 人、旗杆都垂直于地面，

∴ $\angle B = \angle D = 90°$，

∴ $\dfrac{AB}{CD} = \dfrac{BE}{DE}$.

因此，测量出人与镜子的距离 BE、旗杆与镜子的距离 DE，再知道人的身高 AB，就可以求出旗杆 CD 的高度.

生：方案 3 的学生活动报告展示（测量学校百年樟树）如图 3.64 所示.

同学身高 (h_1)	同学距镜子 的长度(S_1)	大树与镜子的 距离(S_2)
1.6 m	0.48 m	4.8 m
1.5 m	0.27 m	5.0 m

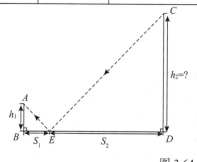

图 3.64

情境创设

（1）树冠较大如何在镜面内确定最高点的位置？

（2）周围环境较为复杂，是否会对测量产生影响？

生：①树冠较大，不好确定最高点；②镜面没有水平放置；③测量可能有误差，应当多次测量求平均值；④不是测量人的身高，而是测量人眼到地面的距离．

师：同样的方法，两次测量数据计算结果相差甚远，是什么原因造成的呢？

细心的同学发现树周围的地面是不平的，有一定的坡度，从而无法构成相似图形，这为教师的教学设计开了个好头．如图 3.65 所示，教师利用几何画板简述镜面没有水平放置会造成误差的原因．同时，让学生认识到因为树冠较大，无法确定最高点，方案 3 不适合测量树的高度．

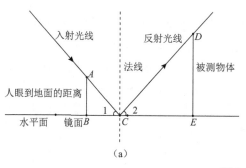

（a）

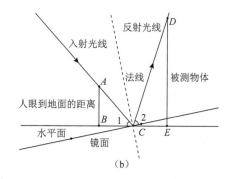

（b）

图 3.65

该节课的主要任务是通过测量某些不能直接测量的物体的高度,培养学生学习数学的兴趣和应用数学的意识. 因此,首先要明确测量方法,通过小组交流结果来反思方案和操作中的不足.

第三环节:方案比较

师生探讨:比较前三种测量方法的优缺点.

生:方案 1 模型结构简单,易操作,便于数据处理,不足表现为受客观条件限制(需要充沛的光线和清晰的影子长度). 方案 2 模型处理转为相似三角形稍显麻烦,数据处理计算有一定的难度,受客观条件限制小. 方案 3 模型原理简单,有一定的学科横向联系,实践操作过程中有难度,产生的误差规避难度高.

引导学生比较各种方案的优劣,形成优化意识.

第四环节:案例拓展

师:是否还有其他的测量方法?

鼓励学生展示交流利用照片测量物高的活动报告.

 情境创设

上面展示的方案是否可行,照相时需注意什么?

师生:参照物(最好选人)必须站在旗杆下面照相,此时照片上参照物与旗杆的比例等于实际生活中的比例.

举一反三

一盗窃犯于夜深人静之时潜入某单位作案,该单位的自动摄像系统摄下了他作案的全过程. 请你为警方设计一个方案,估计该盗窃犯的大致身高.

教师简单展示两种测量方案:①如图 3.66 所示,拿一根已知长度的直棒,手臂伸直,不断调整自己的位置,使直棒刚好完全挡住旗杆. 量出此时人到旗杆的距离、人手臂的长度和棒长,就可以利用三角形相似进行计算. ②通过测量角度利用三角函数知识测量物体的高度.

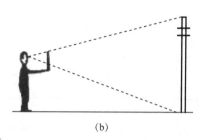

(a)　　　　　　　　　　　　　　(b)

图 3.66

第五环节：总结评价

（1）本节课你学到了哪些知识？

（2）在运用科学知识进行实践过程中你是否能想到最优的方法？

（3）在与同伴合作交流中你对自己的表现满意吗？

（4）你的同伴中你认为最值得你学习的是哪几个人？

五、学生活动及评价

活动报告

年　　　月　　　日

课题				
测量示意图				
测得数据	测量项目	第一次	第二次	平均值

计算过程	
活动感受	
负责人及参加人员	
计算者和复核者	
指导教师审核意见	
备注	

活动目的：体验合作，为后面的活动做好准备.

活动注意事项：①教师要引导学生展示自己设计的方案，并帮助其完善；②教师要给予学生活动的过程性评价.

【教学赏析】

相似图形广泛存在于现实生活中，掌握相似图形（特别是相似三角形）的性质并运用其解决实际问题，可以使学生进一步发展空间观念、几何直观、逻辑推理、数学分析及数学建模能力，提高学生的应用意识和合作交流能力. 这节课以课题学习"测量物体的高度"为教学内容，通过分组活动，交流研讨，在呈现数学结果的同时，使学生充分体验从实际背景中抽象出数学问题、构建数学模型，经历实践操作、数学计算、数学分析及问题解决的过程，帮助学生进一步积累数学思想方法（模型思想）和基本数学活动经验（优化意识、实操经验）.

课题设计目标具体，准备时间充分，可操作性强，鼓励学生观察与思考、度量与操作、计算与分析、协作与交流、归纳与总结，经历提出问题、发现问题、解决问题及问题应用的过程，在牢固掌握知识点的同时，提升综合数学素养.

通过教学让学生理解在解决同一个问题的过程中我们可以尝试不同的方法，这里面就可能出现不同的解决方式、不同的限制条件以及不同的难度，所以教学中要注意引导学生多角度地理解问题、分析各种方法的优越性，并最终顺利解决问题.

学生活动展示过程让我们惊喜地发现学生数学学习的无限可能. 我们惊叹学生解决问题多样性的思维拓展、学生观察实际生活的耐心细致、学生处理实际问题的团结协作、学生分析问题的严谨态度等等. 我们深刻地意识到，在数学的学习过程中，每个学生都应该并且能找到自己对应的位置，满足他们个性的发展，获得属于自己的成功.

【案例 3-14】"探索勾股定理"教学设计①

一、内容和内容分析

（一）内容

"探索勾股定理"是北师大版《数学》八年级上册第一章"勾股定理"第一节第一课时的教学内容.

（二）内容分析

勾股定理是几何中的几个重要定理之一，它揭示的是直角三角形中三边的数量关系，且在现实生活中也有着广泛的作用. 学生通过学习勾股定理，可以在原有的基础上对直角三角形有进一步的认识和理解.

二、目标和目标分析

（1）用数格子（或割、补、拼、接等）的办法体验勾股定理的探索过程，并理解勾股定理反映的直角三角形的三边之间的数量关系.

（2）会初步运用勾股定理进行简单的计算和实际运用.

（3）通过观察分析，大胆猜想和探索勾股定理，培养学生动手操作、合作交流、逻辑推理的能力.

三、教学问题诊断分析与重难点

（一）教学问题诊断分析

八年级学生已初步具有几何图形的观察能力和几何证明的思维能力. 对于勾股定理的得出，首先需要学生通过动手操作，在观察的基础上大胆猜想数学结论. 而这需要学生具备一定的分析、归纳的思想方法和运用数学的思想意识，但学生在这方面的能力并不是很成熟，从而形成学习难点. 特别是通过割、补、拼、接等探究直角三角形斜边为边长的正方形的面积计算，学生有一定的困难.

（二）重难点

重点：探索勾股定理.
难点：在方格纸上通过计算面积的方法探索勾股定理.

四、教法学法

（1）教学方法：引导—探究—发现法.

---

① 该案例由江西省吉安市青原区城北学校的胡立尧提供.

（2）学习方法：自主探究与合作交流相结合.

五、教学过程

（一）创设情境，引入新课

内容：2002 年国际数学家大会在北京召开，投影显示本届数学家大会的会标（图 3.67）：会标中央的图案是一个与"勾股定理"有关的图形，数学家曾建议用"勾股定理"的图来作为与"外星人"联系的信号，今天我们就来一同探索勾股理.（板书课题）

图 3.67

设计意图

紧扣课题，自然引入，同时渗透爱国主义教育，激发起学生的求知欲和爱国热情.

（二）探索发现勾股定理

探究活动一

内容：

（1）投影显示如下地板砖示意图（图 3.68），让学生初步观察并得出结论.

相传2500年前，毕达哥拉斯有一次在朋友家做客时，发现朋友家的用砖铺成的地面中反映了直角三角形三边的某种数量关系. 观察下图中的地面，看看能发现什么.

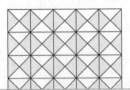

结论：以等腰直角三角形两直角边为边长的小正方形的面积的和，等于以斜边为边长的正方形的面积，即等腰直角三角形的三边之间有一种特殊关系：斜边的平方等于两直角边的平方和.

图 3.68

（2）引导学生从面积角度观察图形.

问：你能发现图 3.69 中三个正方形的面积之间有何关系吗？

图 3.69

学生通过观察，归纳发现结论 1：以等腰直角三角形两直角边为边长的小正方形的面积的和，等于以斜边为边长的正方形的面积.

设计意图

从观察实际生活中常见的地板砖入手，让学生感受到数学就在我们身边. 通过对特殊情形的探究得到结论 1，为探究活动二作铺垫. 探究活动一让学生独立观察，自主探究，培养独立思考的习惯和能力；通过探索发现，让学生得到成功体验，从而激发进一步探究的热情和愿望.

探究活动二

内容：由结论 1 我们自然产生联想，一般的直角三角形是否也具有该性质呢？

（1）观察下面两幅图（图 3.70）.

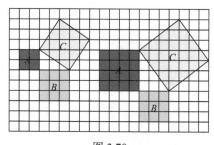

图 3.70

（2）填表.

图序	面积		
	A 的面积（单位面积）	B 的面积（单位面积）	C 的面积（单位面积）
左图			
右图			

（3）你是怎样得到正方形 C 的面积的？与同伴交流．（学生可能会做出多种方法，教师应给予充分肯定．）

学生的方法可能有：

方法一：如图 3.71 所示，将正方形 C 分割为四个全等的直角三角形和一个小正方形，$S_C = 4 \times \dfrac{1}{2} \times 2 \times 3 + 1 = 13$ ．

方法二：如图 3.72 所示，在正方形 C 外补四个全等的直角三角形，形成大正方形，用大正方形的面积减去四个直角三角形的面积，$S_C = 5^2 - 4 \times \dfrac{1}{2} \times 2 \times 3 = 13$ ．

方法三：如图 3.73 所示，正方形 C 中除去中间 5 个小正方形外，将周围部分适当拼接可成为正方形，如图中两块阴影（或两块黑色）部分可拼成一个小正方形，按此拼法，$S_C = 2 \times 4 + 5 = 13$ ．

（4）分析填表的数据，你发现了什么？

学生通过分析数据，归纳出结论 2：以直角三角形两直角边为边长的小正方形的面积的和，等于以斜边为边长的正方形的面积．

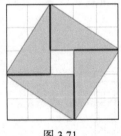 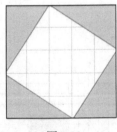 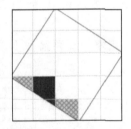

图 3.71　　　　　　　图 3.72　　　　　　　图 3.73

设计意图

探究活动二意在让学生通过观察、计算、探讨、归纳进一步发现一般直角三角形的性质．由于正方形 C 的面积计算是一个难点，为此设计了一个交流环节，学生通过充分讨论探究，在突破正方形 C 的面积计算这一难点后得出结论 2.

探究活动三：议一议

内容：

（1）你能用直角三角形的边长 a,b,c 来表示图中正方形的面积吗？

（2）你能发现直角三角形三边长度之间存在什么关系吗？

（3）分别以 5 厘米、12 厘米为直角边作出一个直角三角形，并测量斜边的长度．问题（2）中发现的规律对这个三角形仍然成立吗？

学生思考过后与教师共同归纳得到勾股定理：

如果直角三角形两直角边长分别为 a,b，斜边长为 c，那么 $a^2+b^2=c^2$．即直角三角形两直角边的平方和等于斜边的平方．

数学史小知识：勾股定理是我国最早发现的，中国古代把直角三角形中较短的直角边称为勾，较长的直角边称为股，斜边称为弦（图 3.74），"勾股定理"因此而得名（西方称之为毕达哥拉斯定理）.

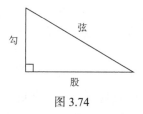

图 3.74

设计意图

议一议意在让学生在结论 2 的基础上进一步发现直角三角形三边关系，得到勾股定理．让学生归纳表述结论，培养学生的抽象概括能力及语言表达能力，通过作图培养学生的动手实践能力．

（三）勾股定理的简单应用

例 1．如图 3.75 所示，一棵大树在一次强烈台风中于离地面 10m 处折断倒下，树顶落在离树根 24m 处．大树在折断之前高多少？

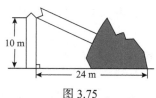

图 3.75

（教师板演解题过程．）

练习：

（1）基础巩固练习：求下列图形中未知正方形的面积或未知边的长度（图 3.76）（口答）．

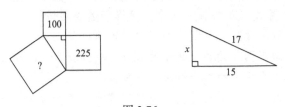

图 3.76

（2）生活中的应用：（课本第 3 页随堂练习 2）小明妈妈买了一部 29in① 的电视机．小明量了电视机的屏幕后，发现屏幕只有 58cm 长和 46cm 宽，他觉得一定是售货员搞错了．你同意他的想法吗？你能解释这是为什么吗？

设计意图

练习第 1 题是勾股定理的直接运用，意在巩固基础知识．例题和练习第 2 题是实际应用问题，体现了数学来源于生活又服务于生活，意在培养学生"用数学"的意识．运用数学知识解决实际问题是数学教学的重要内容．

（四）拓展提升

课本第 4 页习题 1.1 第 4 题．

（五）课堂小结

1. 教师提问

（1）这一节课我们一起学习了哪些知识和思想方法？

（2）对这些内容你有什么体会？请与你的同伴交流．

2. 师生总结

（1）知识：勾股定理——如果直角三角形两直角边长分别为 a,b，斜边长为 c，那么 $a^2+b^2=c^2$．

（2）方法：①观察—探索—猜想—验证—归纳—应用；②面积法；③"割、补、拼、接"法．

（3）思想：①特殊——般—特殊；②数形结合思想．

---

① in 表示英寸，1 in=25.4 mm.

设计意图

　　鼓励学生积极大胆发言，加强师生、生生之间的交流、互动．通过畅谈收获和体会，意在培养学生口头表达和交流的能力，增强其不断反思总结的意识．

　　（六）布置作业

　　作业：练习册

【教学赏析】

　　依据"学生是学习的主体"这一理念，在探索勾股定理的整个过程中，这节课始终采用学生自主探索和与同伴合作交流相结合的方式进行主动学习．教师只在学生遇到困难时进行引导或组织学生通过讨论来突破难点．为了让学生在学习过程中自己发现勾股定理，这节课首先创设情境激发兴趣，再通过几个探究活动引导学生从探究等腰直角三角形这一特殊情形入手，自然过渡到探究一般直角三角形，学生通过观察图形、计算面积、分析数据，发现直角三角形三边的关系，进而得到勾股定理．整节课几乎都是学生自主实验、自主探究、自主完成由形到数的转化，学生的主动性及合作精神都体现出来了，学生的直观想象和逻辑推理等数学核心素养也得到了提升．

【案例 3-15】"两条直线的位置关系"教学设计①

一、内容和内容分析

　　本节课是北师大版《数学》七年级下册第二章"相交线与平行线"第一节第一课时的内容，主要研究互为余角、互为补角、对顶角的概念，让学生掌握它们的性质及其应用．它是在学生学习了简单几何知识的基础上学习的，能够进一步促进学生空间观念的发展，是后续学习空间与图形领域的基础，在教材中起着承上启下的作用；同时，其在日常生活中的应用也非常广泛，可以帮助我们解决很多实际问题．

二、目标和目标分析

　　（1）在具体的活动中，了解互为余角、互为补角、对顶角的概念，掌握它们的性质；能用所学的知识进行简单的推理；通过概念性质的形成，培养学生的实验、观察、分析、概括能力．

　　（2）能从具体事物中抽象出几何图形，并用几何图形知识解释一些现实现象．

---

① 该案例由江西省吉安市第二中学的吴显焰提供．

（3）通过性质的发现与运用，向学生渗透知识来源于实践并运用于实践的辩证唯物主义观点；通过分工合作实验，培养学生的团队合作意识，体会与同伴合作交流的乐趣．

三、教学问题诊断分析

七年级的学生已有一定的几何基础知识，但相对零散，对几何图形的观察、识记、组分等能力较弱．本节课要求学生从丰富的生活情景中经历互为余角、互为补角、对顶角等概念、性质产生的过程，体会数学与现实生活的密切联系；通过观察、实验、操作等数学活动过程，使学生掌握从事科学研究的方法．

基于此，本节课的教学重点为：理解对顶角的概念、性质；让学生亲身经历概念、性质获得的过程．教学难点为：运用所学知识解决实际问题．

四、教具准备

多媒体、课件、剪刀、直尺、量角器、三角板（开阔学生的视野，激发学生的学习兴趣）．

五、教学过程

活动一：创设情景，设疑激思

师：大家喜欢台球运动吗？台球运动员用自己的手臂紧握球杆，在那个属于他们的平面世界里书写着角的轨迹．今天，老师和你们一道研究台球活动中的数学问题（图 3.77）．（板书课题）

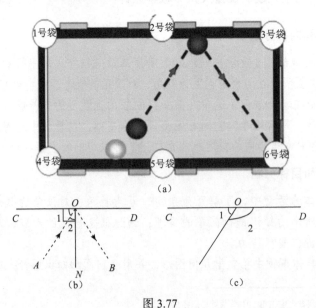

图 3.77

如果两个角的和是直角（90°），那么称这两个角互为余角（互余）.

如果两个角的和是平角（180°），那么称这两个角互为补角（互补）.

师：请大家用几何语言表示.

设计意图

　　播放视频、展示两幅图片，创设情境，导入主题. 在具体情境中将现实生活中娱乐活动转化为数学活动的几何图形，使学生认识到打台球时球是否入袋与角有着密切的关系，以唤起学生的兴趣，激励学生动手实践，大胆探索.

活动二：合作交流，探索新知

　　如图 3.78 所示，已知∠1 和∠2 互余，∠3 和∠2 互余，那么∠1 和∠3 有何数量关系？

　　结论：同角的余角相等.

　　如图 3.79 所示，已知∠1 和∠2 互补，∠3 也和∠2 互补，∠1 和∠2 有何数量关系？

　　结论：同角的补角相等.

　　同理有：等角的余角相等，等角的补角相等.

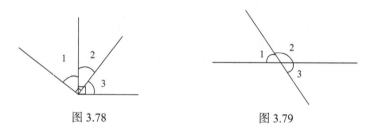

图 3.78　　　　　　　　　　　　　图 3.79

设计意图

　　鼓励学生独立思考并完成思考题，当学生感到困难时，采用小组讨论交流的形式，借助团队力量完成，培养学生的自主探索意识和合作学习精神.

活动三：探索分析，解决问题

练一练

1. 寻找好朋友：分别找出互余的角和互补的角.

2. 意大利著名的比萨斜塔建成于 12 世纪，从建成之日起就一直在倾斜（堪称世界十大建筑奇迹第八名）. 目前，它与地面所成的较小的角约为 86°，问：它与地面所成的较大的角是多少度？你的依据是什么？（大屏幕放比萨斜塔的视频．）

设计意图

每一题都引出一个注意．注意 1：互余的角和为 90°，互补的角和为 180°．注意 2：是否互余、互补的两个角只与它们的和（数值）有关，与位置无关？通过比萨斜塔进行思想教育．

活动四：趣味设疑，再探新知

师：（过渡语）现在，让我们来轻松一下．有谁知道贺知章的《咏柳》？

生：碧玉妆成一树高，万条垂下绿丝绦．不知细叶谁裁出，二月春风似剪刀．

师：同学们这首诗掌握得很好！贺知章在《咏柳》中将春风比喻为剪刀，裁出了细叶．上面我们从台球活动中了解了什么是互余的角、互补的角，下面，如图 3.80 所示，我们研究剪刀中的学问．

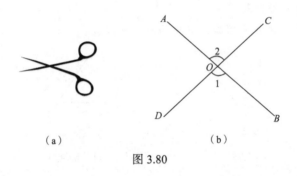

（a） （b）

图 3.80

师：用剪子剪东西时，哪对角同时变大或变小？

师：两个角有公共的顶点，且它们的两边互为反向延长线，这样两个角叫作对顶角．

请大家在纸上画一对对顶角，然后用量角器量一量．它们在数量上有何关系？你能说明理由吗？（几何画板演示）

生：对顶角性质：对顶角相等．

师生互动：给学生充足的活动空间，让学生动手、动脑．小组之间争论不休，各抒己见．小组的同学说用量角器量后发现两角相等，但理由并不充分，之后思考根据性质得出两角相等，课堂气氛活跃，同学们的情绪达到了高潮．

设计意图

讲述学生身边的生活实例，并让他们动手操作，然后用 Flash 演示，在数量上用几何画板验证，最后说明理由.

活动五：引申思考，发散思维

1. 如图 3.81 所示，打台球时，选择适当的方向用 1 号球击打 2 号球，反弹后的 2 号球会直接入袋. 此时∠1=∠2，并且∠2+∠3=90°. 若∠3=60°，那么∠1 应等于多少度，才能保证 2 号球直接入袋？

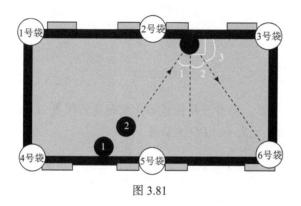

图 3.81

2. 当光线从空气射入水中，光的传播方向发生了改变，这就是折射现象. 如图 3.82 所示，图中∠1 和∠2 是对顶角吗？（大屏幕放折射现象的视频）

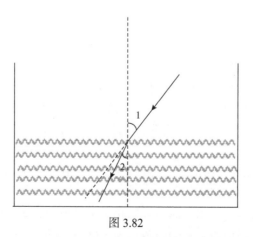

图 3.82

设计意图

通过设置数学实验让学生主动参与数学知识的"再发现",体现了与折射内容的联系、与物理学科的联系,以及与实际应用的联系;培养学生观察、分析、比较、抽象、概括的思维能力.

活动六:开放探讨,培养创新

1. 如图 3.83 所示,有一个破损的扇形零件,利用量角器可以量出这个扇形零件的圆心角的度数吗?你能说出所量角是多少度吗?你的根据是什么?

图 3.83

2. 如图 3.84 所示,将书页斜折过去,使书角的顶点 A 落在 H 处,然后将 BE 斜折,使之与 BH 边重合,BD 为折痕.

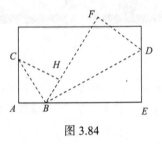

图 3.84

(1)求 $\angle CBD$ 的度数.
(2)写出所有与 $\angle ABC$ 互余的角.
(3)写出所有与 $\angle BAC$ 互补的角.

师生互动:老师给每个小组发一块破损的扇形纸片代替零件,同学们用量角器度量这个扇形纸片的圆心角,引导学生利用学过的知识解决实际问题,体会数学在生活中的应用.

设计意图

引导学生进行小组探索和研究,紧扣今天学习的内容,学生交流后得出的结论用了学习的"同角或等角的余角相等"这一性质.

游戏：谜语猜猜猜.（猜与本课有关的数学词语）

1. 余下十分钱.
2. 替补演员.
3. 两牛打架.
4. 放长线钓大鱼.
5. 你等我，我等你.

设计意图

通过解决实际生活中的问题和数学问题，将新知识内化到学生已有的认知结构中.

活动七：合作小结，记录成长

通过这节课的学习，你们有什么收获吗？

师生互动：教师引导学生从知识、学习方法、数学思想等角度加以回顾.

设计意图

鼓励学生以小组合作的形式自己总结今天学习的内容，探索了互为余角、互为补角、对顶角等概念，以及"同角或等角的余角相等""同角或等角的补角相等"等性质，体会到现实生活充满了数学知识，数学也能渗透到各个学科，使学生更深刻地认识到数学的价值.

活动八：布置作业

课本第 40 页，习题 2.1 第 1、2 题.

设计意图

便于及时了解学生的学习效果，调整教学安排.

【教学赏析】

这节课充分利用数学课件为学生创设了生动、直观的活动情境，让学生在学习动机良好的状态下完成学习任务. 教师着眼于对集体学生学习动机的激发，同时注重学生数学学科核心素养的提升.

创设问题情境时注意问题小而具体，新而有趣，有适当的难度，富有启发性、挑战性. 在学生发表自己的观点时，尊重个人与众不同的疑问，尊重与众不同的观念，向学生证明他们的观点是有价值的，给学生更多的活动和学习机会，使之树立学好数学的信心.

3.3 习 题 课

3.3.1 习题课蕴含的教育价值

习题课同样是数学教学的一种重要课型，不同于新授课，它是教师根据课程学习的要求以及学生的学习情况，以习题讲解、训练为中心的教学活动，是对数学新授课的延伸，是对课堂教学中遗留问题的补充. 习题课的目标指向应是问题，特别是典型问题的解决，如学生易错题、可以举一反三的代表性问题等. 根据时间通常可以将习题课分为四种类型：巩固概念型习题课，是在新授课后对新学知识进行巩固；问题解决型习题课，在一章或一个阶段学习后，围绕重点问题进行解决；讲评型习题课，是对日常作业和试卷等进行讲评；综合型习题课，在学期末或总复习时比较常见（罗蒙婷，2018）.

习题课在日常的课程教学中占有重要地位. 学生在完成数学概念、数学命题等知识的学习后，往往还处在一知半解的状态，此时习题课发挥着重要作用. 教师围绕新学内容，通过合适的习题，引导学生运用知识解决问题，进而实现概念巩固. 学生对问题进行抽象、探究，数学核心素养得到进一步提升，也使得发现问题、分析问题、解决问题的能力得到提高. 总而言之，一堂好的习题课，不仅能有效地增强学生解决问题的能力，培养学生的思维能力特别是创新思维能力，而且可以促进学生形成良好的数学观念，从而实现教学质量的提升. 因此，教师要注重习题课的教学.

3.3.2 习题课中核心素养的培育

教师必须在教育教学中有意识地培养学生的数学核心素养，无论面对何种类型的课程教学，都要注意数学核心素养在教学中的渗透. 习题课，特别是综合型习题课，是实现学生数学学科核心素养综合培养的有效途径，往往需要学生将数学抽象、逻辑推理、数学运算等素养进行有机整合，以此最大化地提升自身分析问题和解决问题的能力. 同时，习题课的教学设计也可体现针对性，实现对各个核心素养的重点突破. 例如，在涉及几何证明题时，突出培养直观想象和逻辑推理素养；在面对代数部分的习题时，突出数学运算等素养的培养；在统计与概率部分，通过数据的分析整理过程，提升学生的数据分析素养等. 当然，数学核心素养的培养往往是同时进行的，所以这里只是说重点突出某几个素养.

教师除了要有意识地注意核心素养的渗透，还要注意学生主体地位的发挥，数学核心素养的提升必须依靠学生自身的能动性. 例如，通过创设合适的习题情境，利用科学技术、多媒体等方式多样地呈现和解决习题，引导学生积极、独立地思考和反思；在师生、生生的合作和交流中，相互促进，实现学生的数学核心素养的发展.

3.3.3　习题课教学建议

1. 精准选题

一节课的时间是有限的，教师不可能对所有习题进行讲解，这就需要教师学会取舍. 一是根据教学的实际内容和教学目标的要求安排习题课，即通过本节习题课的学习最终要达到什么效果. 例如，本节课是为了对新学知识进行理解和巩固，则要设置能够直接运用新知的习题；若是为了介绍解决问题的方法，则可选择多题一解的习题类型；若是为了锻炼学生的数学思维能力，则可选择一题多解的习题，解题方法灵活多样或具有深入探究性等（王富英，2020）. 二是充分考虑班级学生的学习情况：对于基础较好的学生，习题的选择就要注重对其思维能力的培养和提高；对于基础较弱的学生，更多的精力应放在"缺失"知识的补充与巩固，做到精准练习，即每个学生在其最近发展区内得到最大发展. 若是不能根据学生的情况安排合适的习题，过于简单可能使学生失去解题兴趣，也限制了学生思维的进一步发展；过于艰难又会伤害学生学习的积极性，使其难以体会成功的喜悦. 所以，教师在习题的选择上需要充分考虑到以上两个方面.

2. 多元教学

在习题课的实际教学中，仍有教师利用"题海战术"，通过简单、机械的练习，企图让学生在短时间内完成所有可能接触到的问题，或者只是简单的讲评，通过教师输出的方式来发现学生在平时的作业和考试中出现的问题，学生仅跟随教师进行错误订正，没有进行过多的思考. 在以上的状态下，学生很容易产生疲劳感，感到枯燥乏味，从而失去学习积极性，思维也没有得到发展.

依据"以生为本"的教育理念，习题课也要注重学生学习的主体性，注重学生思维能力的提高和数学核心素养的发展. 所以，习题课中教师需要将讲授式、启发式、探究式等教学方式进行有机整合，给学生思考和反思的时间，结合精选的习题，实现学生对知识的自我内化. 同时，还可以利用学生学习方式的多样化，通过自主探究或合作探究的学习方式，实现学生之间的优势互补，在习题课中自然而然地使学生的数学核心素养得到发展.

下面以北师大版《数学》八年级上册第二章"实数"第七节"二次根式"为例，展开一节习题课的教学，为教师在进行习题课教学设计时提供思路.

【案例 3-16】"二次根式（第二课时）"教学设计①

一、学情分析

本节内容来自北师大版《数学》八年级上册第二章"实数"第七节"二次根式". 在前面的学习中，学生感受了数系扩充（数集的扩大、运算的扩展、运算律的保持）的过程. 在"实数"一章中，进一步掌握了平方根、算术平方根、立方根的概念和求法. 二次根式作为一类特殊实数的一般形式，为学生进一步理解实数及其运算提供了载体. 同时，二次根式作为一类代数式，研究其特质既是学习代数式的延续，又为理解代数符号体系及其运算提供了素材. 学生从具体数字的算术平方根的运算中观察规律，归纳得出二次根式的性质，并感悟特殊到一般的数学思想方法.

二、教学任务分析

（一）教学目标

（1）理解 $\sqrt{a^2}$ 是一个非负数和根式的基本性质；对于任意实数 a，化简根式 $\sqrt{a^2} = |a|$ 应分类讨论得 $\sqrt{a^2} = a(a \geqslant 0)$ 和 $\sqrt{a^2} = -a(a < 0)$，并利用它们进行计算和简化.

（2）通过复习二次根式的概念推出 $\sqrt{a}(a \geqslant 0)$ 是一个非负数；用具体数字结合算术平方根的验算、代数逻辑推理的方法导出 $(\sqrt{a})^2 = a(a \geqslant 0)$；综合拓展公式 $\sqrt{a^2} = a(a \geqslant 0)$ 与 $\sqrt{a^2} = -a(a < 0)$，最后应用结论化简根式与解题.

（3）在用算术平方根的意义分析具体数字得出结果，然后在概括它们的共同特征过程中，体验由特殊到一般的数学思想方法，发展利用代数语言进行推理的能力.

（二）教学重点

$\sqrt{a}(a \geqslant 0)$ 是一个非负数；$(\sqrt{a})^2 = a(a \geqslant 0)$ 及其运用；综合拓展并理解公式

---

① 该案例由江西省赣州市第四中学的谢训秀提供.

$\sqrt{a^2} = |a| = \begin{cases} a(a \geqslant 0), \\ -a(a < 0) \end{cases}$ 的意义，并能够在化简运算中将其运用.

（三）教学难点

用分类的思想方法导出 $\sqrt{a}(a \geqslant 0)$ 是一个非负数；用探究的方法导出 $(\sqrt{a})^2 = a(a \geqslant 0)$ ；理解 $\sqrt{a^2} = a(a \geqslant 0)$ 和 $\sqrt{a^2} = -a(a < 0)$ ，并利用其进行计算和简化.

三、教学策略分析

梳理和巩固二次根式、算术平方根的定义等知识，并从学生的知识最近发展区出发，从特殊到一般，归结二次根式的性质；通过题组训练，巩固及理解二次根式的性质，建立二次根式性质的数学模型.

四、教学过程

（一）复习巩固，引入课题

1. 下列各式中哪些是二次根式？

① $\sqrt{a^2 - c^2}$ ；② $b = \sqrt{a^2 - c^2}$ ；③ $\sqrt{-10}$ ；④ $\sqrt{x^2 + 2x + 1}$ ；⑤ $\sqrt{x + 12}$ ；⑥ $\sqrt{a^2 + 1}$.

2. 二次根式 $\sqrt{x - 1}$ 中字母 x 的取值范围是（　　　）.

A. $x < 1$　　　　B. $x \leqslant 1$　　　　C. $x > 1$　　　　D. $x \geqslant 1$

3. $\sqrt{3}$ 是_____的算术平方根.

4. 当 $a \geqslant 0$ 时，$\sqrt{a}$ 叫作什么？当 $a < 0$ 时，$\sqrt{a}$ 有意义吗？

设计意图

思维导图更注重培养学生的逻辑思维能力，寻找知识之间的联系，建构知识体系和网络. 教师在提高学生自主学习、合作交流能力的同时，让学生学会将思维导图的思想方法尽可能多地应用于生活和学习的各方面，提高学习和生活的效率.

师生互动：学生画出思维导图，教师巡视找出有代表性的展示并补充完善.

学生讨论得出：$\sqrt{a}(a \geqslant 0)$ 是一个非负数.

教师点评：$\sqrt{a}(a \geqslant 0)$ 是一个非负数；回顾初中数学学过的三个非负数的表达式：a^2，$|a|$，$\sqrt{a}$.

让学生理解 $\sqrt{a}(a \geqslant 0)$ 是一个非负数，运用非负数的性质求解.

（二）互动合作，探究性质

活动一：

1. 填空：$(\sqrt{4})^2 = $ _____ ；$(\sqrt{0})^2 = $ _____ ；$(\sqrt{2})^2 = $ _____ $\left(\sqrt{\dfrac{1}{3}}\right)^2 = $ _____ .

2. 思考：$(\sqrt{a})^2 = $ _____ $(a \geqslant 0)$.

学生讨论回答：…… . 教师点评：$\sqrt{a}(a \geqslant 0)$ 是 a 的算术平方根，因此一般地都有 $(\sqrt{a})^2 = a(a \geqslant 0)$.

引导学生探究二次根式的性质．在探究过程中，关注从特殊到一般的总结规律的过程．

师生互动：根式的基本性质其实就是开算术平方根的逆运算．

活动二：

例1. 计算：$(\sqrt{1.5})^2$ ；$(2\sqrt{5})^2$ ；$\left(\sqrt{\dfrac{5}{6}}\right)^2$ ；$\left(\dfrac{\sqrt{7}}{2}\right)^2$.

师生互动：教师引导学生分析完成解答．

通过题组训练，使学生熟练掌握 $(\sqrt{a})^2 = a(a \geqslant 0)$ 的运用．

活动三：

例2. 把下列各数写成一个非负数的平方形式.

2；0.5；$\sqrt{9}$

师生互动：让学生独立完成解答，再进行全班交流．

理解当 $a \geqslant 0$ 时 $a = (\sqrt{a})^2$ ；让学生掌握当 $a \geqslant 0$ 时 $a = (\sqrt{a})^2$ 的应用．

活动四：

1. $\sqrt{0.1^2} = $ _____ , $\sqrt{2^2} = $ _____ , $\sqrt{0^2} = $ _____ , $\sqrt{\left(\dfrac{1}{3}\right)^2} = $ _____ .

思考： $\sqrt{a^2} = $ _____ $(a \geqslant 0)$.

2. $\sqrt{(-2)^2} = $ _____ , $\sqrt{\left(-\dfrac{1}{3}\right)^2} = $ _____ , $\sqrt{(-0.1)^2} = $ _____ .

思考： $\sqrt{a^2} = $ _____ $(a < 0)$.

师生互动：学生解答，讨论交流．教师引导学生分类讨论：根据 a 的取值范围的不同，获得不同的化简结果，即 $\sqrt{a^2} = |a| = \begin{cases} a\,(a \geqslant 0), \\ -a\,(a < 0). \end{cases}$

设计意图

引导学生探究二次根式的性质．在探究过程中，关注特殊到一般的总结规律的过程．

活动五：

例 3.（1）计算 $\sqrt{7^2} = $ ____ , $\sqrt{(-7)^2} = $ ____ , $\sqrt{\left(2\dfrac{1}{3}\right)^2} + \sqrt{\left(-2\dfrac{1}{3}\right)^2} = $ ____ ,

$\sqrt{(1-\sqrt{2})^2} = $ _____ .

（2）实数 a, b 在数轴上的位置如图 3.85 所示，化简 $\sqrt{a^2} + \sqrt{b^2} - \sqrt{(a+b)^2}$.

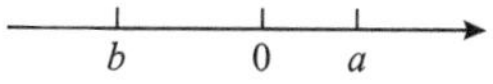

图 3.85

师生互动：学生解答，展示解答过程，讨论交流，教师点评．

设计意图

适当加入较为复杂的根式化简的简单讨论，深化辨别意识．通过题组训练，使学生掌握 $\sqrt{a^2} = |a| = \begin{cases} a\,(a \geqslant 0), \\ -a\,(a < 0) \end{cases}$ 的运用．

活动六：

引导学生回顾以前学过的各种式子，如：5，a，$a+b$，$x-y$，$-ab$，

$\dfrac{s}{t}$，$-x^3$，$\sqrt{3}$，$\sqrt{a}$，$\sqrt[3]{m-3}$ 等．它们都是用基本运算符号（加、减、乘、除和开方）把数或表示数的字母连接起来的式子，我们称这样的式子为代数式．

师生互动：教师引导学生概括得出共同特征，并给出代数式的定义．

设计意图

从具体到抽象，形成代数式的定义．

（三）综合应用，深化提高

练习：

1. 计算：（1）$(\sqrt{3})^2$；（2）$(3\sqrt{2})^2$；（3）$\left(\dfrac{\sqrt{3}}{2}\right)^2$．

2. 说出下列各式的值：（1）$(\sqrt{0.3})^2$；（2）$\sqrt{\left(\dfrac{1}{7}\right)^2}$；（3）$-\sqrt{(-\pi)^2}$；

（4）$\sqrt{10^{-2}}$；（5）$\sqrt{(\sqrt{2}-\sqrt{3})^2}$．

3. 在实数范围内分解因式：（1）$2x^2-3$；（2）$x^2-2\sqrt{2}x+2$．

师生互动：让学生独立完成解答，再进行全班交流，教师及时点拨．

设计意图

巩固二次根式的性质及其应用．

（四）课堂小结

说说你对二次根式性质的认识：

（1）二次根式有哪些性质？

（2）在二次根式性质的应用中，易错点有哪些？如何避免？

师生互动：学生思考，教师点拨．

设计意图

通过具体问题的思考，引导学生总结二次根式的性质，实现记忆的结构化、简约化，优化知识结构．

（五）布置作业

必做题：教材第 5 页习题 16.1 第 2、3、4、8 题．

选做题：1. 若 $y = \dfrac{\sqrt{x-4} + \sqrt{4-x}}{2} - 2$ ，则 $(x+y)^y =$ _____ .

2. 设 $\triangle ABC$ 的三边长为 a, b, c ，试化简：$\sqrt{(a+b+c)^2} - \sqrt{(a-b-c)^2} + \sqrt{(a+b-c)^2}$.

设计意图

作业分层设计，兼顾各层次的学生.

五、板书设计

板书设计如图 3.86 所示.

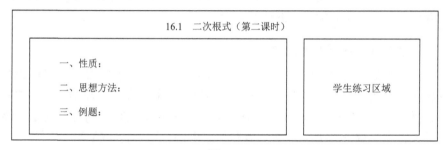

图 3.86

【教学赏析】

该教学设计旨在通过二次根式性质的探究以及应用，培养学生的运算能力，发展学生的数学运算素养. 在教学中，精心挑选了例题与练习题，设置题组训练，通过逆用公式，反思运算结果，推导有关结论；从特殊到一般，归结二次根式的性质. 学生能够由表及里，掌握运算的算法、算理以及蕴含的分类讨论、从具体到抽象等数学思想方法，以达到发展其数学运算能力、落实"四基"、培养良好数学素养之目的.

3.4　复　习　课

3.4.1　复习课蕴含的育人价值

复习课是弥补教学漏洞、完善知识不可或缺的环节，是对所学的知识的整理与巩固，对发展学生的数学素养有着重要的意义．由于复习课是对知识的再学习，这使得大多数学生感觉到枯燥无味，甚至排斥复习课．而教师得到学生的消极反馈，形成了复习课难教且效果低下的负面印象．事实上，一堂好的复习课，蕴含着多样的育人价值．

1. 培养学生建构知识体系的意识

零散杂乱的知识体系远不及脉络清晰的知识体系令人印象深刻．比如在三角形的学习中，学生学习了各种判定三角形的定理，定理多而复杂，如果不将这些定理进行整理复习，在学生的知识体系中，这些定理的运用将杂乱无章、混淆不清，进而影响到后续的学习．所以，在复习课的课堂中，能有针对性地培养学生建构知识体系的意识，提升学生归纳整理的能力，在学生头脑中形成知识间的联系，有利于学生在往后学习中的迁移应用．

2. 提升学生解决问题的能力

能否运用知识解决问题是判断学生是否掌握知识的依据，复习课则能提升学生解决问题的能力．例如，在"一元一次不等式"复习课中，教师可以讲述有关《希腊文集》中的毕达哥拉斯问题，有一个人问毕达哥拉斯："尊敬的先生，能否告知鄙人，在您的学校有多少名学生在听您讲课？"毕达哥拉斯回答道："听课的学生其中 $\frac{1}{2}$ 在学数学知识，$\frac{1}{4}$ 在学习音乐素养，$\frac{1}{7}$ 保持沉默，另外还剩余不足 6 名的女性．"教师进而向学生提问："你们能否计算出到底有多少名学生在听毕达哥拉斯讲课？"（张建芬，2019）教师并没有直接给出不等式进行求解，而是从情境中引导学生进入复习课，极大地提升了学生的学习兴趣．复习课稍加设计，就能引导学生经历发现问题、提出问题、分析问题到解决问题的全过程，从而有效提升学生解决问题的能力，激发学生的应用意识．

3.4.2 复习课中核心素养的培育

课堂应聚焦于学生的数学素养，复习课亦是如此．不同内容的复习课培养学生不同的基础知识、基本技能（空间想象、抽象概括、推理论证、运算求解、数据处理等方面的能力）、基本数学思想及数学思维（陈敏和吴宝莹，2015）．同时，复习课之间也有共通性，它们都培养着学生的数学抽象素养及数学建模素养．

1. 培养学生的应用意识

《义务教育数学课程标准（2011 版）》指出："应用意识有两个方面的含义：

一方面，有意识利用数学的概念、原理和方法解释现实世界中的现象，解决现实世界中的问题；另一方面，认识到现实生活中蕴涵着大量与数量和图形相关的问题，这些问题可以抽象成数学问题，用数学方法给予解决."比如，在"二次根式"复习课中，以在区域内种植花菜，聚焦于真实问题，在实际中应用二次根式，培养学生的知识迁移能力、独立思考问题能力，将素养聚焦于应用意识，贯穿数学教育始终，同时让数学走进生活（薛霞燕和易良斌，2019）.当教师有意识地培养学生解决现实问题的应用意识时，学生会逐渐认识到生活与数学存在极大的联系，从而用数学方法去解决生活中的问题，以达到会用数学眼光观察世界，会用数学思维思考世界，会用数学语言表达世界的目的.

2. 培养学生的数学抽象素养

数学抽象素养是指通过数量关系与空间形式的抽象得到数学研究对象的素养.复习课重在引导学生在已经学习的知识中重新建构知识，是将已学知识相互联系以形成知识体系的过程，通过将复杂知识化繁为简，将零散知识有效整合，抽丝剥茧抽象出知识的结构和本质.比如，在复习某一知识时，利用思维导图辅助学生完成知识体系的构建，在构建知识体系的过程，学生将碎片化的知识建构为结构化的知识，这一过程便能自然而然地提升学生的数学抽象素养.

3. 培养学生的数学建模素养

数学建模素养是对现实问题进行数学抽象，用数学语言表达问题、用数学方法构建模型解决问题的素养.初中数学的知识更偏于抽象化，需要在解决问题中建立模型，这就要求学生在分析问题、解决问题的能力上有所提高.复习课中，在某类问题的解决上，通过探究、归类等方法得出总结性的结论，通过结论得出模型，这就是在提升学生的数学建模能力.比如，角的复习中，学生从多道例题中反复摸索，总结归纳出解题规律，这就是在培养学生解决问题的能力的同时培养学生的数学建模素养.

3.4.3　复习课教学建议

复习课作为学习阶段的总结课，值得各位教师重视.那么，如何让学生在上复习课时不再感到枯燥无聊，感受到复习课的价值，又如何做到贯彻核心素养呢？笔者将从以下几个方面谈谈.

1. 创设情境，聚焦真实问题

无论是新授课还是复习课，一个良好的开头起着引领全课的作用，良好的开端是成功的一半．为落实应用意识的数学核心素养，激起学生学习的兴趣，不再将复习课当成"炒冷饭"，而是将复习课作为知识的重新构建，那么创设新颖的情境至关重要．

在"一元一次方程"的复习课中，如若是单纯地给出若干一元一次方程让学生进行求解，只能形成解题肌肉记忆，不但达不到复习效果，而且还会使学生对复习课产生排斥心理．只有将学生置于现实的情境中，才容易激发学生的兴趣，使其感受数学与生活的贴近．例如，为达到复习一元一次方程的效果，创设真实问题，让学生运用所学的知识解决生活中的问题，如："小王去买饮料，发现所带的钱比标价少 3 元，后经讨价还价以 8 折的价格成交，付钱后剩余 1 元．问：小王一共带了多少钱？"（蔡秋芝，2014），教师可由贴近生活的情境引入，创设情境聚焦于真实问题，以问题串的方式激发学生的思维，引导学生运用已有知识解决现实问题，充分发挥学生的自主性，在复习课中自然融入数学应用意识．

2. 多样教学，建构知识体系

复习课与其他课型是同等重要的，而且复习课相较于其他课型，有时候会更难教授，所以复习课需要多样化的教学，以达到建构知识体系的目的．可采用问题导向式教学、思维导图辅助教学、搭配信息技术等方法．

许多教师存在上完复习课依旧没有归纳总结的问题．复习课的重点在于将知识整理归纳，但也不是简单地罗列知识点，是需要从各个角度寻求知识间的联系，再建构知识体系，将知识进行有意义的联结．同时，要做到以学生为主体，学生自主归纳知识点．思维导图就是解决这一问题的有效方法．

复习课借助思维导图辅助教学，学生自主建构思维导图的过程就是在建构知识体系．思维导图的建构围绕整节课，学生在巩固与练习的过程中逐步完善思维导图．例如，在复习"不等式"时借助思维导图，教师从数学概念、章节梳理、学习方法三个方面入手，引导学生围绕这三个方面主动思考，通过对知识多方面的再理解画出思维导图并以此构建知识，最后学生通过与同学商量以及向教师寻求帮助来补充完善自己的思维导图，并进行展示与点评（朱敏龙，2014）．学生自主建构的思维导图可以是多种多样的（图 3.87），学生主动建构的知识与被动接收的知识是全然不同的．随着课堂的进行，思维导图逐渐形成，知识间相联系形成的知识体系印刻在学生的思维中，当需要运用某一个知识解决问题时，可以调动思维中的知识网络，运用多个知识有效地解决问题，达到知识迁移的效果．

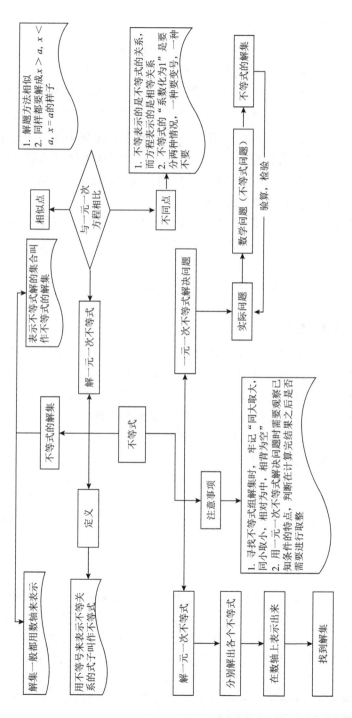

图 3.87　学生自主构建的思维导图

3. 问题解决，建立数学模型

初中数学课程更为抽象，以至于不是所有的知识点都能带入情境进行复习，部分知识点的中心是解决数学问题，比如平面图形、相交线与平行线、全等三角形等。因此，在复习课要注重建立数学模型的思想，培养学生数学建模的意识。例如，在复习"一元二次方程"时，布置一元二次方程题目（如 $3x^2 - 54 = 0$，$x^2 + 4x = 3$，$3x^2 + 1 = 2\sqrt{5}x$ 等），让学生用适当的方法解决题目，并上黑板演示（胡吉，2019）。在解题的过程中归纳出解决一元二次方程的方法——直接开方法、配方法、因式分解法、公式法，并分别给这些方法归纳出解题步骤，这就是在解决问题中培养学生的数学建模素养。

下面以高三复习课"空间中垂直关系"为例，探讨复习课中各个环节的设置，为教师在进行复习课的教学时提供思路与参考。

【案例 3-17】"空间中垂直关系（复习课）"教学设计①

一、教学内容分析

本节课是一堂高三复习课。内容是线线垂直、线面垂直、面面垂直的判定与性质。垂直关系是空间中的一种特殊位置关系，它是立体几何的核心概念之一，也是高考中的必考和重要内容。本节课的深层知识体现了蕴含于基础知识之中的数学思想以及直观想象、逻辑推理等数学学科核心素养。直观想象是发现和提出问题、分析和解决问题的重要手段，是探索和形成论证思路、进行数学推理、构建抽象结构的思维基础。逻辑推理是将已学过的知识有效地关联数学命题，通过对条件与结果的分析，探索论证的思路，选择合适的论证方法予以证明，并能用准确的数学语言表述论证过程；通过举反例说明某些数学结论不成立；能够理解相关概念、命题、定理之间的逻辑关系，初步建立网状的知识结构。

二、学生学情诊断

授课班级学生成绩中等偏上。直观想象与逻辑推理是部分学生学习中的一个难点，高三学生已学完立体几何新课内容，大部分学生已具备一定的空间想象力与逻辑推理能力，能使用图形和数学语言表述几何对象的位置关系，已了解"垂直关系"的性质和判定方法。学生在立体几何学习中的困难主要有以下两个方

---

① 该案例由江西省南昌市第三中学的张金生提供。

面：①"识"图能力弱，学生缺乏空间观念，想象力弱．在平时做题过程中，有些学生头脑中难以形成较为准确、直观的几何模型，所以出现面对题目时不会画图或画出图来也不易辨认的现象，甚至作出错误的图形来．②逻辑思维能力欠缺，基本概念不明确，灵活应用能力差．有些学生的学习习惯导致他们对基本概念的理解仅仅停留在机械的识记上，而没有去分析这些概念的内涵和外延以及易混概念间的区别和联系，没有很好地建构知识体系，不能够在立体几何的解题过程中灵活运用这些概念和定理去解决问题．

三、教学目标设置

（1）通过归纳梳理线线垂直、线面垂直、面面垂直的概念、判断定理与性质定理等知识，自主构建思维导图；

（2）通过动手折纸，体验直观感知、操作确认、思辨论证等探究过程，掌握图形、符号语言的表达与交流，发展几何直观和空间想象、合情推理和演绎推理的能力，落实"四基""四能"，培养直观想象、逻辑推理等数学核心素养；

（3）通过将现实空间问题抽象为数学问题，自主进行探究实践与展示，认识现实空间，激发创新精神和应用意识．

四、教学重点和难点

教学重点是：构建空间中三种垂直关系的知识网络，打通相互间的联系，提升转化与化归的能力，培养直观想象、逻辑推理等数学核心素养，重画图、重思辨、重探究、重规范！

教学难点是：空间的识图和画图、运用定理进行逻辑推理论证．

突出重点难点的策略是：设计问题串，启发设问、引导学生合作探究．通过回顾旧知、层层递进的讨论交流，引导学生动手折纸，经历直观感知、操作确认、思辨论证的探究过程，同时借助折纸模型、多媒体演示、实物投影仪，帮助学生更好地理解空间位置关系．整个教学过程中，充分发挥学生的主体作用，让学生积极参与课堂活动，成为课堂的主人；教师对学生进行点拨引导，发挥自身在教学中的主导地位．在完成教学目标的前提下，更好地完成新课标对课堂教学中学生主体和教师主导的双重要求，可以达到良好的教学效果．

五、教法与学法

教法：问题引导法、启发探究法．学法：自主探究、动手实践、合作交流．

六、教具准备

人手一份学案、人手一张 A4 白纸、直尺和三角板、多媒体．

七、教学过程

（一）引导学生通过归纳梳理知识，自主构建思维导图（图 3.88）

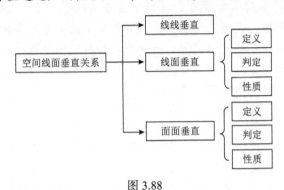

图 3.88

师生互动：学生画出思维导图，教师巡视找出有代表性的展示并补充完善.

设计意图

思维导图更注重培养学生的逻辑思维能力，寻找知识之间的联系，建构知识体系和网络. 学生在提高自主学习、合作交流能力的同时，学会将思维导图的思想方法尽可能多地应用于生活和学习的各方面，有利于提高学习和生活的效率.

（二）知识梳理

1. 线线垂直

定义：两直线相交所组成的角为直角时，称它们互相垂直. 其中一条直线叫作另一条直线的垂线.

2. 直线与平面垂直

1）定义

如图 3.89 所示，如果一条直线 a 与平面 α 内的_____直线都垂直，我们就说直线 a 与平面 α 互相垂直，记作_____.

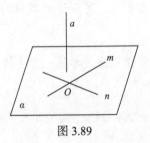

图 3.89

2）判定

判定定理：一条直线与一个平面内的_____都垂直，则该直线与此平面垂直.

其他方法：①面面垂直的性质：若两平面垂直，则在一面内垂直于_____的直线必垂直于另一平面. ②若两_____线中的一条垂直于一个平面，则另一条也垂直于这个平面. ③一条直线垂直于两_____平面中的一个，则这一条直线与另一个平面也垂直. ④两相交平面同时垂直于第三个平面，则它们的_____垂直第三个平面.

3）性质

（1）若一条直线垂直于平面，则这条直线垂直于该平面内的任意一条直线.

（2）性质定理：垂直于同一平面的两条直线_____.

（3）垂直于同一直线的两平面_____.

3. 平面与平面垂直

1）定义

一般地，两个平面相交，如果它们所成的二面角是_____，就说这两个平面互相垂直.

2）判定

判定定理：一个平面过另一个平面的_____，则这两个平面垂直.

其他方法：$\alpha \parallel \beta, \alpha \perp \gamma \Rightarrow \beta \perp \gamma$.

3）性质定理

两个平面垂直，则一个平面内垂直于_____的直线与另一个平面垂直.

师生互动：学生表达，师生补充完善.

设计意图

准确地把线面垂直、面面垂直的定义、判定和性质定理用文字语言、图形语言和符号语言表达出来，通过对它们的分析找到相互之间的联系，构建出垂直关系的知识网络，为学生搭建判定和性质转化方向的整体框架，帮助学生理清转化关系.

（三）概念辨析，深化理解

问题 1：下列命题正确的是（ ）.

①如果一条直线和一个平面内的两条直线都垂直，那么这条直线垂直于这个平面；

②如果一条直线和一个平面内的无数条直线都垂直，那么这条直线垂直于这

个平面;

③如果一条直线和平面内的两条相交直线都垂直,那么这条直线垂直于这个平面;

④如果一条直线和一个平面内的任意一条直线都垂直,那么这条直线垂直于这个平面.

A. ①②   B. ①③   C. ②④   D. ③④

问题 2:①过空间一点作已知平面的垂线有几条?②过空间一点作已知直线的垂面有几个?

问题 3:已知平面 α, β,直线 a, b,判断下列命题是否正确,若不正确如何改正?

①$a \perp \alpha, b \perp a$,则 $b /\!/ \alpha$;②$\alpha \perp \beta, a \perp \beta$,则 $a /\!/ \alpha$.

师生互动:学生分组讨论后回答,互相纠正,教师补充完善,思辨论证、揭示本质.

设计意图

设置了典型易错问题串来引领学生探究和思考,深化对概念的辨析和理解,设计的问题都在学生的最近发展区,有开放度、有思维量、能激发学生学习的积极性.

(四)典例探究,提升能力

例 1. 如图 3.90 所示,在 Rt$\triangle ABC$ 中,$\angle C = 90°$,D, E 分别为 AC, AB 的中点,点 F 为线段 CD 上的一点,将 $\triangle ADE$ 沿 DE 折起到 $\triangle A_1 DE$ 的位置,使 $A_1 F \perp CD$,如图 3.91 所示.

(1)求证:$A_1 F \perp BE$.

(2)线段 $A_1 B$ 上是否存在点 Q,使 $A_1 C \perp$ 平面 DEQ?说明理由.

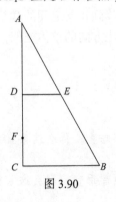

图 3.90

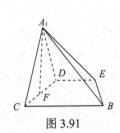

图 3.91

师生互动：请学生上讲台讲，师生共同点评，揭示问题的本质.

例 2. 如图 3.92 所示，已知正三棱锥 $P\text{-}ABC$ 的侧面是直角三角形，顶点 P 在平面 ABC 内的正投影为点 D，D 在平面 PAB 内的正投影为点 E，连接 PE 并延长交 AB 于点 G.（1）证明：G 是 AB 的中点；（2）在图中作出点 E 在平面 PAC 内的正投影 F（说明作法及理由）.

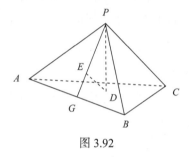

图 3.92

师生互动：学生思考动手操作，请学生上台作图并讲解，教师适时点评补充完善，思辨论证、深化概念.

例 3. 如图 3.93 所示，一张 A4 纸的长、宽分别为 $2\sqrt{2}a, 2a$，A, B, C, D 分别是其四条边的中点. 现将其沿图中虚线折起，使得 P_1, P_2, P_3, P_4 四点重合为一点 P，从而得到一个多面体. 下列关于该多面体的命题，正确的是_____.（写出所有正确命题的序号）

①该多面体是三棱锥；②平面 $BAD \perp$ 平面 BCD；③平面 $BAC \perp$ 平面 ACD.

师生互动：人手一张 A4 白纸，学生先折纸后画图，再请学生上台展示折好的图，并在黑板上画折后的直观图，回答问题，教师补充完善，揭示本质.

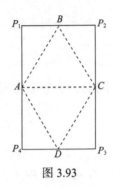

图 3.93

设计意图

　　巧设"动手折纸""作图操作"等数学活动，有助于学生对空间几何体的直观感知，理解空间中垂直关系这个重要的位置关系，对培养学生直观想象的数学核心素养具有重要作用．

（五）课堂练习、巩固落实

（1）设 m, n 是两条不同的直线，α, β 是两个不同的平面（　　）．

A. 若 $m \perp n$，$n // \alpha$，则 $m \perp \alpha$．

B. 若 $m // \beta$，$\beta \perp \alpha$，则 $m \perp \alpha$．

C. 若 $m \perp \beta$，$n \perp \beta$，$n \perp \alpha$，则 $m \perp \alpha$．

D. 若 $m \perp n$，$n \perp \beta$，$\beta \perp \alpha$，则 $m \perp \alpha$．

（2）如图 3.94 所示，在正方体 $ABCD\text{-}A_1B_1C_1D_1$ 中，点 P 在侧面 BCC_1B_1 内运动，并且总保持 $AP \perp BD_1$，则动点 P 在（　　）．

A. 线段 B_1C 上　　　　　　　　B. 线段 BC_1 上

C. BB_1 中点与 CC_1 中点的连线上　　D. B_1C_1 中点与 BC 中点的连线上

（3）如图 3.95 所示，在斜三棱柱 $ABC\text{-}A_1B_1C_1$ 中，$\angle BAC = 90°$，$B_1B \perp AC$，则 C_1 在底面 ABC 上的射影 H 必在_____上．

师生互动：学生抢答，教师评价，思辨论证，揭示本质．

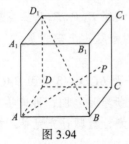

图 3.94

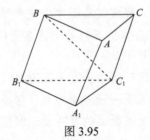

图 3.95

设计意图

培养直观想象和逻辑推理核心素养，熟练运用垂直的定义、判定定理和性质定理解决问题.

（六）课堂小结

在研究空间垂直的过程中，你有哪些知识收获？学到了哪些思想方法？还有哪些困惑？

师生互动：学生发言，互相补充，教师点评完善. 学生齐声朗读唐代王维的诗《使至塞上》"单车欲问边，属国过居延. 征蓬出汉塞，归雁入胡天. 大漠孤烟直，长河落日圆. 萧关逢候骑，都护在燕然"作为本课结束.

设计意图

①回顾该节的内容和方法，构建知识网络；②由已知想性质，由求证想判定，即分析法与综合法相结合寻找证题思路；③明确何时应用判定定理，何时应用性质定理，用定理时要先申明条件再由定理得出相应结论. 向学生渗透了数学文化，深入地挖掘了课程内容的爱国主义育人价值.

八、课后作业

1. 若平面 α,β 满足 $\alpha \perp \beta$，$\alpha \cap \beta = l$，点 $P \in \alpha$，点 $P \notin l$，则下列命题中是假命题的为（　　）.

A. 过点 P 垂直于平面 α 的直线平行于平面 β

B. 过点 P 垂直于直线 l 的直线在平面 α 内

C. 过点 P 垂直于平面 β 的直线在平面 α 内

D. 过点 P 且在平面 α 内垂直于 l 的直线必垂直于平面 β

2. 如图 3.96 所示，PA 垂直于以 AB 为直径的圆所在的平面，C 为圆上异于 A,B 两点的任一点，则下列关系不正确的是（　　）.

A. $PA \perp BC$　　B. $BC \perp$ 平面 PAC　　C. $AC \perp PB$　　D. $PC \perp BC$

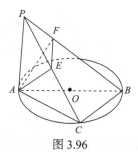

图 3.96

3. α,β 是两个不同的平面, m,n 是平面 α 及 β 之外的两条不同直线. 给出四个论断: ① $m\perp n$; ② $\alpha\perp\beta$; ③ $n\perp\beta$; ④ $m\perp\alpha$. 以其中三个论断作为条件, 余下一个论断作为结论, 写出你认为正确的一个命题: _____.

4. 如图 3.97 所示, 四棱锥 $P\text{-}ABCD$ 的底面是梯形, 且 $AB\parallel CD$, $AB\perp$ 平面 PAD, E 是 PB 的中点, $CD=PD=AD=\dfrac{1}{2}AB$. 求证: $CE\perp$ 平面 PAB.

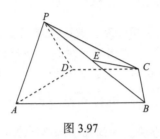

图 3.97

5. 如图 3.98 所示, 已知平面四边形 $ABCP$ 中, D 为 PA 的中点, $PA\perp AB$, $CD\parallel AB$, 且 $PA=CD=2AB=4$. 将此平面四边形 $ABCP$ 沿 CD 折成直二面角 $P\text{-}DC\text{-}B$, 连接 PA,PB, 设 PB 中点为 E. (1) 证明: 平面 $PBD\perp$ 平面 PBC. (2) 在线段 BD 上是否存在一点 F, 使得 $EF\perp$ 平面 PBC? 若存在, 请确定点 F 的位置; 若不存在, 请说明理由.

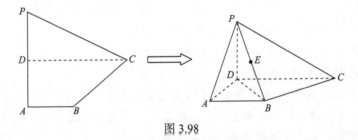

图 3.98

设计意图

进一步巩固提高直观想象和逻辑推理核心素养, 熟练运用垂直的定义、判定定理和性质定理解决问题. 该作业的设计可以提高学生独立思考、自主探究的能力, 满足学有余力的同学的需要.

【**教学赏析**】

在立体几何教学中要把握一个理念 (直观感知、操作确认、思辨论证、度量计算），抓住两条主线（平行与垂直），领会三种思想（空间问题平面化思想、模型化思想、代数化思想），重视四个过程（重画图、重思辨、重探究、重规范）.

常规的复习课往往偏重几何证明与计算，强调了数学的基本知识、基本技能，而忽略了通过学生的动手操作培养基本思想和基本活动经验，其中数学基本活动经验作为实现过程性目标的主要载体起了重要作用. 在立体几何教学实践中，要站在学习者的角度，巧设"动手折纸""作图操作"等数学活动，培养学生对空间几何体的直观感知，理解空间中垂直关系这一重要的位置关系，进而发展学生直观想象的数学核心素养. 设置了问题串来引领学生探究和思考，使其深化对概念的理解，设计的问题都在学生的最近发展区，有开放度、有思维量、能激发学生学习的积极性. 教师营造了轻松的教学氛围，让学生有更多的展示机会，每当学生展示后，都对学生的成果及时使用激励性语言进行评价，以激发学生的内驱力. 给予学生的都是恰到好处的扶持帮助、牵线搭桥、评价鼓励，为学生能够顺利地完成这节课的探究任务注入了润滑剂，使课堂教学得以深入发展. 问题解决质量较高，注重变式教学、注重数学表达，学生重点知识得到巩固，学习能力得到提升，数学核心素养得到发展.

教学中注重文化的渗透、弘扬. 这节课的教学以唐代王维的诗《使至塞上》结束，向学生渗透了数学文化，深入地挖掘了课程内容的爱国主义育人价值.

第4章

中学数学教学片段赏析

4.1 数学抽象教学片段

【案例 4-1】 "单位圆与周期性"教学片段设计意图与赏析①

片段一

师：同学们看墙上张贴的班级课程表．为什么这张课程表可以使用一个学期呢？

生：因为课程表不是按日期而是按星期排的，每周的课程都会重复出现，所以只需用一张课程表列出周一到周五的课程就可以了．

师：现实生活中还有哪些周而复始的现象呢？

生：四季交替、地球到太阳的距离、白天黑夜交替、车轮旋转等．

设计意图

生活中存在周而复始的现象，说明了数学源于生活，也发挥了应用数学知识解决现实问题的作用．

师：地球到太阳的距离为何会呈现周期性变化呢？

生：因为地球绕日旋转的轨道是椭圆，每经过一年地球围绕着太阳旋转一周．虽然日地距离始终在不停地变化，但无论从哪个时间点算起，经过一年，地球又回到原来的位置，日地距离和一年前相同时间的日地距离相等，所以地球与太阳的距离是周而复始变化的．

师：那么我们能不能用数学的方法来刻画地球到太阳的距离的这种周期性的变化呢？

生：可以．

---

① 该案例由江西省上饶市横峰中学的劳小明提供．

师：用哪个数学概念刻画？

生：构造一个函数来刻画.

师：既然构造函数，那么哪个量是自变量？哪个量是因变量？

生：在任何一个确定的时刻 t，地球与太阳的距离 s 是唯一确定的，因此距离 s 是关于时间 t 的函数，即 $s = f(t)$.

师：每过一年后，地球又回到原来的位置. 如何用函数关系式来刻画这一周而复始的现象？

生：设时间 t 的单位为天，则每隔 365 天，距离会重复出现，即自变量的值每增加 365，距离 s 会重复出现，便有了 $f(t+365) = f(t)$.

设计意图

对于现实世界中周而复始的现象进行数学抽象，与学生共同构造函数，进一步利用函数关系式，刻画周而复始的现象.

片段二

师：同学们观察在单位圆中角 α 与角 $2\pi + \alpha$ 的正弦值和余弦值有什么关系.

生：相等，因为两个角的终边重合.

师：很好，由正弦函数、余弦函数的定义，如果两个角的终边重合，那么它们的函数值相等.

师：将这个结论抽象出来，即一个角的终边沿逆时针方向转动一圈，正弦函数、余弦函数值重复出现. 如何用数学表达式刻画这一规律？

生：自变量每增加 2π，正弦函数、余弦函数值会重复出现. 用式子来描述：$\sin(x+2\pi) = \sin x, x \in \mathbf{R}$，$\cos(x+2\pi) = \cos x, x \in \mathbf{R}$.

师：这也是正弦函数、余弦函数的诱导公式. 那么，抽象成一般函数应该表达成什么形式？

生：$f(x+2\pi) = f(x)$.

师：如果将一个角的终边沿逆时针或顺时针方向一直转动，该如何用函数关系式来刻画？

生：$\sin(x+2k\pi) = \sin x, x \in \mathbf{R}$，$\cos(x+2k\pi) = \cos x, x \in \mathbf{R}$ $(k \in \mathbf{Z})$，即 $f(x+2k\pi) = f(x), k \in \mathbf{Z}$.

师：现在，请同学们概括出周期函数的定义.

生：一般地，对于函数 $y = f(x)$，如果存在一个常数 T，满足 $f(x+T) = f(x)$，那么函数 $y = f(x)$ 就叫作周期函数，T 称为函数 $y = f(x)$ 的一个周期.

设计意图

借助单位圆以及三角函数的定义，加深学生对正弦函数、余弦函数周期变化的理解，进而抽象出周期变化的表达形式，最终得出周期函数的定义.

【教学赏析】

该教学片段，通过教师举例和学生思考回答，让学生充分感受到现实世界中的周期现象，从已知的、基于变量关系的三角函数定义入手，引导学生通过生活中的问题，构建周期函数的一般概念，感悟数学抽象的层次.

在该教学片段中，学生积累了从具体到抽象的活动经验，培养了抽象概括的数学能力，再从特殊函数推广到一般函数，学生体会了运用归纳法进行逻辑推理. 数学抽象与逻辑推理是高中数学学科的核心素养，这节课合理地将数学抽象与逻辑推理能力的培养融入课堂教学之中. 通过该教学片段，学生能在具体情境中抽象出周期性的数学概念，从而积累了从具体到抽象的活动经验，培养了从日常生活和实践中把握事物的本质，以简驭繁，运用数学抽象的思维方式思考并解决问题的素养.

【案例 4-2】 "椭圆及其标准方程" 教学片段设计意图与赏析[①]

片段一

师： 观察动画（一），将球放在一个水平的桌面上（图 4.1），思考下面两个问题：①球和桌面的位置关系是什么？②球和桌面有几个公共点？

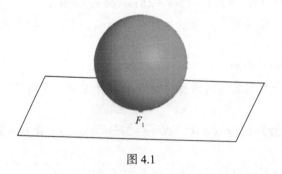

图 4.1

生 1： 相切，只有一个公共点.

[①] 该案例由江西省宜春市丰城中学的刘卫琴提供.

师：很好，这个公共点叫切点，如图 4.1 所示，不妨把这个切点记作 F_1.

师：观察动画（二），在球正上方 P 处用一点光源照射球体（图 4.2），思考下面两个问题：①光线在桌面上的投影是什么形状？②与球相切的光线，所有切点组成的图形是什么？

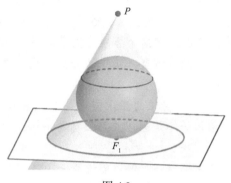

图 4.2

生 2：光线在桌面上的投影应该是圆形的；与球相切的光线，所有切点组成的图形应该也是圆形.

师：不错，这个现象我们平时也可能看过，同学们课后可以自己再去演示一下. 那么，同学们从这个动画里可以抽象出一个几何体的切接关系吗？

生 3：光线和球在桌面上方部分可以看成是一个球与圆锥内切的组合体.

师：不错，换个角度来说，也可以看作是用与圆锥的底面平行的平面去截圆锥，截面是一个圆. 好，同学们继续观察动画（三），连接点光源 P 与切点所形成的圆上的任意两点 A, B（图 4.3），思考下面两个问题：①直线 PA, PB 称作球的_____？②线段 PA, PB 的长度大小有什么关系吗？

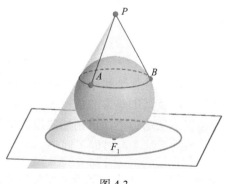

图 4.3

生 4：直线 PA, PB 称作球的切线；类比圆的切线长性质，线段 PA, PB 的长度相等．

师：同学们认为生 4 回答得对吗？

生齐答：对．

师：是的，生 4 回答得完全正确，同学们课后可以试着去严谨地证明一下．在这里生 4 用到了类比推理的方法，这是我们探索空间几何问题常用的方法，后续一些内容的学习还会用到这个方法，同学们要注意掌握．

师：那如果我改变点光源的位置，结果又会如何呢？特别地，如果点光源落在了桌面上呢？

生 5：老师，当光源不是在球的正上方时，光线在桌面上的投影变成了椭圆，但所有切点形成的图形始终是圆，并且任意两条切线长都相等，这个结论应该与点光源 P 所在的位置无关．

师：同学们觉得生 5 说得对吗？能不能说明一下理由？

生 6：当点光源 P 不在桌面所在的平面内时，生 5 说的是完全正确的，但当点光源 P 落在桌面所在的平面内时，光线在桌面上的投影已经不是椭圆了，但所有切点形成的图形仍然是圆．因为球是关于球心呈中心对称的，无论光源在平面的什么位置，它与球心的连线都可以看作是与球相切的光线所形成的圆锥的轴，因而所有切点组成的图形都是圆，而且这个圆一定过球与桌面的切点 F_1，因而对于这个圆上的任意一点 A，始终有 $|PA| = |PF_1|$．

师：同学们觉得生 6 说得对不对？

同学们沉思了一下，齐声回答：是对的．

师：不错，非常正确．确实动画（二）和（三）中切点轨迹及切线长的结论与点光源 P 的位置无关，也就是说，只要过球外一点 P 引球的两条切线，切线长一定相等．并且其中蕴含了椭圆的一种形成方式，即用与圆锥底面不平行的平面截圆锥所得截面是椭圆．

设计意图

让学生通过观察以上动画，直观感知球与平面相切的位置关系，抽象出球内切于圆锥时的几何性质，以及其中蕴含的数量关系；过球外一定点，作球的任意两条切线，切线长相等．从动画感知再到抽象出数量关系整个过程自然，符合学生的最近发展区，也为后续学习做好了铺垫．

师：我们继续观察动画（四），把点光源换成倾斜的平行光（图 4.4），思考下面两个问题：①光线在桌面上的投影是什么图形？②F_1 是球与平面的_____？

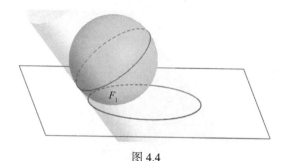

图 4.4

生 7：光线在桌面上的投影是椭圆形状的，F_1 仍然是球与平面的切点．

师：很好，那从这个动画里，仿照我前面所说的用平面截圆锥的结论，同学们可以抽象出一个类似的结论来吗？

生 8：用与圆柱底面不平行的平面截圆柱，截面是椭圆．

师：不错，在这个动画里，平行光束与球形成球与圆柱侧面相切的模型，桌面所在平面可以看作是与圆柱底面不平行的平面，则光线在桌面上的投影就可以看作是用与圆柱底面不平行的平面截圆柱所得的截面，显然这个截面是椭圆形状的．这也是我们得到椭圆的一种重要方法．历史上，古希腊人从圆柱或圆锥的截口发现了椭圆，从而有了阿波罗尼奥斯的截线定义．

设计意图

紧扣教材，将点光源换成相对桌面倾斜的平行光，引导学生通过不同的角度观察动画，直观感受椭圆形成的一种方式．让学生抽象出用与圆柱的底面不平行的平面截圆柱，截面是椭圆，渗透数学文化——阿波罗尼奥斯的截线定义，并为进一步抽象出椭圆的几何特征做铺垫．

师：同学们继续观察动画（五）（图 4.5），在桌面的下方拼接一个与上方完全相同的球，使得两球在斜方向的平行光线照射下，光线在桌面上的投影与球在桌面上的影子重合．记两球与桌面的切点分别为 F_1 和 F_2，作出过椭圆上任意一点 P 的光线，设它与两球分别相切于点 A,B，连接 PF_1,PF_2，思考下面三个问题：①线段 $|PF_1|$ 与 $|PA|$、线段 $|PF_2|$ 与 $|PB|$ 的长度有什么大小关系？②当点 P 沿球在桌面上的影子，即椭圆的边界运动时，点 F_1,F_2 的位置发生了变化吗？A,B 的位置呢？$|PA|+|PB|$ 的值呢？③椭圆上任意一点 P 相对于定点 F_1,F_2 满足什么条件（几何特征）？

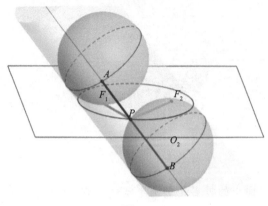

图 4.5

对于这三个问题，同学们明显感觉到了困难，老师组织同学们结合前面已经得到的结论进行分组讨论，并适时进行个别答疑辅导．5 分钟后，小组讨论相继停下来．

师：好，经过刚才的小组讨论，下面请三个小组的代表分别来回答上面三个问题．

生 9：老师，对于问题 1，我们小组根据动画（三）的分析结果，认为 PA, PF_1 所在的直线可以看作是由桌面上的点 P 发出的与球相切的两条切线，A, F_1 是对应的切点，仍然有切线长相等，即 $|PA| = |PF_1|$，同理 $|PB| = |PF_2|$ 成立．

师：嗯，不错！虽然动画中给出的是平行光线，但是相对于 PA, PF_1，我们可以换个角度，把它们看作是从点 P 发出的光线与球切于 A, F_1 两点的情形．那么问题 2 呢？

生 10：问题 2 中，点 F_1, F_2 的位置不会变，因为球与桌面的相切位置没有变．但 A, B 的位置会变，因为点 P 的位置变了，过点 P 的平行光线自然也跟着在变，从而光线与球的切点也就跟着变了．但 $|PA| + |PB|$ 的值不会变，因为点 P 在变化的过程中，$|AB|$ 可以看作是平行光线夹在两个平行平面间的线段长度，是始终相等的，从而有 $|PA| + |PB| = |AB|$ 为定值．

师：很好．点 P 沿平行光线在桌面上的投影即椭圆的边界运动时，光线与球的切点形成了两个平行的圆面，光线在两圆面间的部分可以看成一个圆柱，线段 AB 则可以看作是这个圆柱的一条母线，显然母线长是不会改变的，即 $|AB|$ 为定值．最后的问题 3 哪个小组来回答？

生 11：老师，我是刚刚听了您对问题 2 的分析突然有了点想法，不知对不对．

师：你说说看，我们一起来探讨．

生 11：根据前面的分析，有 $|PA|=|PF_1|$，$|PB|=|PF_2|$，且 $|PA|+|PB|=|AB|$，所以有 $|PF_1|+|PF_2|=|AB|$，这就是问题 3 的答案．

师：同学们想想生 11 说得对不对？

大多数同学想了想，觉得应该是对的．

师：椭圆是平面图形，我们想得到的是椭圆上任意一点 P 相对于定点 F_1，F_2 满足的条件，那么在椭圆所在的这个平面内，$|AB|$ 的特性如何去体现呢？

生 12：$|AB|$ 为定值，则可以说 $|PF_1|+|PF_2|=$ 常数．

师：嗯，很好，这样我们才抓住了问题的本质，这也就是椭圆的几何特征．这个模型是由 1822 年比利时数学家旦德林（G. P. Dandelin）所做的著名的旦德林双球模型得出的．这个实验不仅让我们对椭圆的形成过程有一个直观的感知，并且严谨地证明了圆柱或圆锥的截口椭圆上的点满足的条件，即椭圆上的任意一点到两定点的距离之和等于常数（这个常数大于两定点间的距离），实现了椭圆截线定义与轨迹定义的统一．

设计意图

紧扣教材，利用旦德林双球模型，渗透数学文化思想．通过小组探究，引导学生根据球在斜方向的平行光线的投影的形状，结合圆的切线长相等的性质，归纳出椭圆的几何特征，即椭圆的第一定义．

【教学赏析】

著名教育家第斯多惠（F. A. W. Diesterweg）说过："一个坏的教师奉送真理，一个好的教师则教人发现真理．"普通高中数学课程标准也指出，教学要体现数学知识的发生发展过程，尤其是在概念教学中，教师要根据新课标对概念的具体要求，创造性地使用教材，优化概念教学设计，重视概念的形成过程，真正使学生在参与的过程中去体验、去探索以达到认识并掌握数学概念本质的目的．

该教学片段中，教师在充分理解教材的基础上，巧妙运用了发生教学法，将直观和体验融入教学中，层层递进，让学生有足够的想象与思考的空间，体会数学之美，这样的教学给学生留下了深刻的印象．整个探究过程虽然时间比较长，但通过让学生直观与体验，去经历数学概念的发生过程，在不知不觉中提升了学生的抽象概括能力，培养了学生逻辑推理、直观想象、数学抽象等数学核心素养，体现了新课标立德树人的核心理念．

【案例4-3】 "等差数列的前 n 项和公式推导"教学片段设计意图与赏析①

一、创设情境，引入新课

师： 同学们，如果图 4.6 中的钢管，最上面一层 1 根，依次往下，每层增加一根，共有 100 层，那么从第 1 层到第 100 层一共有多少根钢管？

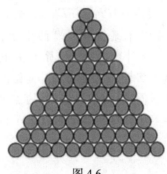

图 4.6

师： 这是一个什么问题？

生： 求和问题．

师： 大家能把这个问题用数学式子表示吗？

生： 可以． $1+2+3+\cdots+100=?$

师： 请同学们算出最后结果．

（让学生思考 30 秒左右）．

生： 5050．

师： 怎么算出来的呢？

生： $(1+99)+(2+98)+(3+97)+\cdots+(49+51)+50+100=5050$ ．

师： 怎么想到这样算呢？

生： 凑成 100，方便计算．

师： 非常棒！还有其他的计算方法吗？

（学生沉默．）

师： 200 多年前，有一位老师也提出从 1 加到 100 等于几的问题，据说当其他同学忙于把 100 个数逐项相加时，10 岁左右的高斯也用了一个简便方法迅速算出了正确答案，大家想知道吗？

---

① 该案例由江西省吉安市第一中学的刘志乐提供．

全班学生：想.

师：$(1+100)+(2+99)+\cdots+(50+51)=101\times50=5050$.

全班学生：哇，10 岁就会算这么难的题，真是厉害啊！

师：是的. 高斯是德国著名数学家、物理学家、天文学家、几何学家、大地测量学家，近代数学奠基者之一. 高斯被认为是历史上最重要的数学家之一，并享有"数学王子"之称. 高斯和阿基米德、牛顿、欧拉并列为世界四大数学家，一生成就极为丰硕.

设计意图

该教学环节教师引导学生从直观图形中抽象出数学计算式子，发展学生的数学抽象、数学运算等数学核心素养，并为后面用图形解决前 n 项和公式做铺垫. 以一个算式求和引发学生思考，用伟大的数学家高斯小时候的故事为导引，在让学生了解另一种简便计算方法的同时介绍了著名数学家高斯，见缝插针地渗透数学文化教学，同时也为后面探索什么情况下可以用倒序相加法做铺垫.

二、合作探究，揭示内涵

探究一　高斯算法背后原理

师：高斯和我们同学提出的方法都可以很快地计算出 100 个数的和，运用的是什么原理呢？请同学们从数列的角度解释.

（同学们认真思考，小组讨论，最后得出结论.）

生：高斯的算法关键在于首尾配对和相等，即

$$1+100=2+99=\cdots=50+51=101.$$

师：同学的算法可以凑成和为 100 的数，即

$$1+99=2+98=\cdots=49+51=100,$$

从而将问题转化为一个常数列有限项求和问题，快速得到答案.

师：同学们喜欢哪种方法？

生：高斯的算法.

师：好在哪里？

生：恰好可以首尾两两配对.

师：这种首尾配对的方法可以用图形表示出来吗？

生：可以. 补一个倒置的与原图全等的"三角形"，变成一个"平行四边形"（图 4.7）.

图 4.7

师：那这个"平行四边形"一共含有多少根钢管？

生：是原钢管数的两倍．

师：怎么求？

生：可以看成求这个"平行四边形"的面积，底是 101，高是 100，总数 101×100，所以原图中的钢管数为 $\dfrac{101 \times 100}{2} = 5050$．

师：是不是所有的加法计算都可以用高斯这种首尾配对的方法呢？

生：不是．

师：满足什么条件时用这种方法更好？ $1+2+3+\cdots+100 = ?$ 这个算式中的数有什么特殊之处？

生：这些相加的数相邻两项的差为 1．

师：满足这种条件的数称为什么数列？

生：等差数列．

师：还有其他特殊之处吗？

生：有．与首尾等距离的数的和相等．

师：同学们非常厉害．掌声鼓励！

老师写出板书．板书如下：

设 $a_n = n$，则 $a_1 = 1, a_2 = 2, a_3 = 3, \cdots$．

若数列 $\{a_n\}$ 是等差数列，$m, n, p, q \in \mathbf{N}^*$ 且有 $m+n=p+q$，则

$$a_m + a_n = a_p + a_q.$$

师：用文字表述是：等差数列中，下标和相等的两项和相等．高斯和同学们的算法的巧妙之处就在于运用了这个性质，从而将问题转化为一个常数列有限项求和问题，体现了转化与化归的数学思想．

设计意图

该教学片段从求前 100 项正整数和开始，让学生初步探索简便计算方法的使用条件及其背后的计算原理，发展学生的数学抽象、逻辑推理等数学核心素养．接着用图形对计算原理加以直观理解，引出等差数列的常用性质——若数列 $\{a_n\}$ 是等差数列，$m, n, p, q \in \mathbf{N}^*$ 且有 $m+n=p+q$，则 $a_m + a_n = a_p + a_q$，加深学生对等差数列性质的理解．通过老师的引导，学生自己观察、探索发现等差数列的内在规律．教学过程中体现转化与化归的数学思想方法，为后面等差数列前 n 项和公式的推导做铺垫．

探究二　高斯算法推广

师：高斯算法实际上解决了求等差数列 $1, 2, 3, \cdots, n, \cdots$ 前 100 项和的问题．你能从中得到启发推导出等差数列 $1, 2, 3, \cdots, n, \cdots$ 的前 n 项和吗？

师：是不是等差数列的任意前 n 项和都可以用首尾配对的方法？

生1：不行．n 是奇数就不行，会有一项不能配对．

生2：可以．

师：如何计算？

生2：我们只要按如下方式改进一下即可．

$$
\begin{array}{ccccccc}
1 & + & 2 & +\cdots+ & (n-1) & + & n \\
n & + & (n-1) & +\cdots+ & 2 & + & 1 \\
\hline
(n+1) & + & (n+1) & +\cdots+ & (n+1) & + & (n+1)
\end{array}
$$

由此可知

$$1+2+3+\cdots+n=\frac{(n+1)\times n}{2}.$$

师：同学们对不对？

生：对．

（响起热烈掌声．）

设计意图

从求确定的前 100 个正整数之和推广到求任意前 n 个正整数之和，让学生体会从特殊到一般的研究方法，旨在让学生改进"首尾配对求和"这一算法，发展学生的类比推理能力．

探究三 等差数列前 n 项和求和公式推导

师：高斯的算法能够推广到一般等差数列的前 n 项和吗？我们把等差数列的前 n 项和记为 S_n，即 $S_n = a_1 + a_2 + \cdots + a_n$.

学生思考，小组讨论，教师巡视、观察，适时引导、指导，由做得较好的小组代表展示.

生：根据等差数列的性质 $a_1 + a_n = a_2 + a_{n-1} = a_3 + a_{n-2} = \cdots$，因此有

$$S_n = a_1 + a_2 + a_3 + \cdots + a_n, \qquad ①$$
$$S_n = a_n + a_{n-1} + a_{n-2} + \cdots + a_1, \qquad ②$$

由①+②得 $2S_n = (a_1 + a_n) + (a_2 + a_{n-1}) + (a_3 + a_{n-2}) + \cdots + (a_n + a_1)$

$$= \underbrace{(a_1 + a_n) + (a_1 + a_n) + (a_1 + a_n) + \cdots + (a_1 + a_n)}_{n个(a_1 + a_n)} = n(a_1 + a_n),$$

得公式 1：$S_n = \dfrac{n(a_1 + a_n)}{2}, n \in \mathbf{N}^*$.

师：这组同学的展示非常棒，而且巧妙地运用了高斯算法. 我们把这种推导等差数列的前 n 项和的方法称为"倒序相加法".

师：同学们能否也用一个图形来直观表示等差数列前 n 项和的计算公式呢？

（同学们进一步探讨，大多数同学画出了两个倒置的三角形之和. ）

师：等差数列的前 n 项和的图形表示一定是三角形吗？

生：不一定. 因为首项不一定是 1，若首项不是 1，用等腰梯形来表示就更合适.

师：大家同意吗？

生：同意.

师：请大家在草稿纸上画出来.

[大部分同学画出了下面的图形及面积表示（图 4.8）.]

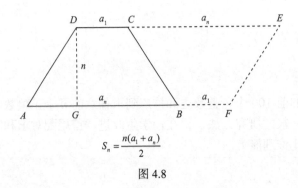

$$S_n = \frac{n(a_1 + a_n)}{2}$$

图 4.8

设计意图

在等差数列前 n 项和公式的推导过程中，通过问题获得知识，由易到难，引导学生掌握由特殊到一般的解题思路. 通过小组讨论，增强学生的团队合作意识. 用符号语言和图形语言两种方法表示等差数列前 n 项和公式，加深学生对 "倒序相加法" 的理解，发展学生的逻辑推理、数学运算、直观想象等数学核心素养.

探究四　等差数列前 n 项和求和公式的第二种表示方法

师：等差数列前 n 项和公式能否用首项 a_1 和公差 d 来表示呢？

生 1：可以.

$$S_n = a_1 + a_2 + a_3 + \cdots + a_n = a_1 + (a_1 + d) + (a_1 + 2d) + \cdots + [a_1 + (n-1)d]$$

$$= na_1 + [1 + 2 + 3 + \cdots + (n-1)]d = na_1 + \frac{n(n-1)}{2}d,$$

得到公式 2：$S_n = na_1 + \dfrac{n(n-1)}{2}d, n \in \mathbf{N}^*$.

生 2：不用那么复杂，只需把 $S_n = \dfrac{n(a_1 + a_n)}{2}$ 中 a_n 用 $a_1 + (n-1)d$ 代替即可.

师：同学们真的非常棒！

师：上节课学习，我们知道当 $d \neq 0$ 时等差数列的通项公式可看成是项数 n 的一次函数，那等差数列的前 n 项和可以看成什么函数呢？

生 1：可以看成项数 n 的二次函数，因为

$$S_n = na_1 + \frac{n(n-1)}{2}d = \frac{d}{2}n^2 + \left(a_1 - \frac{d}{2}\right)n, \quad n \in \mathbf{N}^*.$$

师：这个二次函数有什么特征呢？

生 2：最高次数的系数是公差的一半.

师：还有吗？

生 3：常数项为 0.

生 4：老师，还要特别注意只有 $d \neq 0$ 时才是关于项数 n 的二次函数.

师：同学们太棒了. 老师掌声鼓励大家！

师：这个公式能否也用图形的面积来表示呢？大家思考一下.

生：也可以用下面的图形的面积来表示（图 4.9）.

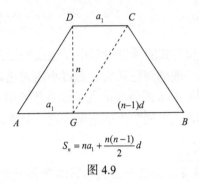

$$S_n = na_1 + \frac{n(n-1)}{2}d$$

图 4.9

三、归纳总结与板书

师：公式 1 用的是倒置"补形"的处理方法，公式 2 用的是"分割"的处理方法．

教师板书：

首项 a_1，公差 d 的等差数列 $\{a_n\}$ 前 n 项和公式 S_n：

（1）符号语言：

公式 1：$S_n = \dfrac{n(a_1 + a_n)}{2}$，其中 $a_1 + a_n = a_2 + a_{n-1} = a_3 + a_{n-2} = \cdots$．

公式 2：$S_n = na_1 + \dfrac{n(n-1)}{2}d$，整理变形成 $S_n = \dfrac{d}{2}n^2 + \left(a_1 - \dfrac{d}{2}\right)n$．

（2）文字语言：公式 1 可表述为首末两项之和与项数的乘积的一半．

（3）图形语言：对于等差数列的前 n 项和公式，我们可以联想到梯形的面积公式进行记忆，具体如图 4.10 所示．

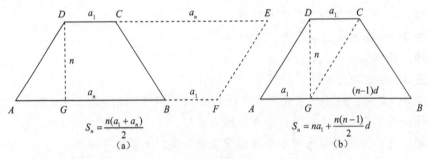

图 4.10

设计意图

通过数列的前 n 项和公式及函数的结合，进一步渗透数形结合思想、函数思想，提升学生的直观想象能力. 利用数形结合的思想，使学生对两个公式有直观的认识，体会数学的图形语言. 第一个公式 $S_n = \dfrac{n(a_1 + a_n)}{2}$ 反映了等差数列的顺数第 k 项与倒数第 k 项的和等于首项与末项的和这个内在性质；第二个公式 $S_n = na_1 + \dfrac{n(n-1)}{2}d$ 可以化为 $S_n = \dfrac{d}{2}n^2 + \left(a_1 - \dfrac{d}{2}\right)n$，反映了等差数列的前 n 项和与它的首项、公差之间的关系. 当 $d \neq 0$ 时，S_n 是关于 n 的二次函数，且常数项为 0，可以与二次函数进行比较，这也是我们后续将要研究和探讨的问题.

【教学赏析】

在"创设情境，引入新课"环节中，教师引导学生从直观图形中抽象出数学计算式子，发展学生的数学抽象、数学运算等数学核心素养，并为后面用图形解决前 n 项和公式做铺垫. 以一个算式求和引发学生思考，用伟大的数学家高斯小时候的故事为导引，很好地渗透了数学文化教学.

在"合作探究，揭示内涵"环节中，教师通过"高斯算法背后原理、高斯算法推广、等差数列前 n 项和求和公式推导、等差数列前 n 项和求和公式的第二种表示方法"等一系列的探究过程，引导学生自己观察、探索发现，导出数列的前 n 项和公式. 并引导学生从图像、函数等方面理解公式，让学生真正体验知识的生成过程，整个教学过程中很好地落实了"教师为主导，学生为主体"的教学理念，发展了学生的数学抽象、逻辑推理、数学运算等数学核心素养，培养了学生的数形结合、函数与方程、转化与化归等数学思想.

【案例 4-4】"无理数概念"教学片段设计意图与赏析[①]

片段一：折纸活动

师：同学们，取边长为 2cm 的正方形纸片，按图 4.11 所示折纸. 阴影部分正方形的面积是多少？

[①] 该案例由江西省景德镇市蛟潭二中的徐辉提供.

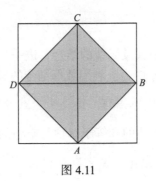

图 4.11

生：阴影正方形的面积为 2cm^2.

师：设阴影正方形的边长为 a，a 满足什么条件？

生：$a^2=2$.

师：阴影正方形的边长 a 还可以看作什么？

生：是边长为 1cm 正方形的对角线.

设计意图

以活动激发学生的学习兴趣，活跃学生的思维. 从折纸活动中认识 a 的几何意义和客观存在性，使学生认识到研究的必要性并对研究的数有个直观的认识.

师：关于 a，我们已知道，它是面积为 2cm^2 正方形的边长，是边长为 1cm 正方形的对角线长. 那么，同学们能不能求出它的大小呢？能估计大致范围吗？它是什么样的数？

设计意图

开门见山，在趣味中直奔主题. 带着问题进入下一环节：大小是多少，是什么样的数？

片段二

师：在等式 $a^2=2$ 中，a 是一个整数吗？为什么？

生：因为 $1^2=1$，$2^2=4$，$3^2=9$，…，越来越大，所以 a 大于 1 而小于 2，它不是一个整数.

师：你能估计 a 的大致范围吗？

生：因为 $1.5^2=2.25$，$1.4^2=1.96$，所以 a 大于 1.4 而小于 1.5.

师：回答得很好，你还能说得更精确些吗？

生：用计算器可知

　　$1.45^2=2.1025$，$1.44^2=2.0736$，$1.43^2=2.0449$，$1.42^2=2.0164$，$1.41^2=1.9881$，可见 a 大于 1.41 而小于 1.42.

设计意图

　　前面两个问题让学生在讨论、交流中逐渐认识 a；后面一个问题教师不点明思路是什么，只点出思路是共同的，目的是引导学生自己悟思路——用平方运算探索 a 的值，这样才能给学生提供自主探索的空间.

师：用计算器轻松获得了更精确的结果，还能比这个结果更精确吗？

生：用计算器算出 $a=1.414213562$.

师：用计算器直接算 a 很快捷，那么此时 $a^2=2$ 吗？

生：因为 $1.414213562^2=1.999999999$，这说明 a^2 不等于 2.

师：这是怎么回事？难道计算器算错了？

生 1：计算器没有算错，这种现象说明用计算器算得的 a 的值只是一个近似值，不是准确值.

生 2：我们使用的科学计算器只能显示 10 位数字.

教师讲解：因为 $1.414213562^2=1.999999999<2$，所以可得

$$a=1.414213562+r，0<r<1，$$

两边平方，得

$$2=1.414213562^2+2\times1.414213562r+r^2，$$

因为 r^2 值很小，可略去，得

$$2\approx1.414213562^2+2\times1.414213562r.$$
$$r=(2-1.414213562^2)\div(2\times1.414213562)，$$

用计算器得 $r=3.730950489\times10^{-10}$，所以 $a=1.4142135623\cdots$.

师：用计算机算一下 a，数数看，有多少位？吃惊吗？

生：计算机显示了 a 小数点后面 400 位.

师：a 是一个有限小数吗？

生：由前面的计算推理及计算机显示，a 的小数位数无限.

师：a 是一个循环小数吗？

生：由前面的计算推理及计算机显示，a 的小数部分不循环.

教师讲解：事实上，把 a 写成小数形式，它的小数点后面的位数是无限的，而且是不循环的，它是无限不循环小数.

设计意图

　　层层递进的问题激发了学生的思维和求知欲，帮助学生认识 a 的本质——无限不循环的深入研究过程．这一过程体现了教师的引导作用，同时利用计算机的辅助作用增强了学生对 a 是"一个无限不循环小数"的信服．

　　师：a 是我们以前学过的数吗？

　　（引导学生讨论交流．）

　　生 1：a 不是我们以前学过的数，是一种新的数．

　　生 2：因为它是小数，所以 a 是有理数……

　　师：a 到底是不是我们以前学过的有理数呢？先把下面的问题议一议后，再找答案．

　　（1）把下列各数表示成小数，它们的小数部分有什么特点？

$$6, -\frac{3}{5}, \frac{1}{3}, \frac{1}{7}.$$

　　生：小数部分的位数有限或无限，位数无限时会出现循环．

　　教师讲解：上面给出的几个数都是有理数，它们都可以用有限小数或无限循环小数表示，对一般的有理数同样如此．

　　（2）将下列小数化成分数，有什么发现？

$$-0.25, 0.\dot{6}.$$

　　生：有限小数或无限循环小数能化成分数．

　　教师讲解：由此可知，有理数都可以用有限小数或无限循环小数表示，反过来任何有限小数或无限循环小数也都是有理数；换句话说，有理数是有限小数或无限循环小数．

　　师：无限不循环小数是有理数吗？a 是有理数吗？

　　生：不是，a 虽然是小数，但它是无限不循环小数，它不是有理数．

　　师：a 是什么数呢？

　　生（齐声答）：不是有理数，是一个新数——无限不循环小数．

　　教师讲解：对，把这个新发现的数称为无理数，把这样的无限不循环小数称为无理数．无理数的定义：无限不循环小数称为无理数．

　　与 a 类似，上节课我们得到的 $b^2 = 3, c^2 = 5$ 中的 b, c，写成小数形式都是无限不循环小数，即 $b = 1.73205080\cdots, c = 2.23606797\cdots$，它们都是无理数．

师：0.505005000500005…（两个 5 之间依次多一个 0）是什么数？你能构造一个这样的数吗？π 是什么数？

生：因为它的小数部分是无限的，而且不循环，所以它是无理数，例如：0.101001000100001…（两个 1 之间依次多一个 0），−2.5858885888885…（两个 5 之间 8 的个数逐次加 2）等.

教师引导学生讨论 π 值，并用计算器及计算机进行验证，得出它是一个无理数.

设计意图

继续用问题串引导学生进入新一轮的讨论，达到以下效果：①在复习旧知识中为无理数概念的引出做好准备，也起到对比的作用；②引导学生概括概念并运用概念进行识别，在应用中加深对"无限、不循环"的印象，为进一步区分有理数和无理数打下基础；③让学生发现有理数和无理数也会合成一个整体，即所有的小数，包括有限的、无限的，其中无限小数包含循环与不循环的. 根据概念只有无限不循环小数才是无理数.

【教学赏析】

两个教学片段通过"初步认识 a"和"全面认识 a"两个不同层次，层层深入，使学生逐渐认识 a 的本质——无限不循环，并体会无限逼近的思想，这时引入无理数的概念已水到渠成.

问题串的设计，步步递进，激发了学生解决问题的欲望，使学生在自主探索与合作交流中掌握方法. 这符合学生的心理特征及认知习惯，使学生能有效地掌握无理数的概念并理解无理数无限不循环的本质，顺利完成概念教学.

数学学习总是与一定的知识背景，即情境相联系的. 在实际情境下进行学习，可以使学生利用自己原有认知结构中的有关知识和经验，"同化"和"形成"当前要学习的新知识，促进对新知识的意义构建. 同时，数学教材中的很多抽象概念常常以精练的定义形式出现，并略去了其形成过程，教师应将此过程充分揭示出来，使学生经历观察、比较、抽象、概括等一系列的概念形成过程，从中学到研究问题和提出概念的思想方法. 因此，这节课让学生经历了无理数的发现过程，并在教学中突出探索过程，在数形结合思想的充分运用下，借助夹逼法、信息技术将无理数形象呈现出来，同时学习中涉及直观想象、数学抽象、逻辑推理、数学运算等多个核心素养的综合考查，发展了学生的思维，调动学生主动参与教学活动，从而理解无理数的本质特征——无限不循环.

最后，在认识 a 的教学过程中，学生的估算方法可能多种多样，在估算前，鼓励他们用自己的语言清晰地表达自己的观点，教师最后进行汇总. 估算方式可以采用表格的形式. 同时，在学生操作过程中应注意培养学生动手、动脑学数学的良好习惯.

4.2 逻辑推理教学片段

【案例 4-5】"基本不等式与最大（小）值"教学片段设计意图与赏析[①]

问题 1：求函数 $y = x + \dfrac{1}{x}(x < 0)$ 的最值.

生：直接用基本不等式 $y = x + \dfrac{1}{x} \geqslant 2\sqrt{x \cdot \dfrac{1}{x}} = 2$，因为 $x < 0$，所以当且仅当 $x = \dfrac{1}{x}$，即 $x = -1$ 时，等号成立. 故此函数有最小值，为 2.

师：同学们思考下，这位同学的解法对吗？

生：刚才的同学解法不对，因为 $x < 0$，所以不满足基本不等式的前提，应该先将函数变形为 $y = x + \dfrac{1}{x} = -\left[(-x) + \left(-\dfrac{1}{x}\right)\right]$，因为 $-x > 0$，保证了两项均为正数之后，再用基本不等式 $(-x) + \left(-\dfrac{1}{x}\right) \geqslant 2$，得到

$$y = x + \dfrac{1}{x} = -\left[(-x) + \left(-\dfrac{1}{x}\right)\right] \leqslant -2.$$

所以函数有最大值 -2. 等号当且仅当 $x = -1$ 时成立.

设计意图

通过编制似是而非的问题，经过学生间的交流、探讨，使学生对基本不等式的使用前提有深刻的认识，从而记住使用基本不等式时必须要保证每项为正数.

---

① 该案例由江西省上饶市横峰中学的劳小明提供.

问题 2：能不能用基本不等式求函数 $y = x + \dfrac{1}{x-1}(x > 1)$ 的最小值．

生：不能，因为 $y = x + \dfrac{1}{x-1} \geqslant 2\sqrt{x \cdot \dfrac{1}{x-1}}$ 不是常数，所以没有最小值．

生：能，先将函数变形为 $y = x - 1 + \dfrac{1}{x-1} + 1$，因为 $x > 1$，所以 $x - 1 > 0$，可

得 $y = x - 1 + \dfrac{1}{x-1} + 1 \geqslant 2\sqrt{(x-1)\left(\dfrac{1}{x-1}\right)} + 1 = 3$．等号当且仅当 $x = 2$ 时成立．所以

函数最小值为 3．

设计意图

　　引导学生归纳出：求两个正数（式）和的最小值，必须保证两数（式）乘积为定值；如果两数（式）乘积不是定值，则需要根据已知条件合理变形、构造，保证两数（式）和为定值．

问题 3：已知 $0 < x < \dfrac{3}{2}$，求函数 $y = x(3 - 2x)$ 的最大值．

生：仿照问题 2，将表达式变形即可．

因为 $0 < x < \dfrac{3}{2}$，所以 $y = x(3 - 2x) = \dfrac{1}{2}(2x)(3 - 2x) \leqslant \dfrac{1}{2}\left(\dfrac{2x + 3 - 2x}{2}\right)^2 = \dfrac{9}{8}$，等

号当且仅当 $x = \dfrac{3}{4}$ 时成立．故此函数的最大值为 $\dfrac{9}{8}$．

设计意图

　　此题是运用基本不等式求最值的另一类题型：求两个正数（式）的乘积的最大值，则必须保证两数（式）和为定值．如果两数（式）和不是定值，则需要根据已知条件合理变形、构造，从而确保两数（式）和为定值．

问题 4：函数 $y = \sin x + \dfrac{4}{\sin x}(0 < x < \pi)$ 的最小值是 4 吗？

生：是，因为 $0 < x < \pi$，所以 $\sin x > 0$，由基本不等式可知

$$y = \sin x + \frac{4}{\sin x} \geqslant 2\sqrt{\sin x \cdot \frac{4}{\sin x}} = 4 .$$

生：不是，因为等号成立的条件是 $\sin x = \dfrac{4}{\sin x}$，即 $\sin x = 2$．这显然不能

成立，所以函数最小值不能取 4．

设计意图

　　通过对该问题的思考，使学生在错误中体会到使用基本不等式求最值时，必须要写出等号成立的条件，形成缜密的数学逻辑思维.

　　师：根据以上四个问题，同学们能否概括出使用基本不等式求最值的要点？
学生经过思考交流，积极探讨，得出以下结论：
结论1：每项是正数.
结论2：乘积或者和是定值.
结论3：要检验等号成立的条件.
师生共同归纳出使用基本不等式求最值的要点：一正二定三相等.

设计意图

　　通过创设四个问题，将零散的知识有机地合为一个整体，引导学生归纳出利用基本不等式求最值的原则.

【教学赏析】

　　该教学片段始终围绕利用基本不等式求最值这个中心，先将知识分割成几个小块，降低了思维难度，利用问题串层层递进，帮助学生在试错的过程中进行深入思考，最后又将几个问题整合，从具体问题入手，归纳出利用基本不等式求最值的一般性方法.

　　教学设计一方面明确了基本不等式的使用技巧，使学生能用基本不等式顺利解决问题；另一方面以点带面，通过具体实例归纳出解题经验，上升至一般性问题的解法，培养了学生的逻辑推理能力. 同时，在解题中合理运用基本不等式求最值，提高了学生数学运算的核心素养.

　　该教学片段使学生能够掌握逻辑推理的基本形式，学会有逻辑地思考问题；能够在比较复杂的情境中把握事物之间的关联，把握事物发展的脉络，从而形成重论据、有条理、合乎逻辑的思维品质和理性精神.

【案例 4-6】 "导数与函数的单调性"教学片段设计意图与赏析[①]

　　问题1：求函数 $f(x)=2x^3-3x^2-36x+16$ 的递增区间和递减区间.
　　（学生在草稿纸上解答，然后教师选择学生解答投屏并总结.）

———————
[①] 该案例由江西省宜春市铜鼓中学的漆赣湘提供.

生 1：$f'(x) = 6(x^2 - x - 6) = 6(x - 3)(x + 2)$．当 $f'(x) > 0$，即 $x > 3$ 或 $x < -2$ 时，$f(x)$ 单调递增；当 $f'(x) < 0$ 即 $-2 < x < 3$ 时，$f(x)$ 单调递减．所以函数 $f(x)$ 的单调递增区间为 $(-\infty, -2)$ 和 $(3, +\infty)$，单调递减区间为 $(-2, 3)$．

师：求函数的单调区间其实就是求不等式 $f'(x) > 0$ 和 $f'(x) < 0$ 的解集．但最后结果一定要写成区间的形式，当有多个单调区间时，一般地要用"和"字或"，"连接，而不用"或""$\cup$"连接．如果将题中的定义域改为 $(0, 4)$，函数的单调区间还是一样的吗？

生 2：不一样，单调递增区间变为 $(3, 4)$，单调递减区间变为 $(0, 3)$．

师：对，当函数的定义域发生变化时，不等式 $f'(x) > 0$ 和 $f'(x) < 0$ 的解集也会发生变化，单调区间自然也不一样，因此求函数单调区间时一定要注意函数的定义域．

问题 2：求函数 $f(x) = -3x^2 + \ln x + 5x$ 的单调区间．

（学生解答，教师巡视，选择有问题的学生解答投屏．）

生 3：$f'(x) = -6x + \dfrac{1}{x} + 5 = \dfrac{-(6x + 1)(x - 1)}{x}$．因为 $x > 0$，所以当 $f'(x) > 0$，即 $x > 1$ 或 $x < -\dfrac{1}{6}$ 时，$f(x)$ 单调递增；当 $f'(x) < 0$ 即 $-\dfrac{1}{6} < x < 1$ 时，$f(x)$ 单调递减．所以函数 $f(x)$ 的单调递增区间为 $\left(-\infty, -\dfrac{1}{6}\right)$ 和 $(1, +\infty)$，单调递减区间为 $\left(-\dfrac{1}{6}, 1\right)$．

师：生 3 的解答正确吗？有没有不同答案？

生 4：生 3 的解答不正确．当 $f'(x) > 0$ 时，$-\dfrac{1}{6} < x < 1$；当 $f'(x) < 0$ 时，$x > 1$ 或 $x < -\dfrac{1}{6}$．所以函数 $f(x)$ 的单调递增区间为 $\left(-\dfrac{1}{6}, 1\right)$，单调递减区间为 $\left(-\infty, -\dfrac{1}{6}\right)$ 和 $(1, +\infty)$．

师：对于生 3 和生 4 的解答，同学们还有不同看法吗？

生 5：生 3 和生 4 的解答均不正确，都忘了定义域．当 $f'(x) > 0$ 时，$0 < x < 1$；当 $f'(x) < 0$ 时，$x > 1$．函数 $f(x)$ 的单调递增区间应为 $(0, 1)$，而单调递减区间应为 $(1, +\infty)$．

师：不错，生 5 说得完全正确．在求 $f'(x) > 0$ 和 $f'(x) < 0$ 的解集时我们一定要优先考虑函数的定义域．另外，在解不等式 $-(6x + 1)(x - 1) > 0$、$-(6x + 1)(x - 1) < 0$ 时，还要注意抛物线 $y = -(6x + 1)(x - 1)$ 的开口方向．

设计意图

通过函数定义域从 **R** 到 $(0,4)$ 再到 $(0,+\infty)$ 的改变，使学生在熟练巩固导数求单调区间方法的同时，加强他们对单调区间是函数定义域的子区间的理解，从而提高其解决问题的能力.

问题 3：求函数 $f(x)=2x^3-3ax^2-36a^2x+16$ 的单调区间.

（同桌学生相互讨论并解答，教师巡视并针对学生常见错误解答投屏.）

生 6：$f'(x)=6(x-3a)(x+2a)$. 当 $f'(x)>0$，即 $x>3a$ 或 $x<-2a$ 时，$f(x)$ 单调递增；当 $f'(x)<0$ 即 $-2a<x<3a$ 时，$f(x)$ 单调递减. 所以函数 $f(x)$ 的单调递增区间为 $(-\infty,-2a)$ 和 $(3a,+\infty)$，单调递减区间为 $(-2a,3a)$.

师：对生 6 的求解过程，其他同学有没有什么不同的看法呢？你们所求的单调区间和他一样吗？

生 7：生 6 的解法有问题，因为 $-2a$ 与 $3a$ 的大小不确定，应分情况讨论.

师：那你认为应分哪几种情况讨论呢？

生 7：分 $-2a<3a$，$-2a=3a$，$-2a>3a$ 讨论：当 $-2a<3a$ 即 $a>0$ 时，$f(x)$ 的单调递增区间为 $(-\infty,-2a)$ 和 $(3a,+\infty)$，单调递减区间为 $(-2a,3a)$；当 $-2a=3a$ 即 $a=0$ 时，$f'(x)=6x^2\geqslant0$ 恒成立，$f(x)$ 的单调递增区间为 $(-\infty,+\infty)$，无单调递减区间；当 $-2a>3a$ 即 $a<0$ 时，$f(x)$ 的单调递增区间为 $(-\infty,3a)$ 和 $(-2a,+\infty)$，单调递减区间为 $(3a,-2a)$.

师：不错，当导函数中含参数时，不等式 $f'(x)>0$ 和 $f'(x)<0$ 的解集可能因参数的取值而发生变化. 因此，应该对 $f'(x)=0$ 有无实根、有实根的话哪个根大哪个根小进行分类讨论得出相应的单调区间.

师：如果我们将函数解析式改为 $f(x)=2ax^3-3x^2-36x+16(a\neq0)$，又如何求该函数的单调区间呢？请同学们课后进行探讨.（若学生数学基础好也可以考虑在课堂上解决.）

设计意图

对问题 1 的函数解析式进行变式，使导函数增加了参数，目的是让学生学会分类讨论的方法. 两个变式问题处理方式是不一样的，问题 3 中只需分 $a=0,a>0,a<0$ 三种情况比较方程两根的大小即可，而最后抛出的问题因参数在导函数的二次项，在解不等式时，除要分 $a>0,a<0$ 讨论其对应抛物线的开口方向外，还要结合 $\Delta>0,\Delta=0,\Delta<0$ 对相应的一元二次方程根的情况分类讨论，比较复杂，意图进一步提升学生分析问题、解决问题的能力.

【教学赏析】

著名的数学家乔治·波利亚曾形象地指出："好问题同某种蘑菇有些相像，它们都成堆地生长，找到一个以后，你应当在周围找找，很可能附近就有好几个."作为一名教师应充分认识课本例题和习题所蕴含的价值，注重对课本例题和习题的挖掘和研究，创造性地使用教材中的例题和习题，多找些"蘑菇"让学生分享，甚至让学生自己学会采"蘑菇".

该教学片段充分体现了"以生为本"的教学理念，教者从课本一道例题出发，围绕新知的应用，从定义域为 **R** 到给定定义域，从导函数中不含参数到含参数.由浅入深，由易到难，不断改变问题的条件，使学生始终处于一个不断主动探索，解决问题的过程，采集一个一个不一样的"蘑菇".这也大大激发了他们的学习潜能与兴趣，促进了其推理能力、运算能力的提升，从而使逻辑推理、数学运算等数学核心素养在教学中得以逐步渗透.

【案例 4-7】 "一道高考概率题的解法"教学片段设计意图与赏析[①]

师： 篮球是高中生的第一运动，喜欢看篮球比赛的同学很多，2019 年普通高等学校招生全国统一考试理科数学（全国 I 卷）第 15 题，就是以篮球比赛为背景命题的，原题如下：

甲、乙两队进行篮球决赛，采取七场四胜制（当一队赢得四场胜利时，该队获胜，决赛结束）.根据前期比赛成绩，甲队的主客场安排依次为"主主客客主客主".设甲队主场取胜的概率为 0.6，客场取胜的概率为 0.5，且各场比赛结果相互独立，则甲队以 4：1 获胜的概率是_____.

师： 这是我们学过的一种概率模型问题，同学们想想看，该如何解决它呢？

（学生自主尝试完成，同桌间相互交流，教师巡视，并从中选出一名解答错误的学生展示其解题过程.）

生 1： 甲 4：1 获胜，就是甲在 5 场比赛中胜 4 场败 1 场.可能是 5 场中主场败 1 场，也可能是客场败 1 场.记 5 场中主场败 1 场为事件 A，其发生的概率为 $P(A)=C_3^1\times(1-0.6)\times0.6^2\times0.5^2=0.108$；记 5 场中客场败 1 场为事件 B，其发生的概率为 $P(B)=C_2^1\times(1-0.5)\times0.5\times0.6^3=0.108$.所以甲以 4：1 的比分获胜的概率为 $P(A+B)=0.108+0.108=0.216$.

师： 生 1 以甲败的 1 场为分类标准，分两种情况进行讨论并使用"独立重复

---

① 该案例由江西省九江市第七中学的张明星提供.

试验"公式来计算,化繁为简,思路比较清晰.大家是否认同他的解法呢?

生 2:生 1 的解法有问题,当甲连赢 4 场时,甲队就获胜了,比赛也就结束了,所以前 4 场甲必然败了 1 场,才有打第 5 场的可能,且第 5 场必定是甲获胜,所以第 5 场是不需要讨论的.只需以甲在前 4 场"主主客客"中,是主场败还是客场败两种情况讨论即可.因此,所求概率应为

$$P = C_2^1 \times (1-0.6) \times 0.6 \times 0.5^2 + C_2^1 \times (1-0.5) \times 0.5 \times 0.6^2 = 0.3 .$$

师:生 1 的解法确实是错误的,那么生 2 的解法有问题吗?

生 3:生 2 的解法也是错误的,答案应为 0.18.

师:为什么呢?

生 3:因为生 2 只考虑前面 4 场的胜负情况,没有把第 5 场甲胜的概率计算在内,正确的解答应为

$$P = C_2^1 \times (1-0.6) \times 0.6 \times 0.5^2 \times 0.6 + C_2^1 \times (1-0.5) \times 0.5 \times 0.6^2 \times 0.6 = 0.18 .$$

师:相当不错,答案确实是 0.18.前面两位同学之所以解答错误,关键是没有综合考虑 4∶1 获胜及"主主客客主客主"的比赛安排.生 1 忽视了"第 5 场必为甲胜,无须讨论"这一隐藏条件;而生 2 虽然考虑了"第 5 场必为甲胜"这一隐藏条件,但在计算时没有把它体现出来.所以我们在解题时一定要认真审题,善于发现题中的隐藏条件,并且应用相应的概率模型公式准确计算.

设计意图

从学生熟悉、喜爱的运动引入,以新鲜的热点问题为背景,可以很快地吸引学生的关注,激发他们的探索欲.通过学生的错解呈现,学生一步一步剖析错因,把课堂还给学生,可以充分调动学生探究的热情,培养学生分析问题、解决问题的能力.

【教学赏析】

"教育就是对话",让学生说出各自的想法,可以让问题充分暴露,让更多的思维火花发生碰撞,让问题在交流中得以解决.

该教学片段中出现的高考真题,需要学生从看似平常的赛制中推理出"4∶1获胜"及"主主客客主客主"中隐藏的条件,并进行正确的分类讨论得出结果.而把课堂还给学生,学生自主探究得出"错误的解读",再互相纠错,找出问题所在,教师进而适当引导,充分体现了"以生为本"的课堂理念,数学运算、逻辑推理等数学核心素养在课堂教学中也得以渗透.

【案例 4-8】 **"指数型代数式大小比较的解题策略探究"教学片段设计意图与赏析**[①]

比较 16^{18} 与 18^{16} 的大小（PPT 演示题目）．

师： 比较大小一般有哪些方法呢？

生 1： 比较大小，一般有两种方法：作差比较与作商比较．

师： 那比较 16^{18} 与 18^{16} 的大小用什么方法好呢？为什么？

生 2： 作商比较，由于 $16^{18} > 0, 18^{16} > 0$，$\dfrac{16^{18}}{18^{16}} > 1 \Leftrightarrow 16^{18} > 18^{16}$．

师： $\dfrac{16^{18}}{18^{16}} > 1$ 这一步你是怎么得到的呢？

生 2： 因为 $\dfrac{16^{18}}{18^{16}}$ 计算量大，我尝试变形，使 $\dfrac{16^{18}}{18^{16}} = a^x$，然后分析 a^x 与 1 的大小．即当 $a > 1, x > 0$ 或 $0 < a < 1, x < 0$ 时，$a^x > 1$；当 $a > 1, x < 0$ 或 $0 < a < 1, x > 0$ 时，$a^x < 1$．

生板书：$\dfrac{16^{18}}{18^{16}} = \left(\dfrac{16}{18}\right)^{16} \cdot 16^2 = \left(\dfrac{16}{18}\right)^{16} \cdot 2^8 = \left(\dfrac{16\sqrt{2}}{18}\right)^{16} = \left(\dfrac{8\sqrt{2}}{9}\right)^{16}$．

$\because \dfrac{8\sqrt{2}}{9} > 1, 16 > 0$，

$\therefore \left(\dfrac{8\sqrt{2}}{9}\right)^{16} > 1$，即 $\dfrac{16^{18}}{18^{16}} > 1$，

$\therefore 16^{18} > 18^{16}$．

师： 好，非常棒！这个解法非常巧妙，灵活运用了指数函数的单调性．（掌声鼓励）

师： 这道题目是大小比较中的典型例子，同学们能否给出它的一般情形？

生 3： 老师，应该是比较 a^b 与 b^a（$b > a > 1$）的大小吧．

师： 嗯，不错，那么上面的作商法还能用吗？谁能上来展示？

生 4： $\dfrac{a^b}{b^a} = \left(\dfrac{a}{b}\right)^a a^{b-a}$．

$\because b > a > 1$，

$\therefore 0 < \dfrac{a}{b} < 1, b - a > 0$，

---

① 该案例由江西省上饶市鄱阳中学的张楷清提供．

$$\therefore 0 < \left(\frac{a}{b}\right)^a < 1, a^{b-a} > 1 \,,$$

$$\therefore \left(\frac{a}{b}\right)^a a^{b-a} > 1 \,,$$

$$\therefore \frac{a^b}{b^a} > 1 \,, \quad 即\ a^b > b^a \,.$$

师：同学们看看生 4 作得对不对？

生 5：不对，由 $0 < \left(\frac{a}{b}\right)^a < 1, a^{b-a} > 1$ 不能得到 $\left(\frac{a}{b}\right)^a a^{b-a} > 1$，因为两个不等式

的方向不一致.

师：嗯，太棒了. 不等式相乘时，一定要确保同向非负. 那么，这种方法行得通吗？对比上面那道题目，关键问题出在哪里？

生 6：上面那道题目数字比较特殊，16^2 可以化成 $(\sqrt{2})^{16}$.

师：那么能不能通过改变条件使得它们的大小能够确定呢？

生 7：把 $b > a > 1$ 改成 $0 < a < b < 1$ 就可以了.

$$\because 0 < a < b < 1 \,,$$

$$\therefore 0 < \frac{a}{b} < 1, b - a > 0 \,,$$

$$\therefore 0 < \left(\frac{a}{b}\right)^a < 1, 0 < a^{b-a} < 1 \,,$$

$$\therefore 0 < \left(\frac{a}{b}\right)^a a^{b-a} < 1 \,,$$

$$\therefore \frac{a^b}{b^a} < 1 \,, \quad 即\ a^b < b^a \,.$$

师：好，生 7 还学会编题了.（鼓掌）

师：下面我们就生 7 编的题探究一下还有没有其他解法.

生 8：老师我可以用作差比较.

解答如下：$a^b - b^a = b^a\left(\dfrac{a^b}{b^a} - 1\right) = b^a\left[\left(\dfrac{a}{b}\right)^a \cdot a^{b-a} - 1\right]$.

$$\because 0 < a < b < 1 \,,$$

$$\therefore b^a > 0, 0 < \frac{a}{b} < 1, b - a > 0, 0 < a^{b-a} < 1 \,,$$

$$\therefore \left(\frac{a}{b}\right)^a \in (0,1), a^{b-a} \in (0,1) \ ,$$

$$\therefore \left(\frac{a}{b}\right)^a a^{b-a} - 1 < 0 \ ,$$

$$\therefore a^b < b^a \ .$$

师：生 8 的思维很活，但它的本质其实也是作商法，只是形式上有点区别．

生 9：我把它转化成比较 $b\ln a$ 与 $a\ln b$ 的大小，即比较 $\dfrac{\ln a}{a}$ 与 $\dfrac{\ln b}{b}$ 的大

小．为此构造函数 $f(x) = \dfrac{\ln x}{x}$，求导可得 $f'(x) = \dfrac{\frac{1}{x}\cdot x - \ln x}{x^2} = \dfrac{1 - \ln x}{x^2}$ ．

当 $x \in (0,\mathrm{e})$ 时，$f'(x) > 0$，则 $f(x)$ 在 $(0,\mathrm{e})$ 上递增，又 $0 < a < b < 1$，

$$\therefore f(a) < f(b) \ ,\ \text{即} \ \frac{\ln a}{a} < \frac{\ln b}{b} \ ,$$

$$\therefore b\ln a < a\ln b \ ,$$

$$\therefore \ln a^b < \ln b^a \ ,$$

$$\therefore a^b < b^a \ .$$

师：太棒了！生 9，你是怎么想到的？

生 9：因为题中是指数形式，我就联想到转化成对数形式，然后再利用同构思想构造函数．

师：很好，以后遇到比较难的指数问题就可以考虑取对数进行转化．同学们还有别的方法吗？

生 10：老师，还可以构造函数 $f(x) = x^b - b^x (0 < x < b < 1)$，$f'(x) = bx^{b-1} - b^x \ln b$ ．

$$\because 0 < x < b < 1 \ ,$$

$$\therefore bx^{b-1} > 0, \ln b < 0, b^x > 0 \ ,$$

$$\therefore f'(x) > 0 \ ,$$

$$\therefore f(x) < f(b) \ .$$

而 $f(b) = b^b - b^b = 0$，$\therefore f(x) < 0$，即 $a^b < b^a$ ．

师：同学们，生 10 用的是什么方法？

学生齐答：主元法．

师：对．对于双变量问题，我们可以考虑将其中一个变量视为主元，另一个视为参数去构造函数．好，同学们继续．

生 11：老师，我可以利用指数函数、幂函数的单调性，解答如下：

$\because a \in (0,1)$,

$\therefore$ 函数 $y=a^x$ 单调递减. 又 $0<a<b<1$,

$\therefore a^b < a^a$,

又函数 $y=x^a$ 在 $(0,+\infty)$ 上单调递增,

$\therefore a^a < b^a$. 利用不等关系的传递性可知: $a^b < a^a < b^a$.

师: 不错, 这是我们常说的界值法. 还有别的方法吗?

生 12: 老师我用了反证法. 解答如下:

假设 $a^b \geqslant b^a$, 两边取以 a 为底的对数,

$\because 0<a<b<1$, $\therefore \log_a a^b \leqslant \log_a b^a$, $\therefore b \leqslant a\log_a b$, 即 $\dfrac{b}{a} \leqslant \log_a b$.

$\because 0<a<1$, $\therefore \log_a b < \log_a a = 1$.

$\therefore \dfrac{b}{a} < 1$, 即 $b<a$, 与 $0<a<b<1$ 矛盾.

$\therefore$ 假设不成立, 即 $a^b < b^a$ 成立.

师: 好, 生 12 用的是间接法, 也就是正难则反思想. 相信同学们还有其他方法, 时间原因, 同学们课后可以继续探讨. 下面请一位同学总结一下这节课我们用到了哪些方法.

生 13: 作商法、作差法、构造函数法、反证法.

【教学赏析】

这节课是一节指数型代数式大小比较的复习课, 比较 a^b 与 b^a 的大小 ($0<a<b<1$) 常用方法是作商法, 但该教学片段中出现了构造函数法、作差法以及反证法等非常规方法, 反映了学生思维灵活, 思路开阔, 对知识的应用能力较强.

从该教学片段中可以看出老师讲解很少, 但课堂内容充实、气氛活跃. 究其原因: 一是老师充分相信学生, 尊重学生的主体地位, 大胆放手, 给足学生思考的时间, 大大拓展了学生的思维空间, 使学生的思维变得异常活跃; 二是赋予学生发言权, 给学生提供了展示机会, 生生对话、生生交流才会真实发生, 学生不但掌握了指数型代数式比较大小的通性通法, 而且还把导数的应用与比较大小进行了连接, 使知识的应用得到了高度融合.

新课标新课程理念指出, 课改的关键是改课, 教师的教学方式要成为点燃学生思维的火源. 该教学片段深刻体现了新课程理念, 使得整个教学片段呈现出生动、活跃的课堂氛围, 实现了真正的对话, 使学生真正进入了知识建构、高阶思维"深度学习"的学习状态, 学生的思维碰撞出了灿烂的火花, 引导学生从多角

度、多方位、多层次思考比较大小的问题，领悟化归与转化、构造、反证法等数学思想、方法，从而达到培养学生分析问题、解决问题的能力，发展学生的逻辑推理、数学运算等数学核心素养的目标．

【案例 4-9】 "求函数最值习题课"教学片段设计意图与赏析[①]

题目： 已知 $f(x) = 2 + \log_3 x, x \in [1,9]$，求 $y = [f(x)]^2 + f(x^2)$ 的最大值及 y 取得最大值时 x 的值．

生： 老师，您看看这个题，为何我算出的结果和参考答案不一样？

我的思路是先求出函数 $y = [f(x)]^2 + f(x^2)$ 的解析式： $y = (2 + \log_3 x)^2 + 2 + \log_3 x^2 = \log_3^2 x + 6\log_3 x + 6 = (\log_3 x + 3)^2 - 3$．

我发现它可以看成是求二次函数的最值问题．您常说处理函数问题要注意定义域优先的原则，所以根据 $f(x)$ 的定义域为 $[1,9]$，即 $1 \leqslant x \leqslant 9$，求出 $0 \leqslant \log_3 x \leqslant 2$，因此当 $\log_3 x = 2$ 即 $x = 9$ 时，$y = [f(x)]^2 + f(x^2)$ 取得最大值 22．

我检查过了，觉得思路应该没错，也没发现运算上的错误．答案怎么不对呢？

师： 你已经开始有反思的意识了，非常好．你分析这道题的思路非常正确，条理也很清晰，而且老师强调的定义域优先的原则你也有深刻印象了．我们就从定义域入手来推理并检验你的解题过程．先仔细理解题意，看着题目想一想，我们要研究的函数是哪一个？是 $f(x)$ 还是……？

生： 是 $y = [f(x)]^2 + f(x^2)$．

师： 好，那么我们应该考查哪个函数的定义域？

生： 当然是 $y = [f(x)]^2 + f(x^2)$ 的定义域了．

师： 你把 $x = 9$ 代入函数 $y = [f(x)]^2 + f(x^2)$ 检验一下．

生： $x = 9$ 时，$y = [f(9)]^2 + f(9^2) = [f(9)]^2 + f(81)$（停顿，好像意识到什么），$f(81)$ 不对，81 大于 9 了，没有意义．

师： 很好．检查一下你的解题过程，想想问题出在哪里．

生： （思索……）我明白了．由 $y = (2 + \log_3 x)^2 + 2 + \log_3 x^2$ 变形为 $y = \log_3^2 x + 6\log_3 x + 6$ 之后，x 的范围发生了变化．我用的是函数 $f(x)$ 的定义域，而不是 $y = [f(x)]^2 + f(x^2)$ 的定义域．它们应该不一样吧？

师： 那应该怎样求 $y = [f(x)]^2 + f(x^2)$ 的定义域？它与 $f(x)$ 的定义域有什么联系？

---

① 该案例由江西省抚州市金溪县第一中学的郑蔚文提供．

生：函数 $y=[f(x)]^2+f(x^2)$ 里含有 $f(x)$ 和 $f(x^2)$，只有 $f(x)$ 和 $f(x^2)$ 都有意义，$y=[f(x)]^2+f(x^2)$ 才有意义，所以必须满足 $1\leqslant x\leqslant 9$ 且 $1\leqslant x^2\leqslant 9$．后面我知道怎样做了．

师：现在回头想一想．你的问题出在什么地方？

生：我没真正弄清楚题意，把定义域想得太简单了，直接照搬条件来用，没有注意到变形要考虑等价性．函数 $y=[f(x)]^2+f(x^2)$ 里面隐藏着 x 的范围，这太让我想不到了．

师：再想一想：解决这个问题的关键是什么？涉及哪些数学知识、数学思想方法？

生：（在老师的帮助下总结出）解决这道题的关键是求 $y=[f(x)]^2+f(x^2)$ 的定义域，涉及函数、对数函数的有关知识和转化的数学思想．

师：通过这个问题的解决你们有什么体会？

生：以后做题时要仔细审题，考虑全面，逻辑推理严密，做完题后要注意反思和总结．

设计意图

抽象函数是高中数学比较难理解的一类函数，其逻辑性强，而且还需要注意数学的整体思想，学生在处理此类问题时最容易混淆的就是函数定义域的范围．为了让学生体会函数 $f(x),f(x^2)$ 中"此 x 非彼 x"的特点，特意设计此题，以此培养学生严密的逻辑思维和严格的逻辑推理能力．

【教学赏析】

通过这种对话式的指导，循序渐进地让学生深刻体会数学解题需有严密的逻辑思维．师生互动对话也会使学生感觉亲切自然，迸发出更多思维的火花，也使其在以后的数学学习中将更加重视数学的逻辑性和推理的严密性．数学是一门严谨的学科，它对逻辑推理能力的培养起着独特的作用，经过严格的训练，可以使人清晰、有条理地表达自己的思考过程，做到言之有理，落笔有据．

【案例 4-10】 "数学中的对称美"教学片段设计意图与赏析[①]

问题：

已知函数 $f(x)=|x-1|+|x-2|+\cdots+|x-2020|+|x-2021|$，求函数 $f(x)$ 图像的

---

① 该案例由江西省吉安市永新中学的李忠华提供．

对称轴的方程.

师：同学们，具有什么特征的函数有对称性呀？

生 1：我知道，偶函数.

追问：偶函数的图像关于什么对称？

生 1：y 轴.

师：好的. 请同学们判断函数 $f(x)$ 是偶函数吗？

生 2：因为对任意 $x \in \mathbf{R}$，$f(-x) = f(x)$ 不恒成立，所以 $f(x)$ 不是偶函数，从而它的图像不关于 y 轴对称.

师：很好，那我们如何寻找函数图像的对称呢？据说，曾经有数学家说过，把一个较复杂的问题'退'成最简单、最原始的问题，把这最简单、最原始的问题想通了，想透了……复杂问题也就迎刃而解，不攻自破. 就这道题而言，函数表达式该如何"退"呢？

生 3：原函数是 2021 个含绝对值式的和，因此我将其退为 2 个含绝对值式的和，即函数为 $y = |x-1| + |x-2|$.

师：很好，我们就来考查函数 $y = f_0(x) = |x-1| + |x-2|$ 的对称轴.

（学生思考片刻.）

生 3：老师，这个函数也不是偶函数.

追问：那咋办呢？

生 3：因为偶函数的图像关于直线 $x=0$ 对称，所以我想图像的对称可以转化为"代数式"的对称，将函数变为 $y = f_1(x) = |x-1| + |x+1|$，因为 $f_1(-x) = |-x+1| + |-x-1| = |x-1| + |x+1| = f_1(x)$，所以这是一个偶函数，它的图像对称轴为 y 轴，即直线 $x=0$.

师：很好，这位同学能从"形"的对称寻求"代数式"的对称. 现在，将函数变为函数 $f_2(x) = |x+2| + |x+1| + |x-1| + |x-2|$ 呢？

生 4：这也是一个偶函数，对称轴方程为 $x=0$.

师：真棒. 函数 $f_3(x) = |x-1| + |x-2|$ 的对称轴方程呢？

（学生很迷茫，不知从何入手，教师边观察边引导.）

师：我们已经知道偶函数的图像关于 y 轴对称，我们能否将函数 $f_3(x) = |x-1| + |x-2|$ 通过变换后得到的函数为偶函数呢？请同学们再观察比较函数 $f_1(x) = |x+1| + |x-1|$ 与 $f_2(x) = |x+2| + |x+1| + |x-1| + |x-2|$ 的结构.

生 5：老师，我发现 $f_1(x)$ 与 $f_2(x)$ 的式子结构具有对称性.

追问：你是怎么发现的？

生 5：$f_1(x) = |x+1| + |x-1| = |x+1| + |1-x|$，

$$f_2(x) = |x+2| + |x+1| + |x-1| + |x-2| = |x+2| + |x+1| + |1-x| + |2-x|.$$

师：太好了！我们又怎么把 $f_3(x)$ 的式子结构通过变换，使得其也对称呢？

生6：我想可以将变量 x 用一个式子代换转化为偶函数．

师：你的想法真不错，有了想法就有希望．但是，以此想法如何寻找这个代换的式子呀？

师：同学们，刚才生 5 通过函数结构式的对称变形，解决函数图像对称轴的问题．按照他的想法，我们将 $f_3(x)$ 的表达式进行怎样的变形就能达到式子对称呢？

师：我们不妨考查尝试 1 和 2 两数的中间数．

生 7：由于中间数是 $\dfrac{3}{2}$，我是通过换元法，令 $t = x - \dfrac{3}{2}$，将 $f(x) = |x-1| + |x-2|$ 变为 $g(t) = \left|t + \dfrac{1}{2}\right| + \left|t - \dfrac{1}{2}\right|$，易知 $g(t)$ 为偶函数，即函数 $g(t)$ 图像的对称轴方程为 $t = 0$，从而知函数 $f(x) = |x-1| + |x-2|$ 对称轴方程为 $x = \dfrac{3}{2}$．

追问：好极了！你是怎么想到这样换元的呢？

生 7：$\dfrac{3}{2}$ 是 1 和 2 的"中间数"．

师：我们能用"中间数"来求 $f(x) = |x-1| + |x-2| + \cdots + |x-2020| + |x-2021|$ 图像的对称轴方程吗？

生 8：数列 $1, 2, \cdots, 2021$ 的中间数是 1011，令 $t = x - 1011$，则得

$$g(t) = |t + 1010| + |t + 1009| + \cdots + |t| + \cdots + |t - 1009| + |t - 1010|.$$

可以知道 $g(t)$ 为偶函数，所以函数 $g(t)$ 的图像关于 $t = 0$ 对称，又因为 $t = x - 1011$，所以当 $t = 0$ 时，$x = 1011$．

所以函数 $f(x)$ 图像的对称轴的方程为 $x = 1011$．

设计意图

函数解析式与函数图像是函数的两种表现形式，解析式表示精确但又抽象，图像表示直观易于理解．该题以含绝对值的函数为载体，借力数学中"数""形"的对称，揭示数学本质，引导学生思考，培养学生分析问题、解决问题、发现问题的能力，发展学生逻辑推理的数学素养．

【**教学赏析**】

函数对称性是函数的一个基本性质，对称关系不仅广泛存在于数学问题之

中，而且充分体现数学之美. 该教学片段先提出问题，以含绝对值的函数为载体，根据学生的认知水平，"把一个较复杂的问题'退'成最简单、最原始的问题"，由"数"思"形"，以"形"想"数"，由浅入深，层层递进，各个击破，迎刃而解. 通过设置问题，引导学生从美学的角度去思考，使问题在愉悦中得到解答，落实逻辑推理的数学核心素养.

4.3 数学建模教学片段

【案例 4-11】"指数函数模型"教学片段设计意图与赏析[①]

问题：

某公司 2019 年利润为 200 万元，由于采取了减支增收、减员增效等措施，预计今后利润的年平均增长率可达 5%.

（1）若经过 x 年后，该公司的年利润为 y 万元，求 $y = f(x)$ 的表达式.

（2）经过多少年后，公司的年利润可达 300 万元？

师：对于第（1）问，2019 年利润为 200 万元，年平均增长率为 5%，那经过 1 年后利润增长部分是多少？

生：经过 1 年后增长的利润为 $200 \times 5\%$ 万元.

师：所以经过 1 年后的利润是多少？

生：经过 1 年后的利润应该是原有部分 200 万元和增加部分之和，即为 $200 + 200 \times 5\% = 200(1 + 5\%)$ 万元.

师：回答得很好. 那当 $x = 2$ 时呢？利润 y 又为多少？如何表示？

生：经过 2 年后的利润应该是 $200(1 + 5\%) + 200(1 + 5\%) \times 5\% = 200(1 + 5\%)^2$ 万元.

……

师：请同学们对比一下 $x = 1$ 与 $x = 2$ 时利润 y 有何异同.

生：都有 $200(1 + 5\%)$ ，只是 $200(1 + 5\%)$ 的幂指数不一样.

师：那可不可以归纳一下利润 y 与 x 的表达式呢？经过 x 年后的利润是多少？

生：归纳可得经过 x 年后的利润为 $y = 200(1 + 5\%)^x$ 万元（ $x \in \mathbf{N}^*$ ）.

师：把归纳总结后的表达式应用于实际. 经过多少年后，公司的年利润可达 300 万元？

---

① 该案例由江西省上饶市第一中学的叶升提供.

生：将结论应用于第（2）问：$300 = 200(1 + 5\%)^x$，可得 $8 < x < 9$，所以经过 9 年后利润可达 300 万元.

师：总结得非常好，同学们还可以想想这个数学模型还可以适用于哪些实际生活实例.

生：……

设计意图

函数关系是实际生活中最常见的一种数学关系，增长率问题在实际问题中常可以用指数函数模型 $y = N(1 + p)^x$ 的形式. 通过实际增长模型让学生体会到把实际问题转化为数学模型，在过程中加深对指数函数的理解，最后提出新的问题，让学生充分联系生活，能把复杂的实际问题用数学模型表示出来.

【教学赏析】

该教学片段通过教师设问，引导学生回答，搭建了数学与外部世界联系的桥梁. 数学建模是对现实问题进行数学抽象，用数学语言表达问题、用数学知识与方法构建模型解决问题的过程. 在实际情境中，我们从数学的视角发现问题、提出问题、分析问题、构建模型，求解结论，验证结果并改进模型，最终解决实际问题.

在教学过程中，教师利用提问的方式对学生进行引导，让学生认识到 1 年后的利润分为增长部分和原有部分，充分开拓了学生的思维. 在此基础上让学生对 2 年、3 年进行归纳整理，得到 x 年后的函数表达式，从而使问题得到解决. 在此过程中，学生的数学建模能力得以提升，同时积累了用数学解决实际问题的经验，并认识到在实际问题中有关人口增长、银行利率、细胞分裂等增长问题都可以用指数函数模型表示. 在教学的过程中，让学生能有意识地用数学语言表达现实世界，发现和提出问题，积累数学实践的经验，能够认识数学模型在科学、社会、工程技术诸多领域的作用，从而提升实践能力，增强创新意识和科学精神，能够通过数学建模的结论和思想阐释科学规律和社会现象，落实了立德树人的教学目标.

【案例 4-12】 "抛物线的简单性质"教学片段设计意图与赏析[①]

问题：

有一次篮球运动员投篮，投篮的轨迹是抛物线，如图 4.12 所示，测得抛物

---

① 该案例由江西省宜春市宜春中学的杨应曙提供.

线最高点 O 离地面的距离 OF 为 4 m，篮球筐 B 的高 BD 为 3.05 m，篮球筐中心 B 离最高点 O 的水平距离 BE 为 2 m，运动员投篮的出手点 A 离地面的距离 AC 为 1.75 m，点 C 离最高点 O 的水平距离 CF 为 3 m，问：该运动员是否投中？

（学生先独立思考，然后在小组内交流各自的想法．）

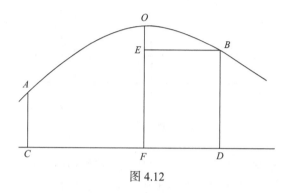

图 4.12

设计意图

　　一个引人入胜的问题会拓宽学生的思路，激发学生的学习兴趣，在尊重学生认知规律的前提下开展教学活动，可以大大提高教学效率；数学来源于生活，用数学的方法可以解决实际生活中的问题，体现数学的应用价值；小组交流可以激发学生的学习热情，提高学生参与课堂的积极性．

　　师：这是一个实际生活问题！我们都有投篮的经历，都能体会篮球出手后的轨迹近似抛物线，而且题目中的问题本身实际上已经做出了模型假设，是一个理想化的实际问题．我们如何将这个实际问题转化成数学问题呢？

　　生 1：建立直角坐标系，将它转化成解析几何问题！

　　师：那怎么建立直角坐标系呢？

　　生 2：这里可以以点 O 为坐标原点，以垂直于 OF 所在的直线为 x 轴，以 OF 所在直线为 y 轴，建立平面直角坐标系．这样抛物线就在 x 轴下方，直接设抛物线方程为 $x^2 = -2py(p > 0)$，又抛物线过点 A，可以求出 p 的值（图 4.13）．

　　生 3：我求出来了，抛物线过点 $A(-3, -2.25)$，则 $p = 2$，方程就是 $x^2 = -4y$．

　　师：很好！接着我们应该怎么解决题设问题呢？

　　生 4：算出点 B 坐标 $(2, -0.95)$，再看点 B 坐标是否满足抛物线 $x^2 = -4y$ 的方程．可以得出点 B 坐标不满足抛物线 $x^2 = -4y$ 的方程，所以我们就可以判定该运动员没有投中．

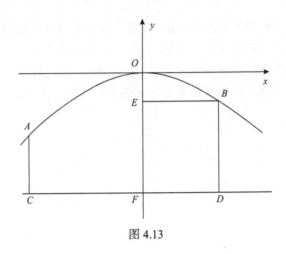

图 4.13

师：不错！我们能够通过抛物线模型判断运动员这次投篮没有投中．其实，对于日常生活中的很多实际问题我们都可以转化为数学问题，通过解数学问题而解决实际生活中的问题，这体现了数学的应用价值．

【教学赏析】

著名数学家乔治·波利亚曾说过："为了使学习富有成效，学生应该对所学知识倍感兴趣，并在学习中寻求欢乐．"所以，在数学教学中，应积极创设教学情境，启迪学生的思维，让学生在轻松愉悦的氛围中探究发现．

该教学片段通过篮球运动员投篮的轨迹问题研究抛物线的实际应用，利用生活日常引发学生的好奇心和研究兴趣，这不仅巩固了抛物线的知识，而且可以加深学生的数学应用意识，让学生感受数学的价值，体会数学源于生活，又应用于生活，服务于生活．在遇到实际应用题时，学生可能会感到困惑，但在教师的引导下，结合问题给出的图形，学生自主探究，建立平面直角坐标系，从而把实际问题转化为解析几何问题，再用待定系数法求出抛物线的方程，然后通过计算篮球筐中心的坐标是否满足抛物线方程，判断是否投中，真正让学生经历将生活问题抽象成数学模型并进行解释的过程．这种利用已掌握的相关知识解决实际生活问题的过程，不仅能够使学生感受解决实际生活问题的快乐，而且培养了学生的直观想象、数学建模等数学核心素养，最大限度地促进了学生的数学发展．

【案例 4-13】 "正弦定理的证明"教学片段设计意图与赏析[①]

（一）创设情境，激发动机

引例 1：如图 4.14 所示，假设地面与塔底在同一平面上，给你皮尺和测角仪两种工具，你能设计一个测量 A, B 两点距离的方案吗？

图 4.14

> **设计意图**
>
> 从身边的事物出发，利用所学知识去解决实际问题，激发学生的学习兴趣．

在解三角形这章中，我们通常用 A, B, C 表示 $\angle BAC, \angle ABC, \angle ACB$，用 a, b, c 分别表示 BC, AC, AB．

问题：如图 4.15 所示，在 $\triangle ABC$ 中，$BC = 60$，$\angle B = 75^\circ$，$\angle C = 60^\circ$，求 AB．

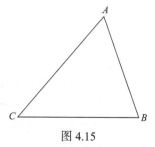

图 4.15

---

① 该案例由江西省抚州市临川第二中学的黄卫民提供．

培养学生的数学建模思维. 在新问题产生时, 学生根据已有的知识无法解决问题, 是迷茫的、有疑惑的, 这也是出现知识缺陷、急需新知的时候, 教师在创设情境的同时提出追问, 可以激发学生的求知欲.

（二）实验探究，猜想证明

探究一：直角三角形边角数量关系

如图 4.16 所示, 在 $\mathrm{Rt}\triangle ABC$ 中, 设 $BC=a, AC=b, AB=c$, 探究边角数量关系.

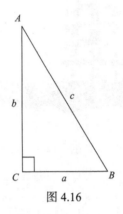

图 4.16

解：根据正弦函数的定义可得 $\sin A=\dfrac{a}{c}$, $\sin B=\dfrac{b}{c}$,

$\therefore \dfrac{a}{\sin A}=\dfrac{b}{\sin B}=c$.

$\because \sin C=1$,

$\therefore \dfrac{a}{\sin A}=\dfrac{b}{\sin B}=\dfrac{c}{\sin C}$.

从已有的知识结构出发, 不让学生在思维上出现跳跃, 以已经熟悉的直角三角形的边角关系的探究作为切入点, 再对特殊的斜三角形进行验证, 过渡到一般的斜三角形边角关系的探究. 学生亲自体验数学实验探究的过程, 体会归纳与演绎推理在数学实验中发挥的重要作用.

探究二：锐角三角形边角数量关系

（1）在等边三角形 ABC 中，$\angle A = \angle B = \angle C = 60°$，验证 $\dfrac{a}{\sin A} = \dfrac{b}{\sin B} = \dfrac{c}{\sin C}$ 是否成立．

（2）在等腰三角形 ABC 中，$\angle A = \angle B = 30°$，验证 $\dfrac{a}{\sin A} = \dfrac{b}{\sin B} = \dfrac{c}{\sin C}$ 是否成立．

设计意图

　　大胆猜想，激发学生探索未知世界的勇气．经历猜想到证明的过程，让学生体会到数学新知识的获得仅仅靠猜想和演绎推理是不够的，必须经过严密的数学推导进行证明才可以．这个过程也进一步促进了学生数学思维品质的提升．

　　如图 4.17 所示，在锐角三角形 ABC 中，设 $BC = a, AC = b, AB = c$，证明：$\dfrac{a}{\sin A} = \dfrac{b}{\sin B} = \dfrac{c}{\sin C}$．

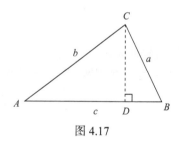

图 4.17

方法 1

证明：在 $\triangle ABC$ 中作高线 CD，

则在 $\text{Rt}\triangle ACD$ 和 $\text{Rt}\triangle BDC$ 中，$CD = b\sin A, CD = a\sin B$，

即 $b\sin A = a\sin B$，

$\therefore \dfrac{a}{\sin A} = \dfrac{b}{\sin B}$，

同理可证 $\dfrac{a}{\sin A} = \dfrac{c}{\sin C}$．

$\therefore \dfrac{a}{\sin A} = \dfrac{b}{\sin B} = \dfrac{c}{\sin C}$．

方法 2

证明：如图 4.18，过 C 点作高线 CD 交 AB 于 D 点，过 A 点作高线 AE 交 BC 于 E 点，则 $CD = b\sin A, AE = b\sin C$.

$\because S_{\triangle ABC} = \dfrac{1}{2} AB \cdot CD = \dfrac{1}{2} c \cdot b\sin A$ ，$S_{\triangle ABC} = \dfrac{1}{2} BC \cdot AE = \dfrac{1}{2} a \cdot b\sin C$ ，

$\therefore c\sin A = a\sin C$ ，即 $\dfrac{a}{\sin A} = \dfrac{c}{\sin C}$.

同理可证 $\dfrac{b}{\sin B} = \dfrac{c}{\sin C}$.

$\therefore \dfrac{a}{\sin A} = \dfrac{b}{\sin B} = \dfrac{c}{\sin C}$.

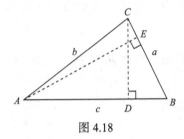

图 4.18

探究三：钝角三角形边角数量关系

如图 4.19 所示，在钝角三角形 ABC 中，已知 $BC = a, AC = b, AB = c$. 证明：$\dfrac{a}{\sin A} = \dfrac{b}{\sin B} = \dfrac{c}{\sin C}$.

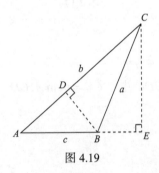

图 4.19

证明：过 B 点作高线 BD 交 AC 于 D 点，则 $BD = a\sin C, BD = c\sin A$ ，即 $a\sin C = c\sin A$.

$$\therefore \frac{a}{\sin A} = \frac{c}{\sin C} .$$

过 C 点作高线 CE 交 AB 的延长线于 E 点，

则 $CE = b\sin A, CE = a\sin(\pi - B)$ ，

即 $b\sin A = a\sin(\pi - B) = a\sin B$.

$$\therefore \frac{a}{\sin A} = \frac{b}{\sin B} ,$$

$$\therefore \frac{a}{\sin A} = \frac{b}{\sin B} = \frac{c}{\sin C} .$$

设计意图

多种方法的证明，拓宽学生思维，进一步加深其对正弦定理的理解.

（三）概念生成，突出核心

1. 定义

在任意一个三角形中，各边和它所对的角的正弦的比相等，即 $\dfrac{a}{\sin A} = \dfrac{b}{\sin B} = \dfrac{c}{\sin C}$.

2. 结构特征

（1）从结构看，各边与其对角的正弦严格对应，成正比，体现了数学的和谐美.

（2）从方程的观点看，每个方程含有四个量，知三求一.

3. 两个重要运用

（1）已知三角形的任意两角及其一边可以求其他边，如 $a = \dfrac{b\sin A}{\sin B}$ ；

（2）已知三角形的任意两边与其中一边的对角可以求其他角的正弦值，如 $\sin B = \dfrac{b\sin A}{a}$.

设计意图

学生了解三角形的概念，形成知识的完备性. 回过头来解决引例中的问题，让学生体会学习正弦定理新知识来解决实际问题的方便性，激发学生不断探索新知识的欲望.

【教学赏析】

数学建模就是把一个具体的实际问题转化为一个数学问题，然后用数学方法解决它，之后我们再把它放回到实际生活中去，用我们的模型解释现实生活中的种种现象和规律．在高中开展数学建模活动，培养学生的数学建模核心素养，是数学教学的一种新的方式，也是提高学生数学应用意识和数学核心素养的一种很好的方式．

该教学片段的教学过程采用了问题探究式教学模式，循序渐进，用问题驱动课堂教学，在教师的引导下，让学生探究、合作、交流、展示，尽可能多地质疑、探究、讨论，多参与课堂知识生成和发现的过程，形成思维．教师充分开展数学建模活动，培养了学生的数学建模意识，提高了学生数学建模的核心素养．

【案例 4-14】 "空间图形的公理——公理 1 及其推论活动课" 教学片段设计意图与赏析[①]

（一）准备

教师先把全班学生前后两排（或就近）每四人分为一组，指定其中一人为组长．每组下发塑料板（学生考试答卷所用）、四根小木棒和一张活动情况登记表．

（二）要求

每组学生相互合作，利用尽可能少的木棒顶住或架起垫片（要求垫片在上面，不可用木棒去夹垫片），使垫片稳定，即使轻轻拨动也不至于掉下来，并由组长记录木棒的使用数量．

（三）反馈

（1）若用木棒竖起去顶，则至少要用三根木棒且三根木棒不在同一直线上时可使垫片稳定（公理1）；

（2）若竖起一根木棒去顶且横着一根木棒去架，也可使垫片稳定（推论1）；

（3）若同时用两根木棒横着去架，不论木棒是否相交或是平行都可使垫片稳定（推论2、推论3）．

（四）课堂教学效果对比

A 班：学生兴趣浓，气氛活跃，而且感到很诧异，不知老师葫芦里卖何东西．大多数学生积极配合，认真思考；也有个别学生似乎不再乐于参加活动．实验完之后学生很快能进行总结．

[①] 该案例由江西省抚州市金溪县第一中学的郑蔚文提供．

　　B 班：热情程度远远大于 A 班的学生，在活动过程中气氛一直很高昂，甚至老师还要控制场面，实验完之后，在老师的引导下也都能进行总结．

设计意图

　　让学生自己亲自去体验，增强知识的趣味性，学生在相互合作与交流中可加深对该知识本质性的理解，建构数学模型，通过活动帮助学生理解公理 1 及其 3 个推论．

【教学赏析】

　　案例中的情境活动可以大大激发学生的学习热情，培养学生理论联系实际的作风、严谨求实的学习态度、直观想象和数学建模的核心素养数学建构的能力．另外，学生间互相配合做试验，进一步加深了与其他同学的交流，培养了团队合作的精神，大大提高他们发现问题的能力．

4.4　直观想象教学片段

【案例 4-15】 **"直线与平面垂直的判定"教学片段设计意图与赏析**①

　　片段一：创设三维情境，引入课题

　　师：前面我们研究了直线与平面的位置关系．请大家回忆一下：空间中一条直线与一个平面的位置关系有哪几种？

　　生：平行、相交和直线在平面内这三种位置关系．（课件动态演示这三种位置关系．）

　　师：很好！现在请大家观察这里的几幅图片（多媒体展示）．如果把旗杆、火箭、高楼、电视塔、桥柱、斜塔分别抽象成直线，而把地面与水平面分别抽象成平面，请问：这里的直线与平面是哪一种位置关系？

　　生：都是相交．

　　师追问：与斜塔这张图片相比，其他的图片中的直线与平面的位置关系给人的感觉有什么特殊性？

　　生：垂直．

　　师：那么什么叫直线与平面垂直，又如何判定直线与平面垂直呢？这就是我

---

① 该案例由江西省景德镇第二中学的张勋达提供．

们今天这节课要研究的问题！（板书课题．）

师：比萨斜塔是世界著名建筑奇观，意大利的标志之一，现向东南倾斜 3.99°．如果比萨斜塔要倾倒，它会往哪个方向倒去呢？

生：向东南．

师：如果从斜塔所在的直线与地面上过塔基的直线所成的角度来考察，你认为它会往哪个方向倒去？

生：应当往所成的角度为最小的那个方向倒去．

师：那么前面的旗杆、高楼和电视塔，它们与地面上过底部每个方向上的直线所成的角有什么特点呢？能说明它们等于多少度吗？

生：相等，都等于 90°．

设计意图

通过生活实例，引入课题，引发学生的兴趣并使其进行思考．旗杆、火箭、高楼、电视塔和桥柱与地面上过底部每个方向上的直线所成的角是直角，而比萨斜塔现向东南倾斜 3.99°，它与地面所成的角不是直角，从而使学生明白：要研究空间里的直线与平面的位置关系，一个重要方面就是要研究它们所成的角，线面角的确定要转化成线线角来确定．垂直关系是最特殊的，生活中的应用最为广泛，所以研究的意义更大．

【教学赏析】

教学生学会思考应是落实"数学育人"的主要途径和策略．依据这一思想，作者设计此环节时以比萨斜塔为焦点，从比萨斜塔的"斜"过渡到"垂直"，引发学生的好奇心和注意力，激发学生主动思考，培养学生直观想象的核心素养．引导学生尝试解释原因，了解知识的来龙去脉，在发现和探寻的过程中构建对知识的理解，这就是在培养学生学会思考的能力．创设神舟飞船发射时火箭与地面垂直的例子，把直观感知线面垂直与爱国主义教育有机融合，进一步激发学生学习的主观能动性及民族自豪感，渗透情感教育．通过设问，把线面关系转化为线线关系，揭示线面垂直的内涵，引导学生发现定义、理解定义．这一环节联系身边事物，为学生建立新的认知结构奠定了基础，为下一教学环节的开展创设了良好的情境．

片段二：分析具体实例，表述定义

如图 4.20 所示，将一块教学用的直角三角板放在墙角，使三角板的直角顶点 C 与墙角重合，直角边 AC 所在直线与墙角所在的竖直方向上的直线重合．将

三角板绕 AC 转动，转动过程中，直角边 CB 与地面紧贴，这就表示：AC 与地面垂直．（动态演示）

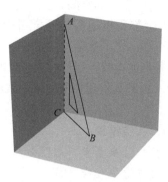

图 4.20

师：直线 AC 与地面内的所有直线是否垂直？

生：是．

师：在地面内过直角顶点 C 的所有直线可以肯定与直线 AC 垂直，那么不过顶点 C 的直线是否也与地面垂直呢？请说明理由．

生：垂直．根据异面直线所成的角的定义可得出结论．

师：非常好！同时抛出问题：你认为如何给直线与平面垂直下个定义？（学生讨论，教师与学生一起总结．）

设计意图

　　课本通过这个实例直接引入直线与平面垂直的定义．教学中发现，一些同学第一次接触这个定义，对它的理解还是在感知层面，并未真正理解到直线要与平面内所有直线垂直这一本质．我们知道，平面内的线可以分为两类，一类经过直角顶点 C，一类不过点 C．对于前者，通过这个例子同学们都可以直观理解．但是关于地面内不过顶点 C 的直线是否与 AC 垂直这一问题，一些基础弱的同学，不一定会去思考．教师通过这几个设问，引导学生自己发现问题、解决问题，释放、激发学生的思维潜能．教师的基本理念是：凡是学生能通过自己的努力学到的知识绝不授予学生，凡是学生经过思考能解决的问题就放手让学生去思考，把"教—学"活动中的自由还给学生，把学生当成主体，让学生自主学习、自主探究．这样既给了学生思维的自由，也给了学生自己发现问题、解决问题的压力，从而促使学生去思考．该例既可以复习异面直线所成的角这一知识点，又能培养学生思维的严谨性，引导学生深入理解，在理解的过程中实现直观想象这一数学素养的提升．

【教学赏析】

课堂上要大胆留给学生自主学习的空间，把学生小组合作学习与学生自主学习有机结合起来，让每个学生都积极地参与到学习中去，成为课堂上真正的主人．课堂上做到四个"留给"，一个"尊重"：留给学生看书的空间和时间；留给学生质疑的空间；留给学生释疑的空间；留给学生想象的空间；尊重学生的个性差异，引导学生自主超前学习，提升其直观想象的核心素养，自主探究课堂问题．

片段三：操作折纸实验，探究定理

师：我们可以采用类比的方法来思考．前面是怎样判断直线与平面平行的？

生：在平面内找一条直线与这条直线平行．

师：如果采用类似的方法，这里该怎么做呢？

生：在平面内找一条直线与这条直线垂直．

师：这里我们通过一个实验直观地来看一下．大家请看，这是一张矩形白纸，将其对折，使得两个面重合在一起．现将重合后矩形纸片竖立在桌面上，使得与折痕垂直的一条边在桌面上（图 4.21）．请大家观察一下：此时折痕与桌面能保持垂直关系吗？

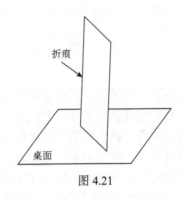

图 4.21

生：不能．

师：这说明什么道理？

生：如果一条直线垂直于平面内的一条直线，那么不能保证该直线与这个平面垂直．

师：如果折痕所在直线同时垂直于平面内的两条直线呢？（继续演示）这里，我们不妨把矩形纸片打开一个角度后直立在桌面上，如图 4.22 所示，那么折痕就同时垂直平面内的两条直线．请注意观察：此时折痕和桌面垂直吗？

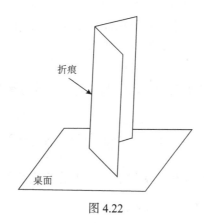

图 4.22

生：垂直.

师：如果改变纸片打开角度的大小，折痕能与桌面保持垂直位置吗？

生：如果这个角度达到180°就不能，其余情况都可以.

师：由此你能总结出什么样的结论？

生：如果一条直线与一个平面内的两条直线都垂直，那么该直线与此平面垂直.

师：平面内的两条直线必须满足什么条件？

生：不能重合.

师：两条平行直线可以吗？

生：噢，不行，必须两条相交直线.

设计意图

学生发展核心素养，最终落实在课堂教学实践中. 课堂教学需要"少而精"地筛选出有强大解释力的关键概念原理，引导学生深入理解. 用折纸的实验，通过不断追问，促使学生对问题进行深入思考；在发现定理的过程中，不仅有直观上的感知，培养了几何直观能力，而且通过类比直线与平面平行的判定方法，增加了逻辑思维的成分. 通过挖掘生活中的资源，引导学生关注生活，学生品德的形成也源于对生活的体验、认识和感悟，从而实现数学核心素养的巩固与提升.

【教学赏析】

用类比的方法开始探索，让学生经历、观察、思考活动情境，放慢步伐，营造全体思考的问题情境，让学生不是被动地接受知识，而是主动地发现结论，体现了培养直观想象这一数学核心素养的要求.

【案例 4-16】 "椭圆的简单几何性质"教学片段设计意图与赏析[①]

师：现在我们以 $\dfrac{x^2}{a^2} + \dfrac{y^2}{b^2} = 1$ ($a > b > 0$) 为例来研究椭圆的简单性质.

椭圆 $\dfrac{x^2}{a^2} + \dfrac{y^2}{b^2} = 1$ ($a > b > 0$) 有哪些性质？怎样研究这些性质？

（大屏幕展示椭圆的图形，如图 4.23 所示.）

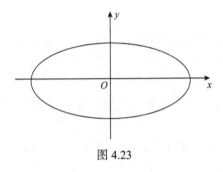

图 4.23

师：请同学们认真观察这个图形. 椭圆的图形在 x 轴的上方与下方、y 轴的左侧与右侧有怎样的关系呢？同学们先独立思考，然后在小组内交流各自的想法.

设计意图

研究圆锥曲线的几何性质往往是利用图形直观得到性质，然后利用方程进行检验证明，所以在这里通过多媒体课件展示椭圆的图像，让学生在观察椭圆图像的基础上得到椭圆的几何性质；小组交流可以激发学生的思维，同时调动学生的积极性和主动性.

生 1：有对称性，关于 x 轴、y 轴、原点都对称.

师：正确，那么你能根据椭圆方程 $\dfrac{x^2}{a^2} + \dfrac{y^2}{b^2} = 1$ ($a > b > 0$) 得到这个结论吗？

（学生分小组充分讨论.）

---

① 该案例由江西省宜春市宜春中学的杨应曙提供.

生 2：能得到这个结论．如图 4.24 所示，在椭圆 $\dfrac{x^2}{a^2}+\dfrac{y^2}{b^2}=1$（$a>b>0$）上任取一点 $P(x,y)$，则点 P 关于 x 轴、y 轴和坐标原点的对称点分别是 $P_1(x,-y)$，$P_2(-x,y)$，$P_3(-x,-y)$，把这些对称点的坐标代入椭圆方程 $\dfrac{x^2}{a^2}+\dfrac{y^2}{b^2}=1$（$a>b>0$），可知这三个对称点的坐标都适合方程 $\dfrac{x^2}{a^2}+\dfrac{y^2}{b^2}=1$（$a>b>0$），即点 P 关于 x 轴、y 轴和坐标原点的对称点仍然在椭圆上，可得结论．

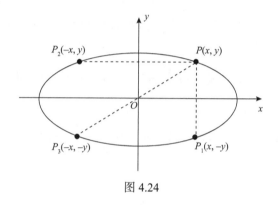

图 4.24

师：回答得非常正确，我们可以通过课件直观观察到椭圆在直角坐标系上的对称情况．

师：方程 $\dfrac{x^2}{a^2}+\dfrac{y^2}{b^2}=1$（$a>b>0$）所表示的椭圆，坐标轴是其对称轴，坐标原点是其对称中心．对称中心也叫椭圆的中心，椭圆是有"心"曲线．做人应向椭圆学习，做一个有"心"之人．（笑声，掌声）

设计意图

抓住椭圆标准方程的特点不放松，引导学生探究如何利用方程研究椭圆的对称性；在学生的表述过程中重视学生的思维方式，培养学生正确处理问题的思路，引导学生从对称性的本质上去推理椭圆的对称性；多媒体课件展示椭圆的对称性，使学生从直观上体会椭圆的对称美．

（大屏幕展示 $\dfrac{x^2}{25}+\dfrac{y^2}{9}=1$ 所表示的图形，如图 4.25 所示．）

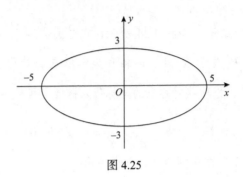

图 4.25

师：请同学们继续观察：这个椭圆与坐标轴有几个交点呢？

生 3：与坐标轴有四个交点．

师：对，那么一般的椭圆 $\dfrac{x^2}{a^2}+\dfrac{y^2}{b^2}=1$ $(a>b>0)$ 与坐标轴有几个交点呢？

生 4：同样是四个．

师：如图 4.26 所示，你能根据椭圆方程 $\dfrac{x^2}{a^2}+\dfrac{y^2}{b^2}=1$ $(a>b>0)$ 求出这四个交点的坐标吗？

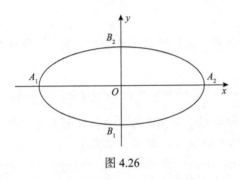

图 4.26

生 5：可以．令 $y=0$，得 $A_1(-a,0)$，$A_2(a,0)$；令 $x=0$，得 $B_1(0,-b)$，$B_2(0,b)$．

师：回答得很好．这四个点是椭圆与坐标轴的交点，也是椭圆与其对称轴的交点，我们把椭圆与其对称轴的交点叫作椭圆的顶点．

（然后结合图形，如图 4.27 所示，指出长轴 A_1A_2、短轴 B_1B_2、焦点 F_1 和 F_2、焦距 $2c$、长轴长 $2a$、短轴长 $2b$、长半轴长 a、短半轴长 b，点明方程中 a,b 的几何表示及 a,b,c 之间的关系 $c^2+b^2=a^2$．）

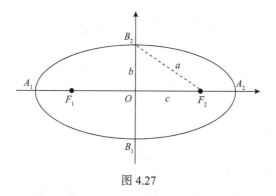

图 4.27

【教学赏析】

　　利用已知条件求曲线的方程与利用方程研究曲线的图像和性质是解析几何的两大任务. 利用方程研究曲线的几何性质对学生来说有点不习惯，教学中利用多媒体课件展示椭圆，让学生观察、猜想椭圆的几何性质，然后再利用椭圆的标准方程进行证明，体现了从感性到理性的认知过程，符合学生的认知规律.

　　该教学片段通过椭圆的方程研究它的几何性质：对称性和顶点. 通过创设符合学生认知规律的问题情境，从图像研究椭圆的几何性质，学生很容易得到正确结论，感受到探究的乐趣. 研究顶点是从特殊的椭圆到一般的椭圆，设计的问题依次递进，符合学生的认知规律，体现了数学从特殊到一般的归纳推理的思想方法.

　　该教学片段重视对研究方法的思想渗透，以及分析问题和解决问题能力的培养. 以自主探究为主，通过体验数学发现和创造的历程，挖掘学生内在的研究问题的巨大潜能，使学生在做中学，学中思，亲身体验创造过程，培养学生的逻辑推理能力、自主探究能力，提高学生的思维层次，使其掌握获取知识的方法和途径，真正体现学生学习知识过程中的主体地位，培养学生直观想象、逻辑推理等数学核心素养.

【案例 4-17】 "平行关系的性质"教学片段设计意图与赏析[①]

师: 通过上节课的学习我们知道,平面外一条直线与平面内一条直线平行,那么这条直线就与该平面平行. 如果一条直线与一个平面平行,那么这条直线与平面内的直线有怎样的位置关系呢?

生 1: 平行或异面.

师: 为什么呢?

生 2: 因为直线与平面没有公共点.

师: 没错,直线与平面平行时,由于直线与平面没有公共点,所以直线与该平面内的直线是平行或异面的关系. 那么,当一条直线 a 与一个平面 α 平行时,怎样在平面内画出一条与直线 a 平行的直线呢?

(要求学生把课前准备好的 A4 纸放在课桌上,同桌相互合作,一位同学持笔保持与桌面平行位置不变,让同桌在 A4 纸上画出一条与笔所在直线平行的直线,教师巡视,然后由学生汇报操作方法.)

生 3: 拿另一支笔保持与笔平行再将其平移到纸面上,再画出该直线即可(图 4.28).

生 4: 直接拿一本书使笔落在书内,书与纸的交线就是所要画的平行线(图 4.29).

生 5: 沿纸一角翻折,当笔落在纸上时,把折痕画出即为所要画的平行线(图 4.30).

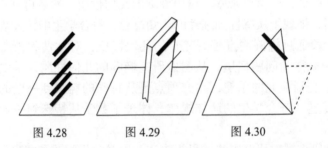

图 4.28   图 4.29   图 4.30

师: 不错,刚才同学们通过自己的实践操作,提供了三种不同的方法. 你觉得哪种方法操作更方便呢? 为什么?

生 6: 方法二最方便. 方法一把笔平移到纸上,移动时要保证平行关系不变比较难操作;而方法三将纸折起来使笔落在折起的部分所在平面内有点困难,折

---

① 该案例由江西省鹰潭市贵溪二中的张丽华提供.

痕也比较难找到.

师：方法二操作起来确实最方便. 那你能解释一下方法二中笔所在直线与书和纸的交线为什么平行吗？

生 6：因为笔所在直线、书与 A4 纸的交线都在书所在平面内，并且它们没有公共点.

师：不错，在同一个平面内没有公共点的两条直线相互平行. 那么，当直线 a 与平面 α 平行时，平面内怎样的直线会与直线 a 平行呢？请同学们结合图 4.31，用文字把它叙述出来，并用相应的图形和数学符号语言表示.

（学生相互讨论，得出结果后再对照课本修改.）

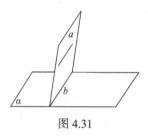

图 4.31

设计意图

"平行关系的性质"是"平行关系的判定"的延伸拓展，在学习了"平行关系的判定"后学生有了一定的动手实践、直观感知、数学抽象及逻辑推理能力. 设置的探究问题，可以让学生自己去发现、感知，并最终对直线与平面平行的性质定理进行抽象概括提炼，掌握从自然语言、图形语言到符号语言的转化.

师：我们的教室可以抽象成一个长方体，它上、下两个面是平行的. 请问：分别在上、下两个平行平面中的两条直线有怎样的位置关系？

生 7：平行或异面.

师：为什么？

生 7：因为两条直线分别在两个平行平面内，它们没有公共点.

师：那么这两条直线你觉得怎样才会平行呢？为什么？

生 7：当两条直线在同一个平面内时它们就会平行，因为它们没有公共点.

师：很好，请同学们总结一下面面平行的性质，并用图形语言、符号语言把它们表示出来.

（学生相互讨论，得出结果后再对照课本修改.）

师：通过刚才的探讨，你能描述一下线线平行、线面平行、面面平行间的关系吗?

(教师提问,学生回答,最后由教师进行总结.)

【教学赏析】

数学核心素养是在数学学习过程中逐步形成和发展的,是在发现问题、提出问题、分析问题、解决问题中逐步渗透的,而这些问题往往取自现实问题和生活情境. 该教学片段围绕着线面平行、面面平行的性质在知识形成的"生长点"处开展探究,通过贴近学生生活的问题情境,从学生的直观感知到实践操作再到抽象概括,以问题为导向的设计不仅调动了学生主动参与的兴趣,激发了他们学习的热情,使他们亲身经历知识的形成过程,同时也使得直观想象、数学抽象、逻辑推理等数学核心素养在教学中得以渗透.

【案例 4-18】 **"平行四边形的性质"教学片段设计意图与赏析**[①]

片段一:情境导入

欣赏生活中的四边形,并说出图形的名称(图 4.32).

图 4.32

---

① 该案例由江西省贵溪市第二中学的张丽华提供.

师：从图 4.32 中抽象出如图 4.33 所示的四边形，你能用自己的语言说说什么是平行四边形吗？

图 4.33

设计意图

通过播放 PPT，抽取生活中的不规则四边形、梯形、平行四边形等，直观感知平行四边形是特殊的四边形，体现了数学来源于生活．学生经历观察、比较、辨析等思维过程，归纳出平行四边形的定义．

片段二：性质探究

根据定义，让学生在方格纸上剪两个一样的平行四边形（图 4.34），并利用这两个平行四边形学习一些概念：对边、邻边、对角、邻角、对角线等．

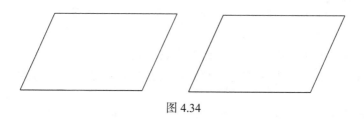

图 4.34

师：接下来，我们继续研究平行四边形的有关性质．

设计意图

类比等腰三角形研究平行四边形，唤醒学生研究一个几何图形的基本套路：概念—性质—判定—应用．

师：是的，接下来我们研究平行四边形的性质．研究的对象是什么呢？

生：研究平行四边形的对边、对角、对角线等的关系．

师：对．那你知道平行四边形的对边、对角、对角线之间有什么关系吗？我们还要研究它的对称性，它是不是轴对称图形？是不是中心对称图形？

师：请同学们自己思考：怎样探究平行四边形的对边、对角、对角线的性质以及对称性？

设计这个问题就是让学生先想后做，学生通过对这两个平行四边形动手操作去验证这些性质．

让学生用已有的平行四边形通过观察、猜想、测量、旋转等方法对平行四边形的性质进行探究是本节课的重点．留足够的时间让孩子们动手操作，教师边巡视边发现问题，并对需要帮助的同学进行个别指导．

片段三：性质证明

问题1：通过操作，你得出了平行四边形的哪些性质呢？

生：平行四边形是中心对称图形，不是轴对称图形，它的对边相等、对角相等、对角线互相平分．

问题2：这样观察、测量、旋转得出的结论可靠吗？要证明一个结论成立，必须要经过什么过程？

生：不一定可靠，还要经过有理有据的证明．

问题3：那要证明上述性质，我们可以回忆一下证明一个命题要经过哪些步骤？

生：写出已知、画出图形、求证、写出证明过程．

师：请同学们完成上述命题的证明．

（学生在老师的引导下写出命题的已知、求证，但当学生在证明两线段相等时往往产生疑惑，教师需要引导学生进一步思考如何证明两条线段相等、两个角相等．）

问题4：以前学过证明两条线段相等、两个角相等的方法吗？

生：学过三角形全等．

问题5：图中没有三角形该怎么办？

生：构造三角形．

（添加辅助线就水到渠成了．四边形的问题转化成三角形的问题，让学生独立完成证明，并请一位同学板演．在学生独立完成后，师生对板演进行分析．）

通过问题串的形式，归结数学证明过程的必要步骤. 这一过程是该节课的重点、难点，接着让学生自己证明且注意书写格式的规范. 学生在数学思考和证明过程书写的过程中，需要关注到证明过程及思路的逻辑性、表述的清晰与条理性，同时这一过程还可以提高学生的合情推理和演绎推理能力.

【教学赏析】

该教学片段是培养学生数学核心素养中直观想象的典型案例. 类比研究等腰三角形，研究平行四边形的性质. 学生借助已学的平行四边形定义，剪两个一样的平行四边形，经历了观察、猜想、测量、旋转、证明等过程对平行四边形的性质进行探究. 以探究活动的形式，让学生通过自主探索、合作交流去发现和体验平行四边形性质的生成，为后续学习矩形、菱形、正方形的性质提供了方式、方法. 这一过程培养了学生直观想象的能力，发展了学生合情推理和演绎推理的能力. 教师通过问题串的形式激发学生的学习热情，让学生在问题中思考，在思考中提升.

【案例 4-19】 "勾股定理应用——构图法求面积" 教学片段设计意图与赏析[①]

片段一

师：在 $\triangle ABC$ 中，AB, BC, AC 三边的长分别为 $\sqrt{5}, \sqrt{10}, \sqrt{13}$，求此三角形的面积.

生1：这不是特殊的三角形，很难求出高，不知道如何解答.

在无图的情境下抛出问题，设置面积求解障碍，常规的三角形面积求法较难完成，引发思考.

师：如图 4.35 所示，这是一个正方形的网格（每个小正方形的边长为 1），在网格中有一个格点 $\triangle ABC$（即 $\triangle ABC$ 三个顶点都在小正方形的顶点处），求这个三角形的面积.

生1：如图 4.36 所示，经过三个顶点构造出一个正方形，借助网格利用裁剪的方式计算求出 $S_{\triangle ABC} = 3 \times 3 - \dfrac{1}{2} \times 1 \times 2 - \dfrac{1}{2} \times 1 \times 3 - \dfrac{1}{2} \times 2 \times 3 = \dfrac{7}{2}$.

[①] 该案例由江西省九江市同文中学的钟敏提供.

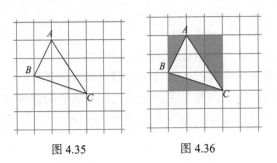

图 4.35   图 4.36

生 2：这个格点三角形恰好就是上题的三角形.

生 1：原来可以通过构造格点三角形，不求高，也能求出来.

师：这种求面积的方法叫作构图法.

设计意图

结合网格再次抛出问题，对面积进行量化处理，学生能较为容易地计算出图形面积. 同时，引发学生思维共鸣——可借助图形构造来解决某类图形的面积计算. 构图法的引入巧妙地将抽象的数量关系通过直观的几何图形表示出来，使之直观化、简洁化. 几何直观架构了现实和抽象的桥梁，而构图法是培养学生几何直观能力的有效方法.

片段二

师：在 $\triangle ABC$ 中，AB, BC, AC 三边的长分别为 $\sqrt{29}, \sqrt{20}, \sqrt{13}$，可否借助构图法，求此三角形的面积？

生 1：在网格上很难画出 $\triangle ABC$.

生 2：构造直角三角形，借助勾股定理表达三边，$\sqrt{29} = \sqrt{5^2 + 2^2}$，$\sqrt{20} = \sqrt{4^2 + 2^2}$，$\sqrt{13} = \sqrt{3^2 + 2^2}$. $\sqrt{29}$ 可以看作是两条直角边分别为 5 和 2 的直角三角形的斜边.

师：数形结合思想用得很好，数感也不错，算式处理很巧妙.

生 3：如图 4.37 所示，先画最长边 $\sqrt{29}$，通过简单尝试很快能构造出符合要求的 $\triangle ABC$.

生 1：$S_{\triangle ABC} = 4 \times 5 - \frac{1}{2} \times 2 \times 5 - \frac{1}{2} \times 2 \times 4 - \frac{1}{2} \times 2 \times 3 = 8$. 我做出来了.

师：（归纳法）先利用勾股定理拆分边长的平方，再在网格中画出三角形，最后利用网格构造求解.

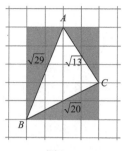

图 4.37

　　设计同类型问题进行举一反三，由学生经历构图法的过程，并总结归纳方法步骤. 显然此类问题的难点也显露无遗，利用勾股数对原三角形边长的平方的拆分、如何在网格中快速画出符合条件的三角形都成为成功解题的关键. 它需要学生在日常数学学习中积累活动经验，培养敏锐的数感和几何直观能力，在数形结合思想的推动下迅速解决问题.

　　片段三

　　师：如图 4.38 所示，已知 $\triangle PQR$，分别以 PQ,PR 为边向外作正方形 $PQAF$、正方形 $PRDE$，连接 EF. 若 $PQ=\sqrt{8}, PR=\sqrt{13}, RQ=\sqrt{17}$，求六边形 $AQRDEF$ 的面积.

　　（提示：可借助备用图图 4.39 中的网格完成. ）

　　生 1：如图 4.40 所示，可通过构图法借助网格求出.

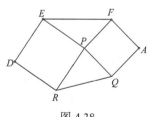

图 4.38

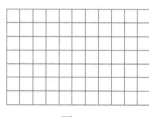

图 4.39

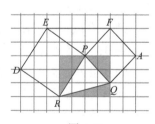

图 4.40

$$S_{\triangle PEF}=\frac{1}{2}\times5\times2=5 .$$

$$S_{\triangle PRQ}=3\times4-\frac{1}{2}\times2\times3-\frac{1}{2}\times1\times4-\frac{1}{2}\times2\times2=5 .$$

$$S_{正方形PRDE}=PR^2=13 .$$

$$S_{正方形PQAF} = PQ^2 = 8 .$$

$$S_{六边形AQRDEF} = 5 + 5 + 13 + 8 = 31 .$$

师：非常棒！构图法果然给大家带来意想不到的惊喜！下面请大家观察一下这幅图，结合刚刚的计算过程，请试着猜想一下构成六边形的几何图形有怎么样的数量关系.

生2：$S_{\triangle PEF} = S_{\triangle PRQ}$.

师：大胆证明你的猜想.

生3：如图 4.41 所示，如果把 EP, PR 分别看作两个三角形的底，只要证明它们边上的高相等即可. 可作 $FG \perp EP$ 交 EP 的延长线于点 G，作 $QH \perp PR$ 交 PR 于点 H，接下来需证明 FG 与 QH 相等.

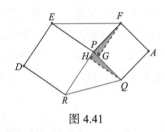

图 4.41

师：我们把题目的条件梳理一下，能否证明 $FG = QH$ 呢？

生2：证明 $\triangle PFG \cong \triangle PQH$ 即可.

师：这是一个不错的想法，请大家完成三角形全等的证明.

生2：由 $FP = PQ$，$\angle FGP = \angle QHP = 90°$，$\angle FPG = \angle QPH$（同角的余角相等），可推导出两三角形全等.

师：若 $PQ = a, PR = b, QR = c$，以上结论是否仍然成立？

生3：仍然成立，面积相等与 $\triangle PRQ$ 的三边长度无关.

师：很好. 构图法能直观地解决某类较为特殊的数值面积计算问题，它的特点显而易见. 借助这样一个代数与几何间的桥梁与操作平台，我们可以继续深入开展学习研究，探索数学的无穷奥秘.

设计意图

对原有问题进一步拓展，深化几何问题的横向联系. 在激发学生解决新问题欲望的同时，逐步引导其构造新的几何模型（含高的一对全等三角形），使之更贴近对原有知识体系的再应用. 事实证明，随着思考的不断深入，大胆猜想、巧妙构造、严密论证成为解决数学问题的一般套路.

【教学赏析】

　　该教学片段是"勾股定理应用"的一个延伸拓展设计，以培养和发展学生数学核心素养为初衷，涉及直观想象、数学抽象、逻辑推理等多个核心概念的综合考查．在数形结合思想的充分运用下，该设计借助网格将无理数跃然形上，数感和几何直观的培养助推了构图法的成功应用；问题的拓展对学生应用能力提出新的要求，同时强化了学生几何图形的模型重构意识和逻辑推理能力．通过对比习作训练和螺旋上升的问题设计，充分提高了学生的学习积极性和主动探索解决问题的能力．

　　此案例是对应用类习题课程的大胆尝试，亦是对课本内容的有效补充，它能多元化地培养学生的数学核心素养，是更新教师教学理念、创新教学模式的有效探索与实践．通过教学活动，增强了学生数学学习的逻辑性和思维性，并提升了自我生成新知识的活力，让数学学习变得魅力无穷．

4.5　数学运算教学片段

【案例 4-20】 "整式乘法"教学片段设计意图与赏析[①]

　　师： 出示人教版八年级上册数学课本第 111 页"例 5　运用乘法公式计算：
（1）$(x+2y-3)(x-2y+3)$"．

　　请同学们独立完成课本例 5 的计算，然后互相交流各自的解答方法．我们再一起展示不同的解法．

　　师：（5 分钟后）同学们完成了吗？

　　生： 完成了！

　　师： 好的，经过交流，我们发现了以下几种较典型的解法，下面请有关同学进行展示．

　　生 1： 解：

　　原式 $=[(x+2y)-3][(x-2y)+3]=(x+2y)(x-2y)-3^2=x^2-4y^2-9$．

　　生 2： 解：

　　原式 $=[x+(2y-3)][x-(2y+3)]=x^2-(2y+3)(2y-3)=x^2-4y^2+9$．

　　生 3： 解：

　　原式 $=[x+(2y-3)][x-(2y-3)]=x^2-(4y^2-12y+9)=x^2-4y^2+12y-9$．

---

① 该案例由江西省赣州市第四中学的谢训秀提供．

生 4：解：

原式 $=[x+(2y-3)][x-(2y-3)]=x^2-(2y-3)^2=x^2-(4y^2-12y+9)$

$=x^2-4y^2-12y+9$.

生 5：解：

原式 $=x^2-2xy+3x+2xy-4y^2+6y-3x+6y-9=x^2-4y^2+12y-9$.

师：这 5 位同学的做法是否正确？若不正确，请指出错在哪里.

生 6：第 1 位同学的解答是错的，这种变形后不能用平方差公式；第 2 位同学的解答错了，第一步错在添括号，第二步不能用平方差公式；第 3 位同学的解答完全正确；第 4 位同学的解答错误，错在第四步（去括号错了）；第 5 位同学答案对了.

生 7（补充生 6）：我同意这位同学的意见. 其中，第 1 位同学的解答是错的，这种变形后 $(x+2y)$ 和 $(x-2y)$ 不一样，所以不能用平方差公式；第 2 位同学的解答错了，第一步 $[x-(2y+3)]$ 应改为 $[x-(2y-3)]$，原来的变形第二步不能用平方差公式；第 3 位同学的解答完全正确；第 4 位同学的解答错误，错在第四步（去括号错了），应改为 $x^2-4y^2+12y-9$；第 5 位同学答案对了，但是没有按要求用乘法公式计算，他用的是多项式乘多项式的法则，显然运算较复杂.

师：生 6 生 7 说得真好！本题是要求运用乘法公式计算 $(x+2y-3)(x-2y+3)$，同学们观察到了这两个式子的结构特征是 $(a+b-c)(a-b+c)$ 型，显然能通过恒等变形成 $(A+B)(A-B)$ 的形式，从而利用平方差公式运算. 其中，a 的符号相同，b,c 符号相反，因此第一步通过添括号法则得 $[a+(b-c)][a-(b-c)]$，第二步利用平方差公式进行计算得出 $a^2-(b-c)^2$ 型，第三步利用完全平方公式得 $a^2-(b^2-2bc+c^2)$，第四步利用去括号法则得到 $a^2-b^2+2bc-c^2$.

【教学赏析】

该教学片段是发展学生数学运算素养的一个典型案例. 通过展示学生解答中出现的典型错误进行讲解，不仅能帮助学生识记乘法公式的结构特征，而且能根据去括号、添括号的法则对算式进行恒等变形，创造条件应用平方差公式、完全平方公式进行运算，优化计算方法，进行巧算、速算，提高运算操作能力.

【案例 4-21】 "多参数函数问题"教学片段与赏析①

例 1. $f(x)=\mathrm{e}^x,g(x)=\ln\dfrac{x}{2}+\dfrac{1}{2}$，$\forall a\in\mathbf{R},\exists b\in(0,+\infty)$，使 $f(a)=g(b)$，则

---

① 本案例由江西省萍乡市湘东中学的彭小奇提供.

$b-a$ 的最小值为（　　）．

A. $2\sqrt{e}-1$　　B. $e^2-\dfrac{1}{2}$　　C. $2-\ln 2$　　D. $2+\ln 2$

师：通过思考哪位同学来说说思路？

生 1：$f(a)=g(b)$ 相当于任意一条平行于 x 轴的直线分别与两函数图像相交，$b-a$ 即为两交点横坐标之差的最小值．所以可设 $e^a=t,\ln\dfrac{b}{2}+\dfrac{1}{2}=t$，分别解出 $b=2e^{t-\frac{1}{2}},a=\ln t$，作差得 $b-a=h(t)=2e^{t-\frac{1}{2}}-\ln t$，求导可知 $b-a$ 的最小值为 $h\left(\dfrac{1}{2}\right)=2+\ln 2$．

师：很好，通过引入参数 t 能反解出 b,a，进而达到消参的目的，最后只剩一个变量 t，转化为我们的常规问题了．请同学们动手解出答案，待会儿投影展示同学们的规范解答．

（展示学生解答，教师规范板书解答后．）

师：还有没有其他方法可行？（没同学回答）那请同学们思考下面的变式．

变式 1：$y=a$ 分别与 $y=2x+2$ 和 $y=x+\ln x$ 交于 A,B 两点，则 $|AB|$ 的最小值=_____．

师：这个变式和刚才所讲的例题是同一类型吗？还能继续采用引进变量再消元的方法吗？请同学们试一试．

生 2：引入变量 a 后，方程 $x+\ln x=a$ 反解不出 x．但 $y=x+\ln x$ 为上凸曲线．所以可考虑把直线 $y=2x+2$ 往右平移使其和曲线相切，切点即为点 B．因为 $y'=1+\dfrac{1}{x}=2$，所以 $x_B=1,y_B=1$，从而 $y_A=1,x_A=-\dfrac{1}{2}$，则 $|AB|$ 的最小值为 $\dfrac{3}{2}$．

生 3：我令 $A(x_1,a),B(x_2,a)$，则 $2(x_1+1)=x_2+\ln x_2=a$，我也解不出 x_2，但我把 x_1 用 x_2 表示，则 $|AB|=x_2-x_1=\dfrac{1}{2}(x_2-\ln x_2)+1$，求导得 $x_2=1$ 时，最小值为 $\dfrac{3}{2}$．

生 4：受生 2 思路启发，在例 1 中 $f(x)=e^x$ 为下凸曲线，$g(x)=\ln\dfrac{x}{2}+\dfrac{1}{2}$ 为上凸曲线，把曲线 $f(x)=e^x$ 往右平移使其和曲线 $g(x)$ 恰好有一个交点，在交点切线也会相同，$f'(a)=g'(b),f(a)=g(b)$，即 $e^a=\dfrac{1}{b},e^a=\ln\dfrac{b}{2}+\dfrac{1}{2}$，则用生 3 所述整体消元的思想消去 e^a 得 $\dfrac{1}{b}=\ln\dfrac{b}{2}+\dfrac{1}{2}$，令 $h(b)=\ln\dfrac{b}{2}-\dfrac{1}{b}+\dfrac{1}{2}$，易知其在定义域内为

增函数，$b=2$ 为唯一零点，$e^a = \dfrac{1}{2}$，$a = -\ln 2$，所以 $b-a$ 的最小值为 $2+\ln 2$.

师：几位同学非常不错，生 3 没有思维固化去反解，而是直接用 x_2 表示 x_1，达到整体消元的目的. 生 2 和生 4 两位同学利用图形直观帮助解题，非常好. 希望同学们从多个角度去思考.

例 2. 已知 $f(x) = 2\ln x - ax^2 + 3$，$\exists m, n \in [1,5]$，当 $n-m \geqslant 2$ 时，有 $f(m) = f(n)$，则 a 的最大值为（　　）.

A. $\dfrac{\ln 5 - \ln 3}{8}$ 　　B. $\dfrac{\ln 3}{4}$ 　　C. $\dfrac{\ln 5 + \ln 3}{8}$ 　　D. $\dfrac{\ln 4}{3}$

师：本题由平行于 x 轴的直线与两函数图像相交变为一条直线与一个函数图像相交，两交点的距离不小于 2，反过来求参数的最值. 请同学们认真思考.

生 5：我是这么思考的. 因为 $f(m) = f(n)$，所以 $f(x)$ 在 $[1,5]$ 不单调. 因为 $f'(x) = \dfrac{2}{x} - 2ax = \dfrac{2(1-ax^2)}{x}$，所以 $a>0$，$f(x)$ 在 $\left(0, \sqrt{\dfrac{1}{a}}\right)$ 上单调递增，在 $\left(\sqrt{\dfrac{1}{a}}, +\infty\right)$ 上单调递减，极大值点 $x = \sqrt{\dfrac{1}{a}} \in (1,5)$，$\dfrac{1}{25} < a < 1$. 由 $n-m \geqslant 2$ 可知 $1 \leqslant m \leqslant 3 \leqslant n \leqslant 5$，令 $f(m) = f(n) = t$，当 t 减小时 $n-m$ 将增大，只需 $t_{\min} = \max\{f(1), f(5)\}$. 只需 $\exists m \in [1,3]$，使

$$2\ln(m+2) - a(m+2)^2 + 3 = 2\ln m - am^2 + 3，$$

化简并换元得

$$2\ln(x+2) - 2\ln x = 4a(x+1).$$

令 $g(x) = 2\ln(x+2) - 2\ln x (1 \leqslant x \leqslant 3)$，$h(x) = 4a(x+1)$，只需过定点 $A(-1, 0)$ 的直线 $h(x)$ 和曲线 $g(x)$ 有交点，设 $B(1, g(1)), C(3, g(3))$，由图像可知 $4a \in [k_{AC}, k_{AB}] = \left[\dfrac{\ln 5 - \ln 3}{2}, \ln 3\right]$，即 $a \in \left[\dfrac{\ln 5 - \ln 3}{8}, \dfrac{\ln 3}{4}\right]$，所以选 B.

师：方法很好，答案也对. 先由 $f(x)$ 的极值初步确定 a 的范围，通过区间长度确定 m, n 的范围，要有 $f(m) = f(n)$，只需 $f(m+2) = f(m)$ 有解，进而利用图形直观帮助解题. 其他同学还有什么好的想法吗？

生 6：在这一步 $2\ln(x+2) - 2\ln x = 4a(x+1)$，参变分离得

$$a = \dfrac{\ln(x+2) - \ln x}{2(x+1)} = \dfrac{\ln\left(1 + \dfrac{2}{x}\right)}{2(x+1)} = \varphi(x)，$$

则分子 $\ln\left(1+\dfrac{2}{x}\right)>0$ 且在 $[1,3]$ 上单调递减，分母也为正并单调递增，所以 $\varphi(x)$ 在 $[1,3]$ 上单调递减，即可得答案.

师：生 6 在最后求 a 时参变分离进行优化，两个函数之积的单调性判断其前提都要为正，大题还是求导判断更好.

生 7：按前面两题的想法来消元，令 $f(m)=f(n)=t$，即

$$2\ln m-am^2+3=t,\ 2\ln n-an^2+3=t,$$

两式相减有 $a=\dfrac{2\ln n-2\ln m}{n^2-m^2}=\dfrac{\ln n^2-\ln m^2}{n^2-m^2}$，几何意义为 $y=\ln x$ 上两点 $A(n^2,\ln n^2)$，$B(m,\ln m^2)$ 间连线的斜率，$1\leqslant m^2\leqslant 9\leqslant n^2\leqslant 25$，所以当 $m=1,n=3$ 时 a 有最大值 $\dfrac{\ln 3}{4}$，当 $m=3,n=5$ 时 a 有最小值 $\dfrac{\ln 5-\ln 3}{8}$，所以选 B.

师：生 7 按前面两题的思路引进参数 t 后用 m,n 表示 a，再把 $\dfrac{2\ln n-2\ln m}{n^2-m^2}$ 变形为 $\dfrac{\ln n^2-\ln m^2}{n^2-m^2}$，这是非常妙的一招. 根据式子结构联想到两点间连线的斜率. 而 $y=\ln x$ 的导数 $y'=\dfrac{1}{x}>0$，导数值越来越小，割线的斜率也越来越小，所以在 $m=1,n=3$ 时 a 有最大值.

师：多参数问题一般会结合题目本身的条件用消元思路，最终达到只有一个变量. 如例 1 是利用中间变量 t 反解 a,b，变式 1 中把 x_1 用 x_2 表示. 例 2 中 $f(m)=f(n)$，直接利用函数表达式结构 $2\ln m-am^2+3=2\ln n-an^2+3$，变形成 $a=\dfrac{2\ln n-2\ln m}{n^2-m^2}=\dfrac{\ln n^2-\ln m^2}{n^2-m^2}$，再用几何意义处理. 今天的讨论非常热烈，同学们不仅仅满足于把题解出来，而是从不同角度去分析，给出了非常好的解法，老师也收获颇多. 希望同学们保持这种精神，多思多想！

【教学赏析】

多参数函数问题是高三理科数学第三轮复习的一个微专题，对学生来说是一个难点. 其解决方法灵活，要求较高. 一般思路是利用消元思路转化成一元问题，有时也会结合试题中数式结构进行代数变形然后利用几何意义和图形直观来处理. 例 1 是利用中间变量 t 反解 a,b，变式 1 中把 x_1 用 x_2 表示，对提高学生的数学运算核心素养有一定的作用. 例 2 中由 $f(m)=f(n)$，直接利用函数表达式结构 $2\ln m-am^2+3=2\ln n-an^2+3$，变形成 $a=\dfrac{2\ln n-2\ln m}{n^2-m^2}=\dfrac{\ln n^2-\ln m^2}{n^2-m^2}$，

再用几何意义处理体现了直观想象的数学核心素养. 学生的观测点不同，切入点也就不同，其解法也不尽相同. 这将有助于提升学生的逻辑推理、数学运算、直观想象等数学核心素养.

有些教师热衷于搞题型分类课，反复训练，希望学生能形成条件反射，见到什么题型就用什么套路，僵化了学生的思维. 在核心素养视角下的数学教学，史宁中（2018）认为应该从以下几个方面进行：把握数学知识的本质，把握学生认知的过程；创设合适的教学情境，提出合适的数学问题；启发学生思考，鼓励学生与教师交流、学生之间相互交流；让学生在思考和交流中、在掌握知识与技能的同时，理解知识的本质，感悟数学思想，积累思维的经验，形成和发展数学核心素养.

讲好数学习题课需要教师深入理解数学核心素养，遵循学生的认知规律设计合理的问题串（形似神不似、多切口），调动学生的积极性，引导学生多角度探讨，最终全方位提升数学核心素养.

【案例 4-22】 "不求甚解——估算法的应用" 教学片段设计意图与赏析[①]

师：同学们，2019 年普通高等学校招生全国统一考试文科数学、理科数学（全国 I 卷）第 4 题轰动一时. 维纳斯女神的图片在网络上一度刷屏，原题如下：

古希腊时期，人们认为最美人体的头顶至肚脐的长度与肚脐至足底的长度之比是 $\dfrac{\sqrt{5}-1}{2}$ （ $\dfrac{\sqrt{5}-1}{2} \approx 0.618$ ，称为黄金分割比例），著名的 "断臂维纳斯" 便是如此（图 4.42）. 此外，最美人体的头顶至咽喉的长度与咽喉至肚脐的长度之比也是 $\dfrac{\sqrt{5}-1}{2}$. 若某人满足上述两个黄金分割比例，且腿长为 105cm，头顶至脖子下端的长度为 26cm，则其身高可能是（　　　）.

图 4.42

A. 165cm　　　B. 175cm　　　C. 185cm　　　D. 190cm

师：同学们自己算算看．答案是哪个？

（学生计算，教师巡视，几分钟后教师提问．）

师：有同学算出答案吗？

生 1：没有，运算量太大，算不出来．

师：确实，按题意去运算，运算量是非常大的．那么，有没有什么好的办法可以减少运算量呢？

生 2：我觉得可以估算．

师：那你觉得可以怎样估算呢？

生 2：观察"断臂维纳斯"图片，肚脐至足底的长度大于腿长，可以将"腿长 105cm 视为从肚脐至足底的高度"，设身高为 h，则 $h \approx 105 \times (1+0.618) \approx 170$ (cm)．这个应该是身高的下限，所以可以排除选项 A．

师：不错．生 2 计算出了身高的下限，但显然还不够．有没有同学能计算出身高的上限呢？

生 3：我可以求出身高的上限．因为头顶至咽喉的长度小于头顶至脖子下端的长度，可以将"头顶到脖子下端的长度 26cm 视为头顶至咽喉的长度"．设其身高的上限为 H，则可算出咽喉至肚脐的长度 $l_1 \approx \dfrac{26}{0.618} \approx 42$ (cm)，肚脐至足底的长度 $l_2 \approx \dfrac{26+42}{0.618} \approx 110$ (cm)，所以 $H \approx 26+42+110=178$ (cm)．因此，身高应介于 170～178cm，选 B．

师：这两位同学说得不错．有些问题固然需要精确的计算才能作出判断，但实际生活当中很多问题只需要估算就能解决，我们在解决问题时要灵活使用．数学估算的能力直接影响我们作出决策判断的速度与准确度．例如，早晨搭乘公交车去上学或上班，大概几点出门、搭乘哪几班车，从而到达学校或单位的时间比较合适，就需要我们根据路程的长短、道路的拥堵程度、当时的天气状况等等作出判断，这种判断蕴藏的数学能力主要就是估算的能力．

设计意图

该题根据已知条件计算出"某人"的确切身高比较困难，但是通过近似转化，可以利用已知条件估算出"某人"身高的上、下限，从而计算出身高的大致范围，得出选项．该题意图培养学生的阅读理解能力，学会用估算法解决问题．

【教学赏析】

　　生活中对数据的要求，在有些场合，要求精确、分毫不差；而另一些场合，能得到数据的大致范围就已经达到目的，即"不求甚解"．该教学片段通过对一道高考"网红"真题的解法探究，让学生发现问题——精确求解较难达成，并解决问题——根据题意估算得出结果，对启发学生的估算思维，渗透逼近、放缩等数学思想可谓潜移默化，同时也培养了学生的转化意识以及数学运算、逻辑推理等数学核心素养．

【案例 4-23】"用二分法求方程近似解"教学片段设计意图与赏析[①]

　　片段一：创设情境，提出问题

　　师：你能求下列方程的根吗？请先尝试．

　　（1）$2x-6=0$；　　　　　　（2）$2x^2-3x+1=0$；

　　（3）$\ln x+2x-2=0$；　　　 （4）$\ln x+2x-6=0$．

　　生 1：方程（1）、（2）能求解，（3）、（4）不能．

　　生 2：（3）能试出根来，同时根据函数的单调性能确定 1 是唯一的根，但是（4）遇到困难．

　　师：根据单调性判断根的个数，依据是什么呢？

　　生 3：前面所学的零点存在定理．

　　师：观察一下（3）、（4）两个方程的结构，能找到困难的原因吗？

　　生 4：不能移项求解，也没有求根公式．

　　师：有很多方程用常规的公式法是很难求根的，比如高次代数方程、超越方程等．（简单介绍超越方程，不延伸拓展．）

　　生 2：那方程（4）有根吗？若有，怎么求？

　　师：上一节课的零点存在定理，具体讲了方程的根与函数零点间的关系，同学们回忆一下，类比方程 $\ln x+2x-2=0$ 试根的方法思考一下．

　　生 5：方程（4）对应的函数 $f(x)=\ln x+2x-6$ 是单调的，且 $f(1)=-4<0$，$f(3)=\ln 3>0$，所以对应的方程 $\ln x+2x-6=0$ 有唯一的根，能确定根在 $(1,3)$ 上，但具体好像求不出来．

　　师：所以研究方程的近似解非常有必要．若问题变为"求方程 $\ln x+2x-6=0$ 的近似解"，你有什么想法呢？想一想：我们能否利用零点存在定理解决

---

① 该案例由江西省南昌市铁路第一中学的章建荣提供．

这个问题呢？小组之间相互讨论，并派成员汇报讨论结果．

（学生之间开始相互讨论方程的根与函数零点的概念及两者之间的等价关系……）

师： 求方程 $\ln x + 2x - 6 = 0$ 的近似解问题可以转化为什么问题？

生 1： 求函数 $f(x) = \ln x + 2x - 6$ 的零点的近似值．

师： 前面同学说 $\ln x + 2x - 6 = 0$ 的根能确定在 $(1,3)$ 上，这个范围还能缩小吗？

生 3： $f(2) = \ln 2 - 2 < 0, f(3) = \ln 3 > 0$，能确定根在 $(2,3)$ 上了．

师： 很好．根据零点存在定理，我们已经知道函数 $f(x) = \ln x + 2x - 6$ 在区间 $(2,3)$ 内有零点（图 4.43）．那么，如何找到零点呢？

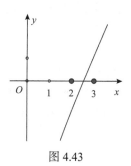

图 4.43

设计意图

从学生熟悉的一元一次方程和一元二次方程的求解引入课题，但面对（3）、（4）这种超越方程的根，并没有现成的求根公式．（3）和（4）结构类似，（3）能试出解，而（4）却不能．自然地引起学生的认知冲突，为二分法的思想做铺垫．

【教学赏析】

在学生的最近发展区上创设学生熟悉的方程情境，从学生熟悉的解方程引入，过渡到求解超越方程的根，引发学生思考问题，激发学生的探究欲望，培养学生数学运算的核心素养，为二分法的思想教学做好铺垫．同时，鼓励学生动手动脑，积极参与数学学习的过程，激发学习热情，体现了学生的主体性；渗透数形结合和化归与转化及函数与方程的数学思想，发展了学生的逻辑推理能力．

片段二：互动探究，构建新知

师： 通过上面这个教学过程，你能想到用什么样的方法求函数 $f(x) = \ln x + 2x - 6$ 在区间 $(2,3)$ 内的零点的近似值？

生： 如前面同学所讲，从 $(1,3)$ 到 $(2,3)$，故采取缩小区间，逐步逼近.

师： 具体如何缩小区间呢？

生： 不断地一分为二.

师： 如何将区间 $(2,3)$ 一分为二呢？

生： 取中点，可以得到 $(2,2.5)$ 和 $(2.5,3)$.

师： 如 $f(2.5) = 0$，说明什么？若不是该怎么办？

生： 如 $f(2.5) = 0$，则说明 2.5 就是该方程的根，若不是，说明根在两个区间中的一个里.

师： 如何判断在哪个区间呢？

生： 判断 $f(2) \cdot f(2.5)$ 与 $f(2.5) \cdot f(3)$ 的符号.

师： 因为 $f(2) < 0, f(2.5) < 0, f(3) > 0$，所以 $f(2.5) \cdot f(3) < 0$，从而零点所在区间是 $(2.5,3)$. 为了找到零点，我们还得继续将区间进行对半缩小. 现在借助计算器完成下列表格：

区间	端点处函数值符号	中点	中点处函数值符号
$(2,3)$	$f(2) < 0, f(3) > 0$	2.5	$f(2.5) < 0$
$(2.5,3)$			

（学生借助计算器，小组合作填表.）

师： 要一直算下去吗？你能给出一个停下来的标准吗？想一想：我们之前求近似值时，对近似值会有什么要求呢？

生： 精确到小数点后几位.

师： 对于精确度的界定是：只要精确值所在区间的长度小于精确度，那么这个区间内的所有值就都是满足该精确度的近似值. 在上述问题中，若精确度为 0.01，请求出相应零点的近似值.

生： 当最终取值 $a = 2.53125, b = 2.5390625$ 时，$|a - b| = 0.0078125 < 0.01$，则该区间的任意一个值都是零点的近似值.

（教师引出二分法的定义.）

设计意图

引导学生用二分法的思想不断地缩小零点所在的区间，然后让学生小组合作进行实践，为总结出二分法的步骤奠定基础，让学生感悟概念形成的过程，提升学生的数学抽象的数学核心素养.

【教学赏析】

数学教学是数学活动的教学，是师生之间、学生之间交流互动与共同发展的过程. 采用问题驱动、启发探究，引导学生自主对知识进行建构，并辅以多媒体教学手段，使学生自主探究二分法的原理，深刻体会二分法的数学思想，真正领悟数形结合思想以及数据处理的一般方法，发展学生的数学运算、数学抽象等数学核心素养.

【案例 4-24】 "椭圆及其标准方程"教学片段设计意图与赏析[①]

片段一：创设情景，引入新课

师：将一条绳子的两端固定在同一个定点上，用笔尖勾起绳子的中点使绳子绷紧，笔尖围绕定点旋转，笔尖形成的轨迹是什么？

（让学生亲自动手，在黑板上进行演示，画出圆.）

师：将固定在同一个定点的绳子的两端分开一段距离，使其固定在两个定点上（绳子长度大于两定点之间的距离），笔尖勾直绳子，移动笔尖，得到的轨迹是什么？

（让学生拿出提前准备好的工具，同桌合作在白纸上画，教师可以现场录制一组，并借助希沃白板播放，让学生观看.）

设计意图

以活动为载体，让学生在"做"中学数学，通过画圆、椭圆，给学生一个动手实验的机会；让学生经历知识的形成过程，积累感性经验，通过实践思考，为进一步上升到理论做准备.

师：椭圆的图形我们已经画出，下面我们应该研究什么了？

生 1：可以仿照圆的学习过程，根据椭圆上的点所满足的条件，归纳出椭圆

的定义．

师：很好！请同学们思考，在椭圆的形成过程中哪些量没有变，哪些量变了．

生 2：笔尖到两个图钉的距离之和没有变，都等于绳长，两个图钉之间的距离也没有变，但笔尖的位置在变化．

师：你观察得很仔细，请坐．那下面你能类比圆的定义（平面内与定点的距离等于定长的点的轨迹叫圆）给出椭圆的定义吗？

生 2：平面内到两个定点 F_1, F_2 的距离之和等于定长的点的轨迹叫椭圆．

师：语言表达得很流畅，大家掌声鼓励．根据我们所做的第二个实验，请思考一下，这个定长有无限制条件？

生 3：噢！定长要大于 $|F_1F_2|$，因为如果定长等于 $|F_1F_2|$，轨迹就是线段了．

师追问：如果定长小于 $|F_1F_2|$ 呢？

生 3：不可能．

师：对！所以此时的轨迹就是不存在．因此，平面内与两个定点 F_1, F_2 的距离的和等于常数（大于 $|F_1F_2|$）的点的轨迹叫椭圆；当常数等于 $|F_1F_2|$ 时，点的轨迹为线段 F_1F_2；当常数小于 $|F_1F_2|$ 时，点的轨迹不存在．

设计意图

首先，在概念的理解上，先突出"和"，在此基础上再完善"常数"的取值范围．在变化的过程中建立起用联系与发展的观点看问题．其次，结合几何画板演示，形象直观地说明定义中的必备条件，体会数学的理性与严谨．

师：椭圆的定义中，我们需要注意哪几个关键点？

生：①平面是大前提；②椭圆上任意一点到两个定点的距离的和等于常数 $2a$；③常数 $2a$ 大于焦距 $2c$．

师：这里，我们把两个定点 F_1, F_2 叫作椭圆的焦点，两个焦点 F_1, F_2 间的距离叫作椭圆的焦距．

设计意图

在概念的形成、发展过程中，深刻地揭示出概念中的"任意一点到两个定点的距离的和等于常数"，进一步探究常数的限制条件，体现数学的严谨性，发展学生的数学抽象、直观想象等数学核心素养．

片段二：选择建系，探求方程

师：为了进一步研究椭圆，下面我们一起来推导椭圆的标准方程．请同学们思考：研究椭圆方程的第一步是什么呢？

生：建立平面直角坐标系.

师：如图 4.44 所示，应怎样建立坐标系？请同学们画一画.

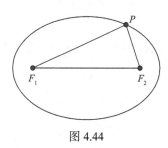

图 4.44

生 1：我采用如下方式建立坐标系（图 4.45）.

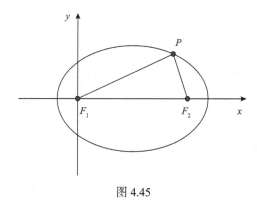

图 4.45

生 2：我采用如下方式建立坐标系（图 4.46）.

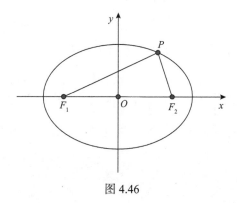

图 4.46

师：同学们的建系方法都可以．

师：在前面的学习中，我们利用圆的对称性建立了合适的直角坐标系，推导出了圆的标准方程．对于椭圆，我们能否通过类比，得到类似的建系方法呢？请同学们观察椭圆的形状，你们会选择哪种建系方法呢？

生：选择第二种建系方法．

师：如图 4.47 所示，设 $|F_1F_2|=2c$ ，则 F_1,F_2 的坐标是？

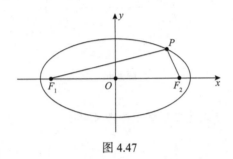

图 4.47

生：$F_1(-c,0),F_2(c,0)$ ．

师：设 $P(x,y)$ 是椭圆上任意一点，因为 $|PF_1|+|PF_2|=2a$ ，将相应点的坐标代入可以得出怎样的关系式？

生：$\sqrt{(x+c)^2+y^2}+\sqrt{(x-c)^2+y^2}=2a$ ．

师：如何化简这个带有两个根式的方程呢？

生：两边直接平方．

师：两边平方一次，能解决问题吗？

生：不能，还要将左边不含根号的式子移到方程的右边再平方，但好难算……

师：除了两边直接平方，还可以怎样化简呢？

生：先移项，将两个根式分开，即 $\sqrt{(x+c)^2+y^2}=2a-\sqrt{(x-c)^2+y^2}$ ，整理得 $a^2-cx=a\sqrt{(x-c)^2+y^2}$ ，再将根式单独留在等式的一边，平方、整理后，可以得到 $(a^2-c^2)x^2+a^2y^2=a^2(a^2-c^2)$ ，整理得 $\dfrac{x^2}{a^2}+\dfrac{y^2}{a^2-c^2}=1$ ．

师：对比这两种化简，你有什么体会？

生：先通过移项将两个根式分开，两边平方后可以对称地约掉二次式，运算量明显要小．

设计意图

通过平面坐标系的建立的探究，理解曲线与方程的关系，借助 $|PF_1| + |PF_2| = 2a$ 建立方程，演算推导初步方程，突破运算难点.

【教学赏析】

在标准方程的推导过程中建系是重点，类比圆的方程的建立，强调建系要关注椭圆的对称性，引导学生在所建立的坐标系中用坐标表示点，用方程表示曲线，关注两个定点的坐标及距离公式. 同时，要求学生明晰算理，优化运算，不仅仅是关注算理背后的技能，更多的是要关注思维，领悟合理建系对优化计算的重要性. 在这一过程中学生的直观想象、逻辑推理及数学运算等数学核心素养得到发展.

片段三：观察归纳，优化方程

师：椭圆方程 $\dfrac{x^2}{a^2} + \dfrac{y^2}{a^2 - c^2} = 1$ 能否进行优化？

生：……

师：类比圆心在坐标原点的圆的标准方程，去研究椭圆的标准方程.

思考：观察椭圆 $\dfrac{x^2}{a^2} + \dfrac{y^2}{a^2 - c^2} = 1$，你能从中找出表示 $\sqrt{a^2 - c^2}$ 的线段吗？请通过数形结合对方程进行美化.

生：如图 4.48 所示，从椭圆形状上找出字母所表示的线段，令 $b = \sqrt{a^2 - c^2}$，即 $b^2 = a^2 - c^2$，将方程 $\dfrac{x^2}{a^2} + \dfrac{y^2}{a^2 - c^2} = 1$ 变为 $\dfrac{x^2}{a^2} + \dfrac{y^2}{b^2} = 1$.

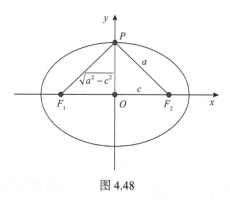

图 4.48

师：由此我们就得到了中心在原点，焦点在 x 轴上的椭圆的标准方程：$\dfrac{x^2}{a^2}+\dfrac{y^2}{b^2}=1$（$a>b>0$）.

设计意图

通过方程的优化，感受标准方程的简洁、对称、和谐美，深刻理解 a,b,c 之间的关系及其几何意义.

【教学赏析】

体会教材中引进参数 b 的意义：第一，便于写出椭圆的标准方程（简洁、美观的方程）；第二，a,b,c 之间的关系有明显的几何意义. 深刻体会方程的建立与坐标系的选择有关，不同的坐标系，其对应的方程是不同的，促使学生对焦点在 y 轴上的椭圆的标准方程的推导产生兴趣，通过小组讨论，总结椭圆标准方程的推导过程. 此过程有利于培养学生的思维能力，发展学生的数学运算、逻辑推理等数学核心素养.

片段四：优化运算，对比提升

师：除了利用移项对 $\sqrt{(x+c)^2+y^2}+\sqrt{(x-c)^2+y^2}=2a$ 进行化简，进而推导出椭圆的标准方程，还可以利用什么方法快速地简化运算呢？

探究：如图 4.49 所示，设 $|PF_1|=r_1,|PF_2|=r_2$，则 $r_1^2=(x+c)^2+y^2$，$r_2^2=(x-c)^2+y^2$，两式相减可得 $r_1^2-r_2^2=4cx$，则 $(r_1-r_2)(r_1+r_2)=4cx$，结合 $r_1+r_2=2a$，则 $r_1=a+\dfrac{c}{a}x$，代入 $r_1^2=(x+c)^2+y^2$，整理可得 $(a^2-c^2)x^2+a^2y^2=a^2(a^2-c^2)$.

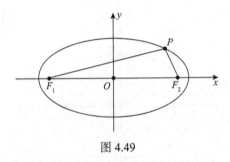

图 4.49

（接下来的步骤如片段三中所示.）

师：焦点在 y 轴上的椭圆方程，请同学们自主探究完成.

设计意图

除了类比圆的方程推导过程，引导学生换一种思想方法探究椭圆的标准方程，领悟解析几何的探究思想和方法的多样性，培养学生的探究能力和分析问题、解决问题的能力，同时为学生后面学习椭圆的焦半径做铺垫.

【教学赏析】

通过两种方法对椭圆的标准方程进行推导，旨在让学生感悟解析法、方程思想、类比思想、数形结合思想等数学思想方法. 紧紧围绕椭圆标准方程的推导过程进行展开，关注椭圆的标准方程的建构，优化运算，通过类比与对比的教学方式，引导学生参与学习活动，激发思维，培养学生分析问题、解决问题的能力，发展学生的数学运算、数据分析、直观想象、逻辑推理等数学核心素养.

【案例 4-25】 "双曲线及其标准方程" 教学片段设计意图与赏析[①]

双曲线定义及其标准方程是中学数学的重要概念，也是学生学习的难点内容. 通过双曲线标准方程探求，能够加强对双曲线概念的理解，从而提高学生解析几何的直观想象、数学运算、逻辑推理等数学核心素养.

在"双曲线及其标准方程"的教学中，通过"拉链法"引入第一定义：平面内到两个定点 F_1, F_2 的距离的差的绝对值等于常数（大于零且小于 $|F_1F_2|$ ）的点的集合（或轨迹）叫作双曲线. 两个定点 F_1, F_2 叫作双曲线的焦点，两焦点间的距离叫作双曲线的焦距（图 4.50）. 符号语言即 $\left||MF_1|-|MF_2|\right|=2a, |F_1F_2|=2c,$ $0<a<c$.

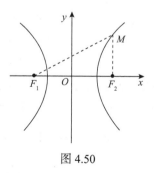

图 4.50

---

① 该案例由江西省南昌市第三中学的张金生提供.

师：你能类比求椭圆标准方程的方法，尝试建系求双曲线的方程吗？如何建立适当的直角坐标系？标准是所得方程简单，尽可能利用对称．

师生活动：通过生生讨论，明确如何建立适当的直角坐标系．观察双曲线，发现它也具有对称性，并且过两定点的直线就是它的对称轴．我们取经过两焦点 F_1, F_2 的直线为 x 轴，线段 $F_1 F_2$ 的垂直平分线为 y 轴，建立平面直角坐标系．

师：求轨迹方程的步骤是建系、设点、列式、化简、验证．建系后，可得 $F_1(-c, 0), F_2(c, 0)$，设 $M(x, y)$，请根据定义列式．

生：$\left| \sqrt{(x+c)^2 + y^2} - \sqrt{(x-c)^2 + y^2} \right| = 2a$．

师：好，同学们请化简该式．

设计意图

明确求曲线的方程的大致步骤，避免推导过程中思维的盲目性，以双曲线标准方程的推导为载体，引导学生掌握推导圆锥曲线方程的一般思路与方法，深化学生对曲线与方程的关系的理解，培养数学运算、逻辑推理等数学核心素养．

师生活动：学生尝试化简．

需先去绝对值，化成

$$\sqrt{(x+c)^2 + y^2} - \sqrt{(x-c)^2 + y^2} = \pm 2a ，$$

类比椭圆标准方程的化简过程，移项、平方，整理得

$$cx - a^2 = \pm a \sqrt{(x-c)^2 + y^2}, \cdots\cdots ①$$

平方整理得 $(c^2 - a^2)x^2 - a^2 y^2 = a^2(c^2 - a^2)$．

师：双曲线中的 a, b, c 有怎样的等量关系呢？类比椭圆标准方程求法，为了使双曲线方程的形式更加简洁，怎么操作？以双曲线和椭圆作比较，同学们说说两类曲线中 a 和 c 的大小关系．

生：在椭圆中，$a > c > 0$，而在双曲线中，$c > a > 0$．因为 $c > a > 0$，所以可设 $c^2 - a^2 = b^2$，其中 $b > 0$．于是双曲线的方程可化为 $\dfrac{x^2}{a^2} - \dfrac{y^2}{b^2} = 1 (a > 0, b > 0)$，这就是焦点在 x 轴上的双曲线的标准方程．

设计意图

　　虽然类似椭圆标准方程的推导过程，但是由于需要去绝对值，方程中含有正负号，化简这个方程需要两次平方，如何化简，对学生的运算能力提出了较高要求．通过椭圆的类比，得到双曲线参数的关系．

　　师：这说明双曲线上任意一点的坐标都满足方程 $\dfrac{x^2}{a^2} - \dfrac{y^2}{b^2} = 1(a > 0, b > 0)$，请类比椭圆的方法来证明该方程的每一组解对应的点都在双曲线上，即证明方程的解对应的点 $M(x, y)$ 都满足 $\left\| MF_1 \right| - \left| MF_2 \right\| = 2a$．

　　生：设满足方程 $\dfrac{x^2}{a^2} - \dfrac{y^2}{b^2} = 1$ 的一组解对应的点为 $M(x_0, y_0)$，则有 $\dfrac{x_0{}^2}{a^2} - \dfrac{y_0{}^2}{b^2} = 1$，所以 $y_0{}^2 = b^2\left(\dfrac{x_0{}^2}{a^2} - 1\right)$，故

$$\left| \sqrt{(x_0 + c)^2 + y_0{}^2} - \sqrt{(x_0 - c)^2 + y_0{}^2} \right|$$

$$= \left| \sqrt{(x_0 + c)^2 + b^2\left(\dfrac{x_0{}^2}{a^2} - 1\right)} - \sqrt{(x_0 - c)^2 + b^2\left(\dfrac{x_0{}^2}{a^2} - 1\right)} \right|$$

$$= \left| \sqrt{\dfrac{c^2}{a^2}x_0{}^2 + 2cx_0 + a^2} - \sqrt{\dfrac{c^2}{a^2}x_0{}^2 - 2cx_0 + a^2} \right|$$

$$= \left| \sqrt{\left(\dfrac{c}{a}x_0 + a\right)^2} - \sqrt{\left(\dfrac{c}{a}x_0 - a\right)^2} \right|$$

$$= \left\| \dfrac{c}{a}x_0 + a \right| - \left| \dfrac{c}{a}x_0 - a \right\| = 2a.$$

　　这说明，以方程 $\dfrac{x^2}{a^2} - \dfrac{y^2}{b^2} = 1(a > 0, b > 0)$ 的解为坐标的点 $M(x_0, y_0)$ 都在双曲线上，所以方程 $\dfrac{x^2}{a^2} - \dfrac{y^2}{b^2} = 1(a > 0, b > 0)$ 对应的曲线是双曲线．

设计意图

　　教学中不能忽视验证这一步，即证明该方程的每一组解对应的点都在双曲线上这一步骤．

师：类比椭圆标准方程推导过程，仔细观察①式，有什么发现？

生：$\sqrt{(x-c)^2+y^2}=\pm\left(\dfrac{c}{a}x-a\right)$ ……②；

$$\dfrac{\sqrt{(x-c)^2+y^2}}{\pm\left(x-\dfrac{a^2}{c}\right)}=\dfrac{c}{a}\ \cdots\cdots③.$$

②式为焦半径公式，③式是"到定点距离与到定直线距离比为常数"．

师：如图 4.51 所示，类比椭圆，焦点在 y 轴上的双曲线方程是怎样的呢？

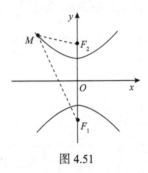

图 4.51

生：$\dfrac{y^2}{a^2}-\dfrac{x^2}{b^2}=1(a>0,b>0)$ ．

师：双曲线标准方程的推导有没有更好的化简方法呢？

师生活动：不妨设 $|MF_1|-|MF_2|=2a$ ……④，则

$$|MF_1|^2=(x+c)^2+y^2,\cdots\cdots⑤$$

$$|MF_2|^2=(x-c)^2+y^2.\cdots\cdots⑥$$

⑤－⑥得 $\left(|MF_1|-|MF_2|\right)\left(|MF_1|+|MF_2|\right)=4cx$ ，即

$$|MF_1|+|MF_2|=\dfrac{2cx}{a}.\cdots\cdots⑦$$

联立④和⑦得

$$|MF_1|=\dfrac{cx}{a}+a,\cdots\cdots⑧$$

$$|MF_2|=\dfrac{cx}{a}-a.\cdots\cdots⑨$$

师：类比椭圆，⑧式与⑨式是什么？

生：焦半径公式．

师：请把⑨式代入⑥式或把⑧式代入⑤式整理化简.

生：$\dfrac{x^2}{a^2} - \dfrac{y^2}{b^2} = 1$.

师：$|MF_2| - |MF_1| = 2a$ 同样可得.

设计意图

　　启发引导学生探索多种运算方法，经历完整的运算过程，明晰算理，理解运算法则，在感悟"知其然，且知其所以然"中积累活动经验，拓宽视野.

师：双曲线定义中去掉"绝对值"三个字后点的轨迹会是什么？

生：去掉绝对值后轨迹变成了双曲线的一支.

师：定义中常数等于 $|F_1F_2|$ 时，点的轨迹是什么？常数大于 $|F_1F_2|$ 时，点的轨迹是什么？常数等于 0 时，点的轨迹是什么？

生：定义中常数等于 $|F_1F_2|$ 时，轨迹是直线 F_1F_2 上以 F_1,F_2 为端点向外的两条射线；常数大于 $|F_1F_2|$ 时，点的轨迹不存在；常数等于 0 时，点的轨迹是线段 F_1F_2 的垂直平分线.

设计意图

　　教师要帮助学生意识到"绝对值"这三个字的重要性，要考虑各种情况确保定义的严谨性，加深对概念的理解，培养思维的完备性.

【教学赏析】

　　数学运算是六大数学核心素养之一，是学生继续学习数学的基础，还是后续发展的必备素养. 数学运算是指在明晰运算对象的基础上，依据运算法则解决数学问题的素养，主要包括：理解运算对象，掌握运算法则，探究运算思路，选择运算方法，设计运算程序，求得运算结果等. 数学运算核心素养的水平划分为三个水平. 解析几何问题通常运算量大，要求学生明晰算理、优化算法，是培养数学运算核心素养的重要载体. 该教学片段通过双曲线标准方程的推导，探究背景及多种解法背后的算理. 教学中，教师需更多地关注"技能"背后的"算理"、"算理"背后的"思维"，只有引导学生在明晰算理的前提下，勤下笔、勤反思、多计算，不断地进行有效反思，不断地优化算法，数学运算核心素养的培育才能得到有效的落实.

【案例 4-26】 "数列求和之裂项相消法"教学片段设计意图与赏析[①]

师: 同学们,刚才我们已经能运用等差数列与等比数列的求和公式来解决两类特殊数列的求和问题.下面,请同学们再思考一下:如何求数列 $\left\{\dfrac{1}{n(n+1)}\right\}$ 的前 n 项和?

(大部分的学生安静下来,陷入沉思,也有部分学生开始交流、讨论.)

生 1: 不可以.

师: 为什么?请你说一下理由.

生 1: 根据等差数列与等比数列的定义,可以验证这个数列既不是等差数列,也不是等比数列.

师: 对.此数列确实不能用等差数列与等比数列的求和公式来求得数列 $\left\{\dfrac{1}{n(n+1)}\right\}$ 的前 n 项和了.请问你有什么好的办法吗?

生 2: 我是逐个相加,先是求得 $S_1 = \dfrac{1}{1\times 2} = \dfrac{1}{2}$,然后求得 $S_2 = \dfrac{1}{2} + \dfrac{1}{2\times 3} = \dfrac{2}{3}$,接着求得 $S_3 = \dfrac{2}{3} + \dfrac{1}{3\times 4} = \dfrac{3}{4}$,…,通过找规律猜得此数列的前 n 项和 $S_n = \dfrac{n}{n+1}$,但不知是否正确.

师: 不错.当我们遇到一般性问题难以找到突破口时,往往我们可以"退一步,海阔天空",先求前几项的和,发现规律,逐步寻求正确的解题路径,这也是人们认识世界的基本规律.尽管生 2 得到的结果是正确的,但在通常情况下,由特殊到一般的方法得到的结果不一定正确,还是需要证明,这个证明我们在今后会学习的.请问哪位同学还有更好的求和方法呢?

(学生跃跃欲试,积极参与小组讨论.很快生 3 举手发言.)

生 3: 我与生 2 的做法一样,我想尝试对数列通项进行变形.

师: 很好!我们知道,数列通项是数列的"核心",从数列通项入手,是一种良策.你想对通项进行怎样的处理呢?

生 3: 先将生 2 得到的结果联想到写成 $\dfrac{n}{n+1} = 1 - \dfrac{1}{n+1}$,就试着将数列的前几项的通项进行变形,拆成两个数的差,即

$$a_1 = \frac{1}{1\times 2} = 1 - \frac{1}{2}, \ a_2 = \frac{1}{2\times 3} = \frac{1}{2} - \frac{1}{3}, \ a_3 = \frac{1}{3\times 4} = \frac{1}{3} - \frac{1}{4}, \ a_4 = \frac{1}{4\times 5} = \frac{1}{4} - \frac{1}{5}, \cdots.$$

---

① 该案例由江西省赣州市南康中学的黄邦活提供.

发现相邻两"项"之间有相同的"数",且互为相反数.

(顿时,生3还有点兴奋,似有拨云见日之感,教师及时鼓励、引导.)

师:生3的想法几乎是一个伟大的"发现"呀!他离成功越来越近了.我们知道,互为相反数的和为0,任何数和0相加得这个数本身,它能使"和"的计算变得更简单.请大家继续尝试,成功其实离你只有一步之遥.

生4:我把生3拆成的结果,相加得

$$a_1 + a_2 + a_3 + a_4 = \left(1 - \frac{1}{2}\right) + \left(\frac{1}{2} - \frac{1}{3}\right) + \left(\frac{1}{3} - \frac{1}{4}\right) + \left(\frac{1}{4} - \frac{1}{5}\right),$$

去掉括号后,观察发现除第一项和最后一项外,其余各项都可以相互抵消.

生5:由生3的想法,我将通项变形 $a_n = \dfrac{1}{n(n+1)} = \dfrac{1}{n} - \dfrac{1}{n+1}$,得

$$S_n = \left(1 - \frac{1}{2}\right) + \left(\frac{1}{2} - \frac{1}{3}\right) + \left(\frac{1}{3} - \frac{1}{4}\right) + \cdots + \left(\frac{1}{n-1} - \frac{1}{n}\right) + \left(\frac{1}{n} - \frac{1}{n+1}\right).$$

去掉括号后,中间"项"相互抵消,从而得到 $S_n = 1 - \dfrac{1}{n+1}$.

师:生5的想法及其解答太漂亮了!通过将通项变形为"两项"的差,正负相消,化简得到一个简单的结果.同学们,请问你们注意到生5解决过程的关键了吗?

生(齐声):关键是将通项变成两项的差,且能正负相消.

师:很好!以上求数列前 n 项和的方法,是一种基本方法,我们称之为"裂项相消法",也叫拆分法.

设计意图

裂项相消法是数列求和的一个重点和难点,也是高考中常考的一种方法.为使学生领悟裂项相消法的内在的、本质的思想,通过设计一个特殊简单的裂项相消求和问题,在教师的引导、服务作用下,让学生在尝试、探究过程中提炼方法.

师:我们知道,数列通项是数列的"核心",若能将数列通项的"特征"挖掘出来,就能找出一条求和的"通天大道".如果想要深入理解其中的道理,就必须要亲自实践才行.请同学们再思考以下问题:

(1)求数列 $\left\{\dfrac{1}{(2n-1) \times (2n+1)}\right\}$ 的前 n 项和;

(2)求数列 $\left\{\dfrac{1}{n(n+2)}\right\}$ 的前 n 项和;

（3）求数列 $\left\{\dfrac{2^n}{(2^n+1)(2^{n+1}+1)}\right\}$ 的前 n 项和.

（引导并提示学生比较通项公式：共同点是什么？差异是什么？根据裂项相消法的本质特征有意识地、有目的地进行探究，直至解题成功．）

……

设计意图

通过（1）～（3）的解决，充分暴露学生的思维，并通过教师的引导、纠错、反思，弄清楚如何裂项、如何相消、最后余下哪些项，进而达到提升数学运算核心素养的目的．

【教学赏析】

数学运算是数学的六大核心素养之一，是学生学习数学的一种必备品格和关键能力．该教学片段以促进学生的发展为根本落脚点，以一个特殊问题为切入口，让学生主动参与思考、讨论、交流、探索、发现；同时，在教师的及时引导与鼓励下，不断增强学生的信心，使学生切实掌握裂项相消法解决求和问题的算理，从而寻求合理简洁的运算途径解决问题．这样符合学生的认知规律，抓住了学生的最近发展区，极大地调动了学生的积极性，同时也提高了课堂效率，使学生的数学思维得到生长、数学运算核心素养得到落实与提升．

【案例 4-27】"再探究待定系数法求数列通项公式"教学片段设计意图与赏析[①]

一、复习引入

师：昨天我们介绍了哪几种常见的数列通项公式的求法？

生 1：公式法、累加法、累乘法．

生 2（补充）：作差法、待定系数法．

师：不错，同学们都记住了，下面我来考考大家是否都掌握了．

二、课前练习

选用适当的方法求下列数列 $\{a_n\}$ 的通项公式．

（1）已知数列 $\{a_n\}$ 满足 $a_1=1$ 且 $a_{n+1}=a_n+2, n\in \mathbf{N}^*$；

---

① 该案例由江西省吉安市第一中学的刘志乐提供.

（2）等差数列 $\{a_n\}$ 是递增数列，且 a_1，a_3，a_9 成等比数列，$S_5 = a_5^2$；

（3）已知数列 $\{a_n\}$ 满足 $a_1 = 1$，$a_{n+1} = 3a_n + 2 (n \in \mathbf{N}^*)$．

（让学生练习 10 分钟，然后同学们互相对答案纠错，教师点评．）

参考答案：

（1）由已知得 $a_{n+1} - a_n = 2$，所以 a_n 为等差数列，首项 $a_1 = 1$，公差 $d = 2$，则有 $a_n = a_1 + (n-1)d = 1 + (n-1)2 = 2n - 1$．

（2）设数列 $\{a_n\}$ 的公差为 $d (d > 0)$，

因为 a_1，a_3，a_9 成等比数列，

所以 $a_3^2 = a_1 a_9$，即 $(a_1 + 2d)^2 = a_1(a_1 + 8d)$，得 $d^2 = a_1 d$．

又因为 $\{a_n\}$ 是递增数列，所以 $d > 0$，且 $a_1 = d$．……①

由 $S_5 = a_5^2$，可得 $5a_1 + \dfrac{5 \times 4}{2}d = (a_1 + 4d)^2$．……②

由①②得 $a_1 = \dfrac{3}{5}, d = \dfrac{3}{5}$，故 $a_n = a_1 + (n-1)d = \dfrac{3}{5} + (n-1)\dfrac{3}{5} = \dfrac{3}{5}n$．

（3）设 $a_{n+1} + t = 3(a_n + t)$，则 $a_{n+1} = 3a_n + 2t$，故 $t = 1$，$\{a_n + 1\}$ 为等比数列，

且 $a_n + 1 = (a_1 + 1) \cdot 3^{n-1} = 2 \times 3^{n-1}$，因此 $a_n = 2 \times 3^{n-1} - 1$．

设计意图

通过该教学环节，再一次帮助学生熟悉数列通项公式的几种常见求法及注意事项：①利用定义法求数列通项时注意不要用错定义，设法求出首项与公差（公比）后再写出通项．②求形如 $a_{n+1} = pa_n + q$（p, q 为常数）递推式的数列通项，可用待定系数法．令 $a_{n+1} + x = p(a_n + x)$，比较系数解得 $x = \dfrac{q}{p-1}$，构造新数列 $\left\{a_n + \dfrac{q}{p-1}\right\}$ 来求得．也可用"归纳—猜想—证明"法来求，这也是近几年高考的一种重要题型．

三、拓展训练

求满足下列条件的数列 $\{a_n\}$ 的通项公式．

变式 1：设 $a_1 = 1, a_{n+1} = 2a_n + n (n \in \mathbf{N}^*)$；

变式 2：设 $a_1 = 1, a_{n+1} = 2a_n + 3^{n+1} (n \in \mathbf{N}^*)$；

变式 3：设 $a_1 = 1, a_{n+1} = 2a_n + n \cdot 3^{n+1} (n \in \mathbf{N}^*)$；

变式 4：设 $a_1 = \dfrac{4}{9}, a_2 = \dfrac{13}{9}$，且 $a_{n+1} = \dfrac{4}{3}a_n - \dfrac{1}{3}a_{n-1} (n \geqslant 2$ 且 $n \in \mathbf{N}^*)$．

（给学生练习 20 分钟，教师简单讲评．）

教师简单讲评如下：

变式 1 解析：令 $a_{n+1}+f(n+1)=A[a_n+f(n)]$，其中 $f(n)$ 是关于 n 的多项式．

变式 2 解析：递推式为 $a_{n+1}=pa_n+q^{n+1}$（p,q 为常数）时，同除以 q^{n+1}，得 $\dfrac{a_{n+1}}{q^{n+1}}=\dfrac{p}{q}\cdot\dfrac{a_n}{q^n}+1$．

变式 3 解析：本变式是变式 1 和变式 2 的综合．

先化为 $\dfrac{a_{n+1}}{3^{n+1}}=\dfrac{2}{3}\cdot\dfrac{a_n}{3^n}+n\,(n\in\mathbf{N}^*)$，即为变式 1．

令 $b_n=\dfrac{a_n}{3^n}$，则化为 $b_{n+1}=\dfrac{2}{3}b_n+n\,(n\in\mathbf{N}^*)$．

令 $b_{n+1}+f(n+1)=\dfrac{2}{3}[b_n+f(n)]$，其中 $f(n)=xn+y$，x,y 为待定常数，展开比较系数求出 x,y．

变式 4 解析：设 $a_{n+2}-sa_{n+1}=t(a_{n+1}-sa_n)$，展开后得 $a_{n+2}=(t+s)a_{n+1}-tsa_n$，与 $a_{n+2}=\dfrac{2}{3}a_{n+1}+\dfrac{1}{3}a_n$ 比较系数得 $s+t=\dfrac{2}{3},st=-\dfrac{1}{3}$，解得 $s=1,t=-\dfrac{1}{3}$．

条件化为 $a_{n+2}-a_{n+1}=-\dfrac{1}{3}(a_{n+1}-a_n)$，得数列 $\{a_{n+1}-a_n\}$ 是以 $a_2-a_1=1$ 为首项，$-\dfrac{1}{3}$ 为公比的等比数列．

$\therefore a_{n+1}-a_n=\left(-\dfrac{1}{3}\right)^{n-1},n\geqslant 2$．

再利用累加法求得数列 $\{a_n\}$ 的通项 $a_n=\dfrac{7}{4}-\dfrac{3}{4}\left(-\dfrac{1}{3}\right)^{n-1}$……①

检验 a_1,a_2 也满足①，$\therefore a_n=\dfrac{7}{4}-\dfrac{3}{4}\left(-\dfrac{1}{3}\right)^{n-1},n\in\mathbf{N}^*$．

【教学赏析】

通过该教学片段，教师帮助学生将"待定系数法"求数列通项公式进行推广，让学生真正地掌握待定系数法求数列通项公式的本质．

（1）递推式形如 $a_{n+1}=pa_n+f(n)(n\in\mathbf{N}^*)$ 时，令
$$a_{n+1}+f(n+1)=A[a_n+f(n)],$$
其中 $f(n)$ 是关于 n 的多项式，比较系数求出多项式 $f(n)$ 的系数，即可化为已知

熟悉题型.

（2）递推式形如 $a_{n+1} = pa_n + q^{n+1}$（ p,q 为常数）时，等式两边同时除以 q^{n+1}，得 $\dfrac{a_{n+1}}{q^{n+1}} = \dfrac{p}{q} \cdot \dfrac{a_n}{q^n} + 1$，令 $b_n = \dfrac{a_n}{q^n}$，则化为 $b_{n+1} = \dfrac{p}{q} b_n + 1 (n \in \mathbf{N}^*)$，即可化为已知熟悉题型.

（3）递推式形如 $a_{n+2} = pa_{n+1} + qa_n$（ p,q 为常数）时，可设 $a_{n+2} - sa_{n+1} = t(a_{n+1} - sa_n)$，其中 s,t 为待定常数. 由 $s+t = p, st = -q$ 解得 p,q，即可化为已知熟悉题型.

（4）该教学片段始终贯穿"教师为主导，学生为主体"的教学理念，把时间还给学生，充分发挥学生的主观能动性，发展学生的逻辑推理、数学运算等数学核心素养.

4.6　数据分析教学片段

【案例 4-28】 "茎叶图"教学片段设计意图与赏析[①]

问题： 某工厂为提高生产效率，开展技术创新活动，提出了完成某项生产任务的两种新的生产方式. 为比较两种生产方式的效率，选取 40 名工人，将他们随机分成两组，每组 20 人，第一组工人用第一种生产方式，第二组工人用第二种生产方式. 根据工人完成生产任务的工作时间（单位：min）绘制了如下茎叶图（图 4.52）.

第一种生产方式		第二种生产方式
8	6	5 5 6 8 9
9 7 6 2	7	0 1 2 2 3 4 5 6 6 8
9 8 7 7 6 5 4 3 3 2	8	1 4 4 5
2 1 1 0 0	9	0

图 4.52

（1）根据茎叶图判断哪种生产方式的效率更高，并说明理由.

（2）求 40 名工人完成生产任务所需时间的中位数 m，并将完成生产任务所

---

① 该案例由江西省上饶市第一中学的叶升提供.

需时间超过 m 和不超过 m 的工人数填入下面的列联表:

生产方式	超过 m	不超过 m
第一种生产方式		
第二种生产方式		

（3）根据（2）中的列表，能否有 99%的把握认为两种生产方式的效率有差异?

附: $K^2 = \dfrac{n(ad-bc)^2}{(a+b)(c+d)(a+c)(b+d)}$

师: 通过对茎叶图的数据进行观察和计算，我们可以从哪几个方面进行数据分析?

生: 可以从平均数、中位数、众数、分布特征等不同角度进行考虑.

师: 请同学们按统计方法进行分析，得出结论并阐述理由.

生 1: 由茎叶图可知，用第一种生产方式进行生产有 75%的工人完成任务的时间至少 80 分钟；而用第二种生产方式的工人中，有 75%的工人完成任务时间至多是 79 分钟. 由此可知，第二种生产方式效率更高.

生 2: 由茎叶图观察可知，用第一种生产方式完成任务时间的中位数是 85.5 分钟，而用第二种生产方式所完成任务时间的中位数是 73.5 分钟，因此得出结论是第二种生产方式效率更高.

生 3: 观察茎叶图明显可知用第一种生产方式时间大部分集中在 80 分钟以上，而第二种生产方式的完成时间大部分在 80 分钟以下，因此第二种生产方式效率更高.

师: 非常好，同学们用不同的统计方法从多方面得出相同的结论. 我们还可以把两组数据混合从小到大进行排序. 可以发现什么规律吗?

生 4: 如把所有数据从小到大排列，可以发现第一种生产方式所需的时间大部分排在后面，而用第二种生产方式所需的时间大部分排在前面，由此可知第二种生产方式效率更高.

师: 非常好，同学们还可以从不同角度进行分析. 下面请计算第（2）问中的中位数 m.

生: $m = \dfrac{79+81}{2} = 80.$完成列联表如下所示:

生产方式	超过 m	不超过 m
第一种生产方式	15	5
第二种生产方式	5	15

师：根据表格数据能否有 99% 的把握认为两种生产方式的效率有差异呢？

生：$K^2 = \dfrac{n(ad-bc)^2}{(a+b)(c+d)(a+c)(b+d)} = \dfrac{40(15 \times 15 - 5 \times 5)^2}{20 \times 20 \times 20 \times 20} = 10 > 6.635$，

$\therefore$ 有 99% 的把握认为两种生产方式的效率有差异．

设计意图

　　试题的本身具有强烈的时代感，也是来源于社会实际的应用题，体现了数学应用与时俱进的特点．教学过程中体现了以学生发展为本，提升学生数学素养的基本理念．第一问的回答是开放性的，可以很好地开拓学生的发散思维，同时也让学生回忆了旧知识，建立与新知识之间的联系；第二问要求学生能够从一系列数据和表格中提取有效信息加以分析，并对数据进行计算，从而得出第三问的结论．该教学片段可以较好地促进学生数据分析能力的形成和发展．

【教学赏析】

　　数据分析是指针对研究对象获得相关数据，运用统计方法对数据中的有用信息进行分析和推断，形成知识的过程．主要包括：收集数据，整理数据，提取信息，构建模型对信息进行分析、推断，获得结论．该教学片段在讲解过程当中，引导学生利用数据分析对两种生产方式进行比较得出结论，教师在教学中对学生进行恰当的引导，让学生自己生成新的数据分析结论，体现了以学生为中心的教学理念．

　　对该题的数据进行分析，可以提升学生对数据进行整理、提取的能力，使其增强基于数据表达现实问题的意识，养成通过数据思考问题的习惯，积累依托数据探索事物本质、关联性和规律的活动经验．第二、第三问可以使学生增强基于数据表达现实问题的意识，形成通过数据认识事物的思维品质．这体现了数学教育"以生为本"的教学理念．数据分析是大数据时代数学应用的主要方法，也是"互联网+"相关领域的主要数学方法，已经深入到现代社会生活和科学研究的各个方面．在数学教学中要培养学生获取有价值信息并进行定量分析的意识和能力，要培养学生适应数字化学习的需要，增强基于数据表达现实问题的意识，形成通过数据认识事物的思维品质．

【案例 4-29】"最小二乘估计"教学片段设计意图与赏析[①]

片段一：确定问题，建立模型

教师引导学生回忆，分析两个鞋码和身高之间的关系．首先要收集数据，再让学生现场参与收集数据（不同鞋码的学生所对应的身高）的全过程，将各数据变成有序数对，最后用 Excel 软件画出有序数对的散点图（图 4.53）．学生观察散点图，初步分析数据得出两个变量存在线性关系，所求直线方程为 $y=a+bx$ ，成功建立出刻画鞋码和身高关系的模型．教师顺势提问：

问题 1：什么样的直线才能拟合所有点呢？（学生回答：尽可能地接近所有点的直线．）

问题 2：用什么来刻画这些点与这条直线的接近程度？一个点与这条直线的接近程度怎么表示？

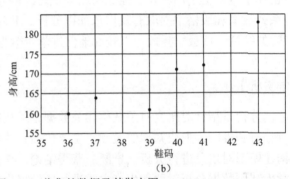

序号	鞋码	身高/cm
1	39	161
2	37	164
3	36	160
4	40	171
5	41	172
6	43	183

(a)   (b)

图 4.53　收集的数据及其散点图

对于问题 2，教师利用三种方案的对比（图 4.54）来突破难点：让学生在图纸上画出点 $P_i(x_i, y_i)$ 与直线 $y=a+bx$ 接近程度的线段，从学生的答案中挑选典型代表，展示在黑板上，结合一开始的真实问题，即"锚"来分析用什么刻画接近程度，其代数表达式是什么．

① 原文出自：刘睿，虞秀云. 借助"学思行省"，生态培育素养——以《利用函数性质判定方程解的存在》为例[J]. 中学数学，2020，（17）：6-8. 人大复印报刊资料《高中数学教与学》2020 年第 12 期全文转载. 收入本书时有删改.

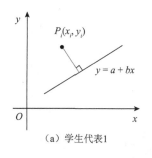
（a）学生代表1

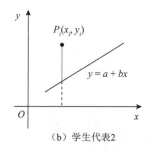
（b）学生代表2

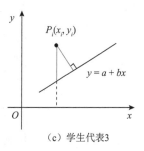
（c）学生代表3

图 4.54　学生的三种方案对比

问题 3：如何才能避免接近程度的正负抵消，来得到所有点的接近程度？

学生回答取其绝对值，教师再引导学生写出 n 个点与直线接近程度的代数表达式，用 Q 表示，$Q = \sum_{i=1}^{n} \left| y_i - (a + bx_i) \right|$．

问题 4：所有的点与直线越接近，表达式中 Q 就最小，其中绝对值计算不便，如何既避免正负抵消又方便计算？

学生联想到平方后，得出最终表达式 $Q = \sum_{i=1}^{n} \left[y_i - (a + bx_i) \right]^2$，由此得到构建模型的关键——最小二乘法．

设计意图

教师围绕"锚"精心设计问题串，用问题串来"牵桥搭线"，不断调整学生的探究方向和难度，进行深入分析．从描述散点图趋势的直线，到刻画一个点与直线的接近程度，再到 n 个点接近程度的代数表达式，最后寻找出"锚"的根源，注重从数学视角分析问题，成功建立模型．

片段二：自主学习，解析模型

问题 5：表达式 $Q = \sum_{i=1}^{n} \left[y_i - (a + bx_i) \right]^2$ 要最小，还需知道 a, b 的值，如何确定呢？

问题 6：对问题进行简化，当 $n = 3$ 时，a, b 取何值会使得 Q 最小？

教师运用信息技术，以微课（图 4.55）来突破难点，展示了当 $n = 3$ 时，将 Q 的表达式分别变成关于 a, b 的函数，进行展开、整理、化简，求出了 a, b 的值．学生观看微课后，类比得出一般结论，即当 n 为任意实数时 a, b 的表达式，明确如何用最小二乘法求解模型中 a, b 的值．

①取 $n=3$，写出 Q 的表达式

②将表达式化为关于 a 的二次函数

③取顶点值为最小值，得出 $a = \dfrac{y_1 + y_2 + y_3}{3}$

④将 a 的值代入 Q 的表达式

⑤将表达式化为关于 b 的二次函数

⑥取顶点值为最小值，得出 $b = \dfrac{x_1 y_1 + x_2 y_2 + x_3 y_3 - 3\overline{x}\,\overline{y}}{(x_1^2 + x_2^2 + x_3^2) - 3\overline{x}^2}$

图 4.55　微课步骤图

设计意图

抛锚式教学中的自主学习环节是指由教师向学生提供解决该问题的有关线索，例如需要收集哪一类的资料、从何处获取有关信息资料，以此发展学生的自主学习能力．当学生对"锚"无从下手的时候，教师抓住自主学习的核心理念，通过微课衔接二次函数取最值的旧知，帮助学生寻找思路，体验最小二乘原理的由来，并利用最小二乘原理对模型中 a,b 的值进行解析．

片段三：协作学习，解决问题

问题 7：如何用最小二乘法求得所收集的数据中模型 a,b 的值？a,b 的值为多少？由收集到的数据预测：42 鞋码对应的身高为多少？

问题 8：利用另外收集的 8 位男老师的鞋码和身高数据预测：42 鞋码对应的身高为多少？

学生利用 a,b 的一般表达式，将收集数据代入计算，求得模型 a,b 的值，最后求出问题 7 的预测值为 177cm，问题 8 的预测值为 175cm．

问题 9：两组数据得到的预测结果不一样，造成预测结果差异的原因有哪些呢？对于鞋码和身高数据的关系的问题，哪个预测结果更可靠呢？

设计意图

在讨论交流中，协作学习能够通过不同观点的交锋、补充、修正，加深学生对问题的理解．此环节教师让学生对造成两组数据预测结果差异的原因进行分析，促使学生根据实际对预测结果进行检验，完善模型，最后得到"锚"的真正答案．

片段四：反思评价，提升素养

问题 10：我们为学习最小二乘估计，做了哪些事情？

学生回顾整节课的学习经历：提出问题—收集数据—分析数据—建立模型—计算预测—统计反思. 最后，教师予以总结.

设计意图

学生对其学习效果的评价是对其学习过程的回顾和反思，这也是教学效果评价的意义所在. 回首思"锚"，学生才能理清整节课的脉络，把握数学建模的全过程——提出问题、建立模型、求解模型、检验结果、完善模型，进而锻炼研究数学问题的思维.

【教学赏析】

这节课教师把握抛锚式教学的本质，利用抛锚、现锚、究锚、解锚、思锚层层递进，整体设计、分步实施教学活动，引导学生经历发现、分析、解决问题的全过程——收集和整理数据、理解和处理数据、获得和解释结论、概括和形成知识，促进学生感受知识的"明线"（用最小二乘原理预测数值）和研究方法的"暗线"（数据分析的过程）. 如何在统计主题教学中提升学生的数据分析核心素养？首先，关注统计学学习的过程性评价，让学生参与收集、整理、分析数据这个循序渐进的过程，只有在整个递进深入的教学活动中，学生才能获得数据分析的经验. 其次，关注统计学科目的不确定性，让学生获得用数据解决真实问题的成功经验. 这节课教师用两组数据得到的不同预测值引发学生思考：数据收集的不同会引起结论的不确定，那该用什么样的数据才能有效地解决真实问题？这样才能发展学生的数据分析观念，促使学生通过比较作出决策.

参考文献

蔡秋芝. 2014. 激发学生兴趣 感受方程价值——一元一次方程复习课的教学设计[J]. 中学课程资源, (3): 62-63.

陈敏. 2015. 聚焦数学核心素养——第六届中国小学数学教育峰会综述[J]. 人民教育, (23): 46-47.

陈敏, 吴宝莹. 2015. 数学核心素养的培养——从教学过程的维度[J]. 教育研究与评论(中学教育教学), (4): 44-49.

陈万斌. 2018. 掌握运算方法提高学生数学运算素养[J]. 中学数学, (7): 75-77.

陈向明. 2011. 教育改革中"课例研究"的方法论探讨[J]. 基础教育, 8(2): 71-77.

方厚良, 罗灿. 2016. 谈数学核心素养之直观想象与培养[J]. 中学数学, (19): 38-41.

郭允远. 2019. 撷谈基于数学核心素养导向的课堂教学目标[J]. 中学数学杂志, (9): 8-11.

胡吉. 2019. 核心素养视角下的初中数学复习课——以"一元二次方程"为例[J]. 中学数学, (14): 20-22.

华志远. 2016. 数学核心素养的内涵与构成[J]. 教育研究与评论(中学教育教学), (5): 41-44.

黄惠娟, 王晞. 2003. PISA: 数学素养的界定与测评[J]. 上海教育科研, (12): 59-61.

黄友初. 2014. 欧美数学素养教育研究[J]. 比较教育研究, (6): 47-52.

李守洋. 2019. 数学抽象在高中数学教学中的渗透[J]. 数学学习与研究, (15): 93.

李树臣, 孔凡瑞. 2019. 精心设计问题情境 促进数学自然生长——创设问题情境的四个主要原则[J]. 中学数学杂志, (4): 5-9.

联合国教科文组织. 2014. 教育——财富蕴藏其中[M]. 2 版. 联合国教科文组织总部中文科, 译. 北京: 教育科学出版社.

林崇德. 2016. 21 世纪学生发展核心素养研究[M]. 北京: 北京师范大学出版社.

林克涌. 2010. 新课标下章引言教学探讨[J]. 数学通报, 49(7): 25-27.

刘丽, 吴中林. 2019. 数学建模过程的理解与教学实施[J]. 教育科学论坛, (35): 68-71.

刘元宗. 2004. 数学问题解决及其教学[J]. 课程·教材·教法, (2): 54-59.

栾庆芳, 朱家生. 2006. 数学情境教学研究综述[J]. 数学教学通讯, (3): 1-4.

罗蒙婷. 2018. 基于数学核心素养的高中数学习题课教学的研究[D]. 喀什大学硕士学位论文.

马云鹏. 2015. 关于数学核心素养的几个问题[J]. 课程·教材·教法, 35(9): 36-39.

苗庆硕. 2012. 高中数学课堂教学中"问题串"教学模式的研究[J]. 中学数学, (3): 69-70.

莫里斯·克莱因. 2013. 西方文化中的数学[M]. 张祖贵, 译. 北京: 商务印书馆.

聂艳军. 2014. "教什么"和"怎样教"都重要[J]. 中小学教师培训, (1): 32-35.

裴新宁, 刘新阳. 2013. 为 21 世纪重建教育——欧盟"核心素养"框架的确立[J]. 全球教育展望, 42(12): 89-102.

史宁中. 2017. 学科核心素养的培养与教学——以数学学科核心素养的培养为例[J]. 中小学管理, (1): 35-37.

史宁中. 2018. 高中数学课程标准修订中的关键问题[J]. 数学教育学报, 27(1): 8-10.

孙慧芳. 2019. 基于逻辑推理素养的高中数学课堂教学策略研究[J]. 现代商贸工业, 40(36): 175-176.

陶煜瑾, 王刚. 2014. 理解教材编写意图 梳理教材认知线索——"简单随机抽样"课堂教学实录与反思[J]. 高中数学教与学, (20): 24-26.

王富英. 2020. 论中学数学习题课教学[J]. 数学通报, 59(7): 35-39.

吴徕斌. 2017. 基于问题学习的高中数学情境教学模式探究[J]. 基础教育研究, (8): 20-21.

辛涛, 姜宇, 王烨辉. 2014. 基于学生核心素养的课程体系建构[J]. 北京师范大学学报(社会科学版), (1): 5-11.

徐云鸿, 王红艳. 2018. 数学品格——数学核心素养的应有之义(上)[J]. 小学数学教师, (2): 40-43.

薛霞燕, 易良斌. 2019. 基于"教、学、评"一致性的复习课设计——以"二次根式"为例[J]. 中学数学教学参考, (26): 2-5.

张建芬. 2019. 如何建构富有新意的初中数学复习课[J]. 中学数学, (24): 5-6.

张娜. 2013. DeSeCo 项目关于核心素养的研究及启示[J]. 教育科学研究, (10): 39-45.

张云丽, 段兆兵. 2017. 基于核心素养培育的教学方式变革: 挑战、指向与路径[J]. 教育评论, (10): 144-147.

章建跃, 程海奎. 2017. 高中必修课程中概率的教材设计和教学思考——兼谈"数学核心素养如何落地"[J]. 课程·教材·教法, 37(5): 27-33.

中华人民共和国教育部. 2011. 义务教育数学课程标准(2011 年版)[M]. 北京: 北京师范大学出版社.

中华人民共和国教育部. 2020. 普通高中数学课程标准(2017 年版 2020 年修订)[M]. 北京: 人民教育出版社.

钟启泉. 2016. 基于核心素养的课程发展: 挑战与课题[J]. 全球教育展望, 45(1): 3-25.

周德明, 王华民. 2019. 借助几何直观理解问题 构建直观模型解决问题——浅谈学生直观想象素养的培养[J]. 中学数学, (3): 5-8.

周卫东. 2016. 关注必备品格, 提升核心素养[J]. 教育视界, (24): 7-9.

周远方, 方延伟, 叶俊杰. 2015. "章引言"是起始课教学指路的明灯——"圆锥曲线"起始课的课例赏析[J]. 数学通报, 54(5): 29-34.

朱立明. 2016. 基于深化课程改革的数学核心素养体系构建[J]. 中国教育学刊, (5): 76-80.

朱敏龙. 2014. 思维导图在初中数学课堂中的应用研究[J]. 江苏教育研究, (11): 62-64.

Ausubel D P. 1968. Educational Psychology: A Cognitive View[M]. New York: Holt, Rinehart & Winston.

Lewis C C, Akita K, Sato M. 2010. Lesson study as a human science[J]. Teachers College Record: The Voice of Scholarship in Education, 112(13): 222-237.